Gespräche mit Pferden ...

Wünsche ich Dir noch jede Menge
ganz tolle, liebe Sabine!
Ganz herzlich,
Karin

With love for the horses

Karin Müller · Carola Lind

Gespräche mit Pferden

Erstaunliche Erfahrungen mit dem sechsten Sinn

KOSMOS

Bildnachweis
16 Bildtafeln mit 40 Farbabbildungen von Anna Bremus, Wettmar (S. 138), www.Ramona Duenisch.de, Pfaffenhofen (S. 17, 36, 87 u., 88, 137 o., 155 o., 156, 189, 190, 208), Kerstin Hasse-Schwenkler, München (S. 35, 107), Karin Müller, Burgwedel (S. 18, 69, 70, 87 o., 155 u.), Daniella Wogenius, Strömstad (S. 137 u.)

Impressum
Umschlag von eStudio Calamar unter Verwendung von 3 Farbfotos von www.Ramona Duenisch.de

Mit 40 Farbfotos

Bibliografische Information Der Deutschen Bibliothek
Die Deutsche Bibliothek verzeichnet diese Publikation in der Deutschen Nationalbibliografie; detaillierte bibliografische Daten sind im Internet über http://dnb.ddb.de abrufbar.

Gedruckt auf chlorfrei gebleichtem Papier

ISBN 3-440-09718-8
Redaktion: Alexandra Haungs
Gestaltungskonzept: eStudio Calamar
Produktion: Kirsten Raue, Claudia Kupferer
Printed in Czech Republic / Imprimé en République Tchèque

Inhalt

In diesem Buch kommen die Pferde zu Wort. Damit Sie die Tierprotokolle und Erfahrungsberichte der Pferdebesitzer schneller finden, haben wir sie mit einem gekennzeichnet.

"Lots of people talk to animals", said Pooh.
"Not that many of them listen though.
That's the problem."

Alan Alexander Milne, Winnie Pooh

„Viele Menschen reden mit Tieren", sagte Pooh.
„Nur, dass nicht viele von ihnen zuhören.
Das ist das Problem."

Alan Alexander Milne, Winnie Pooh

Von Zauberuhren und der Wichtigkeit des Zuhörens

Ich habe mein Meerschweinchenbuch wiedergefunden. Eines meiner Lieblingsbücher aus Kindertagen, das den innigen Wunsch eines kleinen Mädchens zum Thema hat: Es möchte mit seinem heißgeliebten Meerschweinchen sprechen – und der Wunsch geht in Erfüllung, denn es ist „das wunderbarste Meerschweinchen der Welt". Der Autor heißt Paul Gallico und das Buch ist seit den siebziger Jahren vergriffen. Ich habe es übers Internet ersteigern können. Durch verschlungene, witzige „Zufälle" und die Hilfe einer Kursteilnehmerin habe ich es fast dreißig Jahre später wieder gelesen und jetzt hat es einen Ehrenplatz auf meinem Schreibtisch.
Was das mit diesem Buch zu tun hat?
Es geht in beiden Fällen um die Kommunikation mit Tieren und ihre natürliche Selbstverständlichkeit. Die Geschichte vom Granatäpfel liebenden Meerschweinchen Hans-Peter und der kleinen Cäcilie fesselt mich heute ebenso wie damals. Damals wie heute hatte ich dasselbe Aha-Erlebnis: Ich wusste die ganze Zeit, dass es geht: Natürlich kann man mit Tieren sprechen. Ich habe es immer getan und brauche dafür nicht einmal eine Zauberuhr wie im Kinderbuch. Und doch habe ich den Wahrnehmungen all meiner sechs Sinne nicht immer voll und ganz getraut. Dass ich – genau wie unendlich viele andere ganz normale Menschen auch – immer schon ein bisschen mehr zugehört und verstanden habe, darin hat mich als Erwachsene Carola Lind bestätigt und bestärkt. Wir beide haben uns dieses Verständnis aus unserer Kinderzeit bewahrt. Unser erstes gemeinsames Buch „Der sechste Sinn – Zwiesprache mit Pfer-

den" habe ich mit der Erinnerung an dieses Meerschweinchenbuch begonnen.
Inzwischen sind Jahre seit unserer ersten Begegnung vergangen. Seit Erscheinen des „Sechsten Sinnes" ist viel passiert bei Carola und mir, beruflich wie privat, positiv wie negativ, genau wie es allen Menschen ergeht. Es hat uns beiden ganz privat eine kleine Weile fast den Erdboden unter den Füßen weggezogen. Carolas Sommer 2002 in Schweden *„war traumhaft. Mein Lebensgefährte Jonas und ich fanden unseren Traumhof, ich bekam auf meinen Reisen unschätzbare Kontakte, „Der sechste Sinn" erschien in Schweden und alles schien perfekt. Aber am Ende des Sommers war klar, dass nichts war wie es sein sollte und es kam noch schlimmer.*
Ich hatte viele Jahre lang unter einem schwierigen Verhältnis mit meiner Schwiegermutter gelitten und jetzt wurde es unhaltbar. Ich kann viel aushalten, aber bei körperlichen Angriffen ziehe ich mich zurück, gebe auf. Es war so kränkend, dass ich die Kinder nahm und geflüchtet bin. Ich denke auch, dass es falsch ist, zu fliehen, aber manchmal hat man keine andere Wahl. Heute weiß ich, dass der Entschluss richtig war. Auch wenn man sich manchmal fragt, warum einem so etwas alles passieren muss, es ist genau das, was einen stark macht, hart wie Stahl.
Karin und ich haben festgestellt, dass wir beide unsere Erlebnisse nicht als Gewinn oder Verlust betrachten, sondern als Erfahrung, die uns den Weg in einen neuen Lebensabschnitt gewiesen hat.
Jetzt habe ich keine eigenen Pferde mehr am Haus, sondern als Pflegepferde ausgeliehen, bis wir einen neuen Hof gefunden haben. Wegen der Flucht, der Arbeit und weil die Kinder viel Zeit brauchen, haben wir diese Regelung getroffen, mit tiefem Schmerz. Ich nutze jede Gelegenheit, ein Pferd zu schnuppern ... das Leder eines Sattels zu fühlen. Mitten in der Stadt zu leben, ohne die Pferde dicht dabei, war eine Herausforderung, eine schwierige Zeit, aber man gewöhnt sich daran und heute geht es uns richtig gut. Ich habe eine neue Seite

meiner Arbeit entwickelt und ihr den Namen Equibalance Physiotherapie gegeben. Den bisherigen Namen habe ich nach viel Nachdenken gewechselt. „Alternativstall" war etwas eigenes, mein großer Traum, der in Erfüllung gegangen war und sein Ziel erreicht hat. Aber als wir von dort wegzogen, den Hof verließen, die Pferde abgaben und mitten in der Trennung waren, fühlte ich, dass es Zeit war für einen neuen Abschnitt. Dazu gehörte, dass ich auch dem, was für mich steht, und dem, was ich tue, einen neuen Namen gab. Ich arbeite mit Balance. Daran, dass beide, Pferd und Reiter, Harmonie finden, physisch und psychisch. In der Körpertherapie am Pferd versuche ich, schlafende Teile zu wecken, Türen zu öffnen, den Körperteilen die Chance zu geben, einander wiederzufinden, gleichseitig und geschmeidig, den Körper zur Selbstheilung zu bekommen, so dass starke Teile schwache unterstützen. Und bei dir als Reiter möchte ich ein Verständnis dafür erreichen, was DEIN Körper mit deinem Pferd macht.
Equibalance bedeutet für mich, miteinander ausbalanciert sein. Physiotherapie ist ein Sammelbegriff für verschiedene Methoden, mit denen ich arbeite: Massage, Wirbelmanipulation, Akupressur, Stresspunkttherapie und Healing.
Meine Kurse in Tierkommunikation, Pferdemassage, Healing und anderen Themen sind sehr beliebt und fruchtbar, es ist jedes Mal gleich schön und ich liebe alle diese Begegnungen mit neuen, herrlichen Menschen. Ich reise immer noch, unterrichte, behandle Pferde und helfe mit der Kommunikation. Ich habe neue Einsichten gewonnen, immer Hoffnung, glaube ans Leben und ich habe eine fantastische Passion für das Pferd. Das hilft mir jederzeit weiter."
Soweit Carola.
Tja, und was die größte Veränderung in meinem Leben betrifft: Ich erwartete ein Kind, sein Vater erwartete, dass ich mich anders entschied. Er brach unter Drohungen den Kontakt ab. In der schlimmen Folgezeit lernte ich einmal mehr, wer wirkliche Freunde sind und wer nicht.

Neben verschiedenen Buchprojekten arbeite ich mit Distanzkommunikation und gebe Kurse in Tierkommunikation, am liebsten „im Wohnzimmer" in Norddeutschland. Längere Anreisen sind zugunsten meiner Tiere und vor allem meiner kleinen Tochter im Moment schwer möglich.
Carola und ich sind im positivsten Sinn überrannt worden von Leserbriefen, E-Mails, Anrufen, Faxen. Wir wurden gebeten, mit unzähligen Tieren zu kommunizieren, haben vielen Menschen auf ihrem Weg weiterhelfen dürfen, Gespräche geführt, Fragen beantwortet. Manchmal hatten wir das Gefühl, dass jede Antwort eine neue Frage aufwirft. Ihr großes Interesse an unserem Thema hat letztlich zu diesem Buch geführt. Vielen Dank dafür. Und vielen Dank auch all jenen, die Sie und uns mit ihren Erfahrungsberichten in diesem Buch teilhaben lassen.
Wir wollen hier die häufigsten und interessantesten Fragen beantworten, neue Tipps geben für die Telepathie mit Pferden und anderen Tieren, aber auch für den daraus resultierenden ganzheitlichen Umgang mit ihnen. Das gehört für uns unumstößlich zusammen. Wir haben durch Sie die Erfahrung gemacht, dass auch das „ganzheitliche Drumherum" einen wichtigen Platz in einem Buch über Mentale Kommunikation einnimmt. In allen Kapiteln finden Sie daher auch praktische Tipps für den Alltag. Die können Sie selbstverständlich zum Wohle ihres Tieres nutzen, egal, ob Sie nun an Telepathie glauben oder nicht. Dieses Buch ist keine Bibel. Hier steht nirgends: Sie *müssen* oder gar Sie müssen *glauben*. Aber *Nachdenken*, ob Sie alles richtig machen und wie Sie Ihrem Pferd Gutes tun können, das wünschen wir uns!
Ziehen Sie sich das für Sie und Ihr Pferd derzeit Wichtige heraus. Den Rest vergessen Sie sowieso. Vielleicht sind Sie allerdings bei der erneuten Lektüre dieses Buches in ein paar Monaten ziemlich erstaunt, dass wir „auch darüber?" etwas geschrieben hatten – Sie haben es glatt überlesen, weil es für

Sie „damals“ kein Thema war. Ist doch schön, wie unser Gehirn uns vor zuviel Input schützt, oder?
So schließt sich der Kreis und man stellt gleichzeitig fest, dass man immer noch am Anfang steht. Sie können dieses Buch als Fortsetzung und Vertiefung von „Zwiesprache mit Pferden“ lesen – oder umgekehrt. Fürs Verständnis spielt die Reihenfolge keine Rolle. Denn im Gegensatz zu manch anderen Lehren verschiedenster Szenen sind uns allem voran Ihre Unabhängigkeit, Eigenverantwortlichkeit und Selbstständigkeit *Ihres eigenen* Denkens und Fühlens wichtig. Wie sollten wir Ihnen vorschreiben wollen oder können, was Sie fühlen und denken? Nehmen Sie einzig das aus unseren Büchern, Kursen und Gesprächen mit, was *für Sie und Ihr Tier* passt und sich *in Ihrem Herzen* und Bauch richtig für Sie beide anfühlt. Kombinieren Sie nach Herzenslust auf demselben Weg mit allen anderen Büchern, Videos, Kursen und Gesprächen, die Ihnen in die Finger kommen. Wenn es sich für Sie gut anfühlt, dann ist es für Sie richtig. Wenn nicht, lassen Sie die Finger davon. Probieren Sie aus, dann wissen Sie. Sie sollen nicht einfach „glauben“. Doch Achtung: So manchem Skeptiker hat unser Ansatz sein komplettes Weltbild über den Haufen geworfen. Wenn Sie sich darauf einlassen, Ihren sechsten Sinn zu reaktivieren, mental zu kommunizieren, wird Ihre Welt garantiert nicht mehr so sein, wie sie vorher war. Ihre Wahrnehmungen werden schärfer. All Ihre Sinne werden aktiver. Das ist ein reiches Geschenk. Wir bitten Sie nur eins, aber mit Nachdruck: Gehen Sie achtsam und sinnhaft damit um und versuchen Sie nicht, es für simple Zwecke wie unbedachte Neugier, sportlichen Ehrgeiz oder produktionswirtschaftlichen Erfolg zu missbrauchen und zu funktionalisieren. Unser Ansatz dient einer besseren Verständigung zwischen den Arten, zum Wohle der Tiere – und der Menschen. Doch letztlich muss auch Ihre Ethik Ihnen überlassen bleiben. Ob zum Positiven oder zum Negativen –

früher oder später fällt es einzig auf Sie selbst als Verursacher zurück, wie Sie mit Ihrem Leben und allem, was Ihnen darin zuteil wird, umgehen. Das ist eine Regel, die nicht von uns gemacht ist.

Wir sind schnell dabei, alles Mögliche, was wir mit bekannten wissenschaftlichen Methoden nicht fassen können, mit dem Aufkleber „esoterischer Spinnkram" zu versehen. Dann ist es leicht, sich A: per definitionem nicht damit auseinander setzen zu müssen, weil Esoterik aus dem Rahmen unseres fest verankerten, wissenschaftlich geprägten „normalen" Weltbildes fällt – oder wir stellen B: im Gegenteil erleichtert fest, dass es noch viele andere „Spinner" gibt. Und wenn wir nicht allein sind, sondern hinter welchem Buchstaben auch immer, eine Gruppe Gleichgesinnter um uns haben, dann sind wir ja – Gott sei Dank – auch wieder innerhalb der Norm, innerhalb des Normalen.

Drehen und wenden Sie es also, wie Sie wollen. Telepathie – diese Form mit Tieren zu kommunizieren ist in jedem Fall normal.

Unnormal ist es allerdings, wenn wir unseren Mitgeschöpfen jedwede Art emotionaler Regungen, Gefühle wie Trauer, Schmerz, Sehnsucht, Leiden, Freude, Glück, Hoffnung... kurz: eine Seele absprechen, um – um was? Vor uns zu rechtfertigen, wie wir sie behandeln? Wie wir sie nicht behandeln? Aus Selbstschutz und Selbstzweck, weil wir sonst radikal umdenken müssten über unseren Missbrauch an der Natur? An der Schöpfung? An unseren Sportgeräten? Prestigeobjekten? Nahrungslieferanten? Partner- und Familienersatz?

Aber dazu kommen wir später noch und Sie, lieber Leser/liebe Leserin, halten Ihre Tiere artgerecht und sind bemüht, tiergerecht mit ihnen umzugehen. Davon gehen wir aus und das freut uns ehrlich.

Carola Lind und Karin Müller laden ein zu noch mehr Kommunikation mit Pferden. Jeder kann sie lernen. Schärfen auch Sie Ihren sechsten Sinn für eine ganzheitliche Verständigung.

Richtig atmen ist die Grundlage für eine gute Kommunikation.

Für mehr Energie: So kann man gegenseitig Chakren aufladen.

Durch das Chakren freiklopfen, kann jeder für sich Blockaden lösen.

Aber trotzdem fürchtet sich ein kleiner Teil in Ihnen davor, zu hören, was Ihr Pferd Ihnen zu sagen hat? Freuen Sie sich doch auf „tierisches Lob“! Und falls Ihnen eine Kleinigkeit entgangen ist, dann ist es doch um so schöner, wenn Sie den Missstand abstellen können, oder nicht?

Ach? Sie haben gar keine Angst und sind schon mitten dabei? Es klappt hervorragend mit der mentalen Kommunikation – oder auch mal gar nicht? Wunderbar! Es gibt immer etwas zu üben oder weiter zu perfektionieren.

Nichts ist gefährlicher, als zu lang im eigenen Saft zu schmoren und sich selbst nicht mehr kritisch zu begegnen und seine Ergebnisse zu hinterfragen.

Übrigens: Noch ein Satz zur Klärung: Ob Sie an Telepathie glauben oder nicht ist uns – gelinde gesagt – wurscht. Oh, überrascht? Erleichtert sogar? Gern geschehen! Noch einmal herzlich willkommen, lieber Skeptiker! Wir möchten nicht, dass Sie irgendetwas einfach *glauben*! Wir möchten, dass Sie *Erfahrungen sammeln* und zu Ihrem eigenen Ergebnis kommen.

Und so ein Ergebnis soll einzig und allein ein schönes, verständnisvolles, gutes Zusammensein mit Tieren sein. Wie auch immer es für Sie beide – Ihr Pferd und Sie – ganz persönlich und individuell aussieht: Man erreicht es, indem man alle Sinne einsetzt und danach handelt, was man mit ihnen wahrnimmt. Dabei wollen wir Ihnen helfen.

Doch Achtung! Sie haben wahrscheinlich eh schon drauf gewartet. Der Haken, genau. Gut, wenn Sie unbedingt einen haben wollen: Es gibt Risiken und Nebenwirkungen. Das werden Ihnen all diejenigen bestätigen, die in diesem Buch zu Wort kommen oder die Sie darauf ansprechen: Wie schon erwähnt, wir werden durch Tierkommunikationen sensitiver in allen Lebensbereichen. Zuerst kommt meist das – vielleicht noch rein intuitive – Verstehen auf der Gefühlsebene. Schritt für Schritt, während wir gezielt weiter üben und lernen, öffnet sich unser „drittes Auge“ immer mehr. (Dem so genannten Dritten Auge wird in der Chakrakunde der Sitz unseres telepathischen Vermögens zugeordnet, seine Farbe ist Indigo, ein sattes, dunkles blau-violett.) Wir empfangen nicht mehr nur allein Gefühle, Bilder, Worte, Geschmack oder Geruch, sondern immer mehr von allem zusammen. Es steigert sich, quantitativ und qualitativ, ohne dass wir unseren Fokus besonders darauf richten müssen.

Segen oder Fluch?

Wir nehmen in der Folge Dinge wahr, die andere nicht wahrnehmen (wollen!). Die ihnen noch nicht bewusst sind. Warum auch immer – auch das wird seine Gründe haben. Vielen ist schon gar nicht bewusst, was ihre Tiere so alles von ihnen wissen, und in der Folge auch einem Tierdolmetscher weitererzählen können. Versetzen wir uns in die Lage unseres menschlichen Gegenübers. Oft genug empfinden wir es als unangenehm, befremdlich oder sogar unverschämt, wenn andere mehr wissen als wir. Bestimmt kennt jeder von uns eine Situation aus der Schulzeit, als man mit Trotz, Scham oder Wut reagierte, weil der Lehrer einem auf den Kopf etwas zusagte, das man doch für sich behalten wollte. Bloßgestellt! Peinlich! Schlimm genug vor Papa und Mama – aber vor Fremden und der ganzen Klasse? Da fühlt sich niemand wohl. Auch das gehört mit zur Schule der Tierkommunikation: Sie können Menschen nur da abholen, wo sie stehen. Wenn der Bus noch nicht da ist, muss der Passagier warten. Wenn der Passagier noch nicht da ist, muss der Fahrer warten – oder auch nicht. Drängen Sie sich nicht auf. Jeder und Alles hat seine Zeit. Und wenn Sie bereit sind, etwas Neues zu lernen, dann wird auch Ihr Lehrer nicht auf sich warten lassen. Vertrauen Sie darauf! Auch solche Lebensweisheiten lernt man unter anderem durch die Kommunikation mit Tieren. Da geht es nämlich längst nicht nur um mehr Möhren, frisches Wasser, viel Bewegung und

Spiel mit Artgenossen – jenseits der Befriedigung der Grundbedürfnisse sind viele Tierbesitzer erstaunt, dass ihre Vierbeiner Erstaunliches aus dem Nähkästchen plaudern. Unsere Pferde – genau wie alle anderen Mitgeschöpfe – machen sich viele Gedanken um unser Wohl und Weh, um ihre Menschen. Wenn wir das ernst nehmen wollen – und das sollten wir –, setzt ein Umdenken ein, welches – ich erwähnte es bereits – unser gesamtes bisheriges Weltbild aus Fugen und Angeln heben kann. Schwer genug manchmal, das für sich selbst zuzulassen. Überlassen Sie es daher jedem Anderen, wann und wie er sich damit befassen möchte.

Vielleicht schmeckt Ihnen plötzlich Ihr Essen oder Ihr Wasser nicht mehr. Vielleicht ziehen Sie irgendwann um, wechseln den Job oder machen einen Reikikurs. Bilden Sie sich in allen möglichen Bereichen fort! Vielleicht fühlen Sie sich unwohl an öffentlichen Plätzen, die vor Menschen wimmeln, schauen sich die Nachrichten mit noch mehr Beklemmung an als sonst, usw. ...

Die Kommunikation mit Tieren, das Öffnen unseres sechsten Sinnes (oder des siebten, wenn man den Gleichgewichtssinn in die Rechnung mit einbezieht) bringt eine Vielzahl von Folgen mit sich, die alle auf einen gemeinsamen Nenner zurückzuführen sind: Es wirkt einer Abstumpfung entgegen, die allgegenwärtig vorherrscht in unserer Gesellschaft. Sie werden sensibler und sensitiver – nach spirituellem Verständnis ändert sich Ihre energetische Schwingung. Und das wird weit reichende Konsequenzen haben für Ihr Leben mit Tieren und ohne.

Als ich klein war, haben viele Erwachsene das Mädchen belächelt, das wissen wollte, wie man mit Tieren spricht und es dann einfach tat. Manche lächelten später über die junge Frau und noch später, vielleicht jetzt gerade, über die Frau, die ich heute bin. Na und? Wissen Sie was? Ich finde es viel schöner, wenn ich jemanden zum Lächeln bringe als zum Weinen!

Habe ich niemals Zweifel? Aber sicher doch! Ich bin ein verletzlicher Mensch! Wenn ich unsicher bin, mich Kritik trifft oder jemand meine Gefühle kränkt, gehe ich zu meinen Tieren, hole mir Trost und Energie von ihnen und von menschlichen Freunden, oder lese ein paar Zeilen aus den vielen Briefen, E-Mails und Faxen, die ich im Lauf der Zeit von glücklichen, dankbaren Tierbesitzern bekommen habe. Auf diesem Weg Dank Ihnen allen für Ihre Zuschriften und all die lieben Worte und Wünsche!

Wir wollen Sie einladen, mit uns und diesem Buch eine weitere Reise zu unternehmen. Eine Reise zu unserem Mitgeschöpf Pferd – stellvertretend für alle anderen Tiere, zu denen Sie sich hingezogen fühlen. Erleben Sie mit uns, dass Tiere mehr Gefühle, mehr Empfindungen, mehr Gedanken und mehr Seele haben, als Sie es ihnen vielleicht bislang zugetraut haben. Lesen Sie, üben Sie und machen Sie weitere Erfahrungen damit, dass und wie Sie Ihre Kommunikation mit Tieren verbessern können. Dabei spielt es keine Rolle, wie gut Sie reiten können oder sich mit Pferden auskennen, welche Rasse Ihr Pferd hat oder ob es sich um irgendein anderes Tier handelt, mit dem Sie Kontakt aufnehmen wollen. Jeder kann es! Egal ob Sie Skeptiker, Anfänger oder Telepathie-Fortgeschrittener sind.

Mit Tieren kommunizieren können. Im Kinderbuch war dafür ein Wunder nötig. Als Erwachsene bekam ich von Carola Lind die alte Erkenntnis bestätigt, dass das Wunder in mir ist, in Ihnen, in uns allen. Natürlich hören Ihnen Tiere zu und verstehen Sie. Sie wissen, wie es in Ihnen aussieht. Auch Sie können mit Tieren sprechen und sie verstehen. Die Gabe dazu war und ist die ganze Zeit in Ihnen. Wir müssen nur den Mut haben, sie zuzulassen und anzuwenden. Und (Achtung – ich wiederhole mich mit Absicht noch einmal) dann aber bitte

auch verantwortungsvoll die Konsequenzen tragen: Wir sind in der Pflicht, die Ergebnisse der Kommunikation aus Wünschen und Nöten des Tieres in Veränderung umzusetzen!
Warum also wollen Sie mit Tieren kommunizieren?
Meine Hündin Lillepuss hat es in einem meiner Tierkommunikationsseminare für Anfänger auf den Punkt gebracht: „Warum lernt ihr Gedanken lesen, wenn ihr nicht zuhört?"
Lassen Sie das bitte mal sacken, am besten bis ins Herz.
In diesem Sinne viel Freude bei der weiteren Lektüre und Willkommen schon längst mittendrin, in einer Zeit des Erwachens und Lernens!

Karin Müller

Zeit des Erwachens und Lernens

Die Physik der Telepathie

Wie kann so etwas sein?

Es geht also wieder um Telepathie. Das schlimme Wort, das an Hollywood und Zaubertricks denken lässt. An Hokuspokus und Löffelverbieger, an Fernsteuerung und Mummenschanz. Ach, Schnickschnack! Schauen Sie noch mal genau hin: Telepathie. Das Wort kommt aus dem Griechischen und bedeutet nichts anderes als die Übertragung von Gefühlen (Pathos) auf Entfernung (Tele). Klingt trotzdem blöd? Berührungsängste? Gefällt Ihnen Nonverbale Kommunikation (also: ohne Wort) besser? Mentale (geistige) Kommunikation gar? Ätsch, es ist das Gleiche in grün, aber rufen Sie das Kind gern so, wie Sie am liebsten mögen.
Oder glauben Sie generell nicht, dass es etwas wie Telepathie (ich bleibe jetzt einfach mal bei diesem Wort) gibt? Oder, dass ausgerechnet Sie es lernen können? Doch. Können Sie. Jeder kann es.
Schauen Sie mal Ihrem Reitlehrer über die Schulter, oder Ihrem Tierarzt. Sie werden sich wundern, was die alles „aus dem Bauch heraus" entscheiden, was für ein feines Gespür, welch sensible Antenne sie für ihnen anvertraute Tiere haben. Tierpfleger im Zoo geben im vertrauten Gespräch zu, dass sie manchmal intuitiv auf die absurdesten Ideen kommen, sie umsetzen, und baff erstaunt sind, dass das Gnu wirklich wieder frisst – einzig, weil sie danach handelten, was ihnen in den Sinn kam. Und was bedeutet es, wenn einem etwas in den

Sinn kommt? Wenn man eine Eingebung hat? Dass es „von außen“ kommt. Richtig! Hundert Punkte. „Außersinnlich“ – also doch!

All diese Leute nennen es vielleicht nicht unbedingt Telepathie, sie tun „es“ aber trotzdem. Genau wie Sie und ich. Jeden Tag. Diese Glückstreffer, Zufälle, Merkwürdigkeiten kennt jeder: Das Telefon klingelt und derjenige ist dran, an den Sie gerade dachten. Sie schauen jemanden, der mit dem Rücken zu Ihnen steht, intensiv an, und die Person dreht sich um. (Das können Sie übrigens wunderbar überall und jederzeit üben!) Ihr Partner nimmt Ihnen das Wort aus dem Mund, das Sie gerade noch im Kopf hatten. Oder – um zu unserem lieben Vieh zurückzukehren: Das Pferd führt eine Lektion aus, noch bevor Sie die Zügel aufgenommen haben – nur weil Sie daran dachten. Oder nimmt Reißaus, obwohl Sie ihm die Wurmkur noch gar nicht gezeigt haben. Daran „Schuld“ sind natürlich Ihre Gedanken. Ihr Hirnstübchen ist ein offenes Buch für alle Tiere. Darin blättern sie genauso gern wie in unserer Körpersprache, den Farben unserer Aura, unserem Geruch, und was wir noch so an „Ausstrahlung“ und Absicht mitbringen.

Trainieren Sie das doch einfach! Und ich meine wörtlich: Einfach!

Gedanken sind machtvoll, denken wir nur an die selffulfilling prophecies (sich selbst erfüllende Prophezeiungen). Es kann *nur* schwer werden, wenn wir es uns schwer denken. Hausgemacht. Die Frage ist eher: Warum ist es uns oft augenscheinlich lieber, wenn wir es schwer haben? Warum verwenden wir all diese Schwarzmal-Energie nicht für Leichtes, Buntes, Schönes – Positives?

Zwei Kleinigkeiten, die Ihren Alltag (mit und ohne Pferd) ungemein erleichtern werden: Streichen Sie Verneinungen aus Ihrem Wortschatz. In jedem besseren Erziehungsratgeber fordern Psychologen und Pädagogen, dass Eltern Sätze wie „Fall nicht von der Schaukel" oder „Lauf nicht auf die Straße!" bleiben lassen. Weil – genau – das Gegenteil passiert. Und warum? Darum: Wir können kaum an zwei Sachen gleichzeitig denken: an „nicht" und „auf die Straße". Das „nicht" oder „kein" verpufft regelrecht. Die gegenteilige Aussage kommt an, eine Art „Stille Post".

Genau so ist es bei unseren Tieren. Darüberhinaus programmieren wir unbewusst, fast schon hypnotisch durch achtlos Dahingesagtes wie „der blöde Bock will wieder nicht" oder „das Vieh ist so doof"... in genau die unerwünschte Richtung. Wenn Sie es nur oft genug wiederholen und Ihrem „verrückten Gaul" auch noch einen Namen wie „Kasper" oder „Crazy" verpassen – dann brauchen Sie sich nicht zu wundern. Wie würden Sie sich fühlen, wenn man Ihnen so was tagtäglich um die Ohren hauen würde? Glauben Sie bloß nicht, Ihre Tiere würden das nicht mitbekommen.

Davon abgesehen, ich finde, es ist eine ebensolche Unart, in Gegenwart eines Tieres mit dem Tierarzt die schauerlichsten Geschichten zu beraten. Wir wissen mittlerweile gesichert, dass das menschliche Gehirn ALLES speichert. Auch das, was wir vergessen haben, findet sich auf der Festplatte. Wissenschaftler haben das zufällig bei Operationen am offenen Gehirn herausgefunden. Was Ärzte während einer Narkose reden, beeinflusst den Heilungsprozess des Patienten. Und so anders ist das Hirn unserer vierbeinigen Gefährten nicht, dass wir uns unter unserer Schöpfungskrone davor verstecken könnten.

Noch ein Tipp, der in die gleiche Richtung gehört: Verschieben Sie – auch mental – nichts auf morgen. Mit „ich versuche es" oder „ich probier' mal" oder „morgen wird es mir gelingen" schaffen Sie die beste Voraussetzung dafür, dass es ganz genau so und nicht anders passieren wird: Sie kommen nie hinterher, sie schaffen Ihr Vorhaben nie ganz. Denn: Sie haben sich nie vorgenommen, es einfach (!) zu können (!).

Und da sind wir schon – fliegender Übergang – bei der dritten Kleinigkeit. Wer gar grundsätzlich sagt: Ich kann das nicht (zum Beispiel die Kommunikation mit Tieren lernen), setzt sich selbst Grenzen. Und Grenzen will doch eigentlich niemand, oder? Zumindest nicht so eng gesteckte!
Ein guter Freund schenkte mir mal eine Postkarte, auf der zu lesen steht: „Die Hummel hat eine Flügelfläche von 0,7 cm^2 bei 1,2 Gramm Gewicht. Nach den bekannten Gesetzen der Aerodynamik ist es unmöglich, bei diesem Verhältnis zu fliegen. Die Hummel weiß das nicht und fliegt trotzdem."
Seien Sie Hummel, wenn es an die Beschäftigung mit Telepathie geht. Wann immer Sie mit Tieren kommunizieren: Fliegen Sie los und beweisen Sie, dass Aerodynamik nicht alles erklären kann. Das soll nicht heißen, dass ich Wissenschaft ablehne, keineswegs. Anscheinend fehlt aber noch eine unentdeckte Disziplin, die erklärt, warum die Hummel doch fliegen kann. Anders ausgedrückt: Mit einer Gabel kann ich keine Suppe schöpfen. Wenn der Löffel noch nicht erfunden ist, heißt das nicht, dass man Suppe nicht essen kann. Das gilt auch für die Telepathie: Also lassen Sie sich nicht verunsichern, denn viele Wissenschaftler machen genau das: Stellen sich mit der Gabel vor den Suppenteller, fischen gutwillig darin herum und konstatieren: Seht ihr, man kann Suppe nicht essen! Na gut, im Rahmen ihrer Möglichkeiten haben sie es zumindest versucht! Kinder und Tiere probieren alles aus. Ob die Herdplatte wirklich heiß ist, ob Strom auf dem Zaun ist, wo die Machtgrenzen verlaufen. Das ist (in Maßen natürlich) ein ziemlich gesunder Weg. Die eigene Erfahrung lehrt uns mehr als ein: „Achtung, das ist heiß!"
Da sind wir schon wieder beim Erfahrungen sammeln.
So, und jetzt wiederhole ich es auch nicht noch einmal, versprochen. Lesen Sie hier ein paar Erfahrungsberichte von Menschen, die es ausprobiert haben.

Kurserfahrungen

„Der Gedanke, dass es möglich sein könnte, mit Tieren zu „sprechen“, faszinierte mich schon seit frühester Kindheit. Nachdem ich das Buch „Der sechste Sinn“ gelesen hatte, wurde dieser Wunschtraum wieder mit neuer Hoffnung genährt. Es fällt mir leicht, die Signale einer Katze oder die Gefühle meiner Hunde – ja auch ihre Gedanken – zu deuten, da sie sich sehr eindringlich gebärden. Ich spüre auch, wie sensibel Pferde auf die Stimmungen der Bezugsperson reagieren. Mir fällt es im Umgang mit ihnen jedoch schwer, ihre Botschaften deutlich zu vernehmen. So erhoffte ich, mir durch den Kurs bei Karin diesbezüglich mehr Sicherheit zu verschaffen.
Die Kommunikation über Foto hat mich sehr erstaunt. Wir gaben den anderen nur Auskunft über Alter, Name und Geschlecht. Einige Teilnehmer äußerten in der Feedbackrunde körperliche Empfindungen wie Atemnot, Enge, Schmerzen in verschiedenen Körperregionen. Andere nahmen Farben wahr, die sie mit Empfindungen assoziierten. Ich selbst schrieb Gedanken auf, die mir spontan in den Sinn kamen. Das Feedback der Besitzer ließ überraschend viele Übereinstimmungen zu Tage treten. Ich hätte mir gewünscht, auch so deutliche körperliche Empfindungen zu haben, da ich bei den Gedanken, die mir kamen, noch nicht unterscheiden konnte, ob es meine oder die des Pferdes waren.
In der letzten Kurseinheit durften wir uns einigen Pferden aus dem Stall zuwenden. Der Ablauf der Übung war ebenso einfach wie die vorigen. Zur Ruhe kommen – tief ein- und ausatmen – Verbindung zum Tier herstellen über eine fiktive „Telefonleitung“ von Stirnchakra zu Stirnchakra – und aufschreiben, was spontan registriert wird. Mein Tierpartner war ein älterer Wallach, der mir traurig und einsam schien. Ich vermeinte zu spüren, dass er Kopfweh hatte und seiner früheren Familie nachtrauerte. Tatsächlich wurde ich auch diesmal bestätigt. Er hatte sich noch nicht in die Herde integriert, obwohl er schon zwei Jahre auf dem Hof war. So ging ich um die

Erfahrung meiner telepathischen Fähigkeiten reicher nach Hause – voller Elan, weiterzuüben.“

Marlene Brütting, Frensdorf

„Ich habe meinen ersten Kurs bei Karin Anfang Dezember letztes Jahr gemacht. In unglaublich lockerer Atmosphäre haben wir losgelegt. Nach einer theoretischen Einführung und kurzen Entspannungsübungen haben wir zunächst paarweise mit anderen Kursteilnehmern einfache Telepathieübungen gemacht. Am nächsten Tag haben wir dann mittels Foto angefangen, mit den Tieren der anderen Kursteilnehmer zu kommunizieren. Das war wirklich spektakulär. Jede von uns hat von fremden Tieren erstaunliche Details empfangen, die wir wirklich nicht wissen konnten. Zum Schluss haben wir dann noch mit Karins Pferden, ihrem Hund und dem Hund einer Kursteilnehmerin geübt, auch hier mit überwältigenden Ergebnissen. Derart gerüstet und voller Euphorie fuhren wir nach Hause. Eine Freundin ließ mich dann zum Üben mit ihrem Pony reden und stellte immer Testfragen, deren Antwort ich nicht wissen konnte. Ich lag immer richtig und war natürlich stolz auf mich.“

Bärbel Jürgens, Lehre

„Nachdem ich durch einen Kurs im Ausland entdeckt hatte, dass ich es auch konnte, arbeitete ich in meiner Freizeit seit drei Jahren ein bisschen als Tierdolmetscherin. Ich trat auf der Stelle, war total unsicher, war ich gut? Ich spürte, dass ich mich weiterentwickeln musste, wusste aber nicht wie. Zum Glück kam ich über meine Tochter an einen Katalog, in dem „Der sechste Sinn“ vorgestellt wurde. Ich bestellte es sofort, obwohl ich nun absolut kein Bücherwurm bin. Sonst lese ich nie Bücher. Aber aus irgendeinem Grund fühlte ich, dass ich dieses eine bestellen musste. Als es endlich ankam, las ich es in einem Stück durch. Ein paar Sachen hauten mich um. Ich fand Carolas Homepage und sah, dass sie Kurse gab. Endlich war also

die Zeit reif. Es war Mitte März, als der Anfängerkurs bei Carola Lind stattfand. Ich hatte nie gezögert, mich dafür anzumelden, obwohl ich schon eine Weile auf Hobbyniveau gearbeitet hatte. Ich habe nie erwähnt, dass ich bereits als Tierdolmetscher gearbeitet hatte, und bin so unglaublich froh darüber, diesen Kurs mitgemacht zu haben. Ich habe so viel gelernt, von dem ich schon viel Nutzen gehabt habe. Carola ist eine faszinierende Frau. Sie bei der Arbeit zu sehen, ist eine Freude, ein Mensch, der so unglaublich viel Gefühl in sich trägt. Ihre Finger gleiten über das Pferd und, schwupps, findet sie empfindliche Punkte, Knoten. Sie drückt ein bisschen vorsichtig und sacht, aber sicher – bis ... ja, man kann richtig zusehen, wie es dem Pferd besser geht.
Carola betonte stark die große Verantwortung, die wir Tierdolmetscher haben. Es ist so wichtig, dass wir uns an die Schweigepflicht halten, niemals mit einem Tier ohne die Erlaubnis des Besitzers sprechen usw. Ich kann ewig weiter über den Kurs erzählen... aber ich will das ganze abrunden, indem ich sage: DANKE Carola. Ich werde weitere Kurse bei dir machen. Und ich kann euch allen ihre Kurse wärmstens empfehlen!"

Katarina Eriksson, Edsbyn, Schweden

„Schon als wir mit Karins Zimmervermittler durch den Ort fuhren, wusste ich sofort: „Das ist der Hof und da fühlst du dich wohl." So war es auch. Es war eine nette Gruppe, mit sehr verschiedenen Menschen. Viele Fragen klärten sich schon in den ersten Minuten. Alleine die Erfahrung, über dieses Thema so locker zu reden. Am meisten beeindruckte mich, die individuellen Gedankenbrücken so deutlich zu erkennen und das deutliche Gefühl, wann und wie der Gegenüber „andockte". Nach dem Partnertausch klebte man oft noch an dem Vorherigen. Es war schon lustig. Alle waren eifrig bei der Sache. Das Senden an einen Menschen war für mich schwieriger als ich dachte, die Fotos waren viel leichter. Die Tiere saugen einen regelrecht an, wenn man sich öffnet, und antworteten oft

schon, bevor ich die Frage fertig gestellt hatte. Mir wurde bewusst, wie lange ich eigentlich schon mit meinem Pferd in Kontakt stand. Karins Pferde „Porky" und „Sunny" drehten sich während einer Übung plötzlich um und kamen mit auf mich gespitzten Ohren herüber. „Möhren?", fragten gleich beide. Sie schauten mich freudestrahlend an und kamen zügigen Schrittes zu mir (als hätte ich sie, mit einem Eimer in der Hand, zu mir gepfiffen). Ich hatte mich erschrocken und sagte laut: „Ich habe keine Möhren. Wirklich nicht!" Oh Gott, ein Bild von unserem großem Haufen feinster gewaschener Biomöhren hämmerte mir im Kopf. „Möhren!", kam es erwartungsfroh. Oh, tat mir das Leid. „Echt nicht, ich habe keine Möhren." „Keine Möhren, das glaub ich nicht!", kam von beiden. Sie wandten ihre Köpfe ab und trotteten in verschiedene Richtung davon. Noch nie haben mir gleich zwei Pferde so erwartungsvoll und lange direkt in die Augen geschaut.
Im Kurs hat Karin mir die Hand gereicht, um „aufrecht zu gehen". Nun ist es an mir zu üben. Es macht so viel Spaß und wenn man einem Tier helfen konnte, war es wieder Belohnung genug für die Mühe. Was das für ein Geschenk an das Leben ist, kann ich noch gar nicht voll abschätzen. Ich hoffe, die Gabe bleibt immer bei mir und mögen sie noch viele wieder entdecken. Liebe Karin, auf diesem Wege möchte ich mich noch mal bei Dir bedanken."

Rosa Struve, Neuenkirchen

„Seit ungefähr zwei Jahren ziehe ich Tierdolmetscher bei meinen Tieren zu Rate, sooft es der Geldbeutel zulässt. Ich bekam auch das Angebot einer Kommunikation über Distanz. Das klang komisch, aber warum nicht ausprobieren? Ich schickte also ein Foto und ich bereue es nicht. Alles, was meine Stute erzählte, stimmt auf Punkt und Komma.
Ich kam mit Carola im Herbst 2001 übers Internet in Kontakt, als ich ihre Hilfe für mein verletztes Pferd brauchte. Damals entschloss ich mich auch zur Teilnahme an einem Kurs in Tierkommunikati-

on bei ihr, obwohl ich skeptisch war, dass auch ich das lernen können sollte. Im März 2002 kam der Kurs. Ein bisschen nervös war ich schon, aber ich merkte dann, dass das ganz unnötig war. Was für ein Tag! Viel gelacht, positive Menschen, redelustige Tiere und sehr gutes Essen. Zu Beginn glaubte ich, dass mir meine Fantasie einen Streich spielte. In einer der Übungen, als wir einander Bilder schickten, schnappte ich eine Blume mit dem Namen Gerbera auf. Die war auch noch gelb. Ein paar schauten mich komisch an und ich dachte schon, jetzt hätte ich mich lächerlich gemacht. Das ist meine Lieblingsblume und bestimmt wollte ich so eine einfach sehen. Da ging ein breites Lächeln übers Gesicht der Frau, die mir das Bild gesandt hatte – woher ich wusste, wie die Blume heißt?
Dasselbe herrliche Gefühl war es, als wir raus in den Stall gingen, um dort mit Carolas Pferden zu kommunizieren. Mitten in einer Frage an ein Pferd kam eine Katze an, die auch mit dabei sein wollte. Sie machte deutlich, dass ich sie ja nicht vergessen sollte! Sie wollte auch reden. Da fing das Pferd an zu seufzen, denn wir waren ja gerade miteinander im Gang. Hilfe! Kann man mit mehreren gleichzeitig kommunizieren? Ich musste Carola mehrmals bitten, mir zu erklären, wie man abschaltet, so dass man nur mit einem zur Zeit redet. Am Ende schaffte ich das irgendwie ganz gut. Sowohl Pferd als auch Katze waren am Schluss ganz zufrieden, ich wurde von ihnen sogar gelobt. Als wir wieder hineingingen, holte Carola ein paar Fotos hervor, auf die wir schauen und erzählen sollten, was die Tiere sagten. Ich wusste, dass das funktioniert, weil ich ja selbst Tiere hatte, mit denen auf diese Weise gesprochen worden war. Aber, schon jetzt? Wir konnten ja kaum schon auf die normale Weise kommunizieren. Als ich auf das Foto schaute, kamen Gefühle in mir hoch, die ich vorher noch nie gefühlt hatte. Was für ein Leid. Ich erzählte, was ich bekommen hatte und Carola nickte zustimmend. Jedes einzelne Wort, das ich bekommen hatte, stimmte. Noch ein Kick! Ich konnte sogar das! Der Kurs hat mir unglaublich viel gegeben. Eine ganz andere Sichtweise auf unsere Tiere. Sie

haben so viel zu erzählen, uns zu lehren und sie sind so willig mitzuhelfen."

Jenny Hammargren, Schweden

„An einem kalten Dezembertag klingele ich an Karins Tür. Ich komme zu ihrem Wochenendkurs „Kommunikation mit Tieren". Nach und nach treffen alle Teilnehmer ein, und in unserer Vorstellungsrunde merke ich, dass auch die anderen noch ein wenig unsicher sind, was Kontaktaufnahme und Gespräche mit Tieren angeht. Was stimmt, was entspringt der eigenen Vorstellung? Nach einer kurzen Einführung springen wir sozusagen ins kalte Wasser.

Als wir nach mehreren Übungen zum Kaffeetrinken mit leckerem hausgemachtem Kuchen runtergehen, freue ich mich, dass mich „Porky" von draußen so intensiv anzugucken scheint. Hatte ich doch in Karins Buch noch auf der Fahrt intensiv studiert, wer Porky und wer Sunny ist. Im Gespräch stellt sich schnell heraus, dass „Porky" in Wirklichkeit Sunny ist. Und was passiert? Ich entschuldige mich im Geist bei Sunny, die Stute leckt sich die Lippen, dreht sich um und geht weg. Es ist mir, als wenn sie aufseufzt und sagen will: „Hat sie das nun endlich kapiert!"

In unserer letzten Übung an diesem Abend sollen wir uns einen Herzenswunsch vorstellen. Es wird von großen, hehren Zielen und Wünschen gesprochen. Und was habe ICH empfangen? Einen angenehmen Geschmack im Mund und richtig echten und vielen Speichelfluss! Meine Partnerin ist frustriert, ich würde mich gern in einem Mäuseloch verstecken und Karin lacht laut auf. Da haben sich wohl ihre Pferde sehr intensiv bemerkbar gemacht, denn ihre normale Fütterzeit war schon weit überschritten.

Für mich am beeindruckendsten war mein Gespräch mit Alex, einer Papageiendame. Erst im Austausch mit ihrer Besitzerin wurde mir richtig klar, dass mir Alex ein „Gefühl" geschickt hatte. Mitten im Gespräch verspürte ich nämlich starke Unzufriedenheit, was ich erst einmal auf mich bezog und gar nicht verstand: Warum sollte ich,

Bärbel, mitten im Kurs um alles in der Welt plötzlich unzufrieden sein? Alex aber sehr wohl, wie sich im Gespräch herausstellte. Am Nachmittag erwarten uns Karins Tiere zum Gespräch. Karin hat uns einige Fragen vorgegeben, wir sammeln Antworten. Ich habe den Eindruck, am intensivsten mit Porky zu kommunizieren, auch wenn mich seine Antworten manchmal überraschen. Was meint er nur, als er sagt, Karin „solle jetzt lernen, Ställe zu bauen – für die anderen Pferde"? Manchmal benutzen unsere Tiere eine sehr bildhafte Sprache, an uns Menschen liegt es, diese richtig zu interpretieren. Wenn ich meine Gedanken zum Wort STALL schweifen lasse: Stall – Schutz – Energie – Aura – Reiki – ... Aber wir kommunizieren auch sehr bodenständig miteinander, Porky und ich: Das Seminar bei Karin war hochinteressant! Unglaublich, auf welche Art kommuniziert werden kann: Bilder, Gedanken, Geruch oder Geschmack, physisches Empfinden, sogar ein Gefühl! Ich hatte das Glück, davon so viel selbst spüren zu dürfen. Wunderbar."

Bärbel Mirke, Walscheid, Frankreich

„Im Dezember 2001 entdeckte ich Karins Buch im Katalog, ich wünschte es mir zu Weihnachten, verschlang es und saß im April 2002 zusammen mit vielen anderen wissenshungrigen Frauen (!) in einem ihrer Kurse. Ich versuchte mich mit einer Stute zu unterhalten, die mir gleich wegen ihrer Farbe, ihrer Ausstrahlung und auch wegen ihres Namens gefallen hatte. Es war ein kurzes, nettes Gespräch und ich war sehr verwirrt. Waren das nun meine Gedanken, war meine Fantasie mit mir durchgegangen? Sollte tatsächlich ICH gerade mit einem Tier gesprochen und eine Antwort bekommen haben? Ich war mir sicher, dass andere Menschen dies können, aber ICH? Ich setzte mich eine Weile hin, um ruhiger zu werden. Da kam der Hofhund auf mich zu, ließ sich aber nicht streicheln, sondern legte sich in einer Armlänge Abstand von mir entfernt hin. Nach einem Augenblick wurde ich ruhiger und der Hund stand wieder auf und ging – natürlich nicht ohne ein dickes Dankeschön mei-

Bäume und das Meer sind ideale partner für Ruhe und Erdung. Seine Gedanken auf die Reise nach innen schicken, zu sich selbst finden, auftanken kann man aber natürlich überall und jederzeit. Den Kopf freizubekommen ist eine Voraussetzung für die mentale Kommunikation mit Tieren.

Auch Tiere verschiedener Arten kommunizieren nicht nur körpersprachlich sondern auch telepathisch miteinander. Telepathie ist eine universelle Sprache.

Das Beste was es gibt: Mit Pferden sein zu dürfen.

nerseits!!! Dann habe ich noch mit anderen Pferden kommuniziert und es war großartig. Ich hatte dabei immer ein ganz besonderes Gefühl, es fühlte sich so richtig an und das Gefühl der Nähe war einfach überwältigend! Trotzdem hatte ich Schwierigkeiten mich darauf einzulassen, den Kopf frei zu bekommen und mich zu konzentrieren. Und da war auch der Gedanke: Dass, was ich hier tue, das tue ich nicht erst seit heute. Bloß hatte es vorher keine Worte."

Sandra Fricke, Schinkel bei Kiel

Die Kraft von Gedanken, Wort und Schwingungen

Wie kann so etwas wie Gedankenübertragung, noch dazu zwischen den Arten, zwischen Mensch und Tier, überhaupt möglich sein?

Gegenfrage: Was ist Zeit?

Eigentlich nur ein Gedanke, oder?

Was ist Raum?

Auch ein Gedanke.

Was sind Erinnerungen? Träume? Hoffnungen? Wünsche? Alles Gedanken. Schmerz, Freude, Leid ... sämtliche Empfindungen sind letztlich nur Gedanken. Gedanken, die uns schwer machen, oder leicht. Gedanken, mit denen wir es schwer haben, oder leicht. (Wir sprachen schon davon, es geht „einfach" (!) darum, wie wir sie nehmen, Gedanken selbst haben ja kein Gewicht). Ob wir etwas nur akzeptieren oder für uns annehmen, ist ein Riesenunterschied: Wäre der Gedanke ein Postpaket und ich akzeptierte es, stünde ich da mit verschränkten Armen. Nehme ich es an, bin ich schon halb dabei, es auszupacken, und drücke den Inhalt förmlich an mich. Gedanken haben also Macht. Uns zu beeinflussen zum Beispiel. „Das ist nur ein Gedanke", pflegt meine Reikimeisterin zu sagen, wenn ich klage, wie schwer irgendetwas ist. (Ja, natürlich tu ich das manchmal, was dachten Sie denn?) Recht hat die Reikimeisterin also. Es liegt an uns, einzig an uns, wie schwer wir etwas nehmen (oder ob wir die Annahme des Paketes verweigern – was wir letztlich dann davon haben, ist eine andere Geschichte).

Die ganze Welt um uns herum besteht aus Gedanken ebenso wie aus Materie und beides ist miteinander verknüpft: Das klingt komisch und abgefahren? Nun, das ist Quantenphysik, kein „Esoterikkram".

Die Wissenschaft an sich spaltet sich also derzeit in zwei Hauptgruppen. In die Vertreter des (antiquierten) mechanischen Weltbildes und die eines holistischen, ganzheitlichen (wozu Quantenphysik und Neurowissenschaft zählen). Letztere haben (noch) einen schweren Stand und sind daher – verständlicherweise – eisern darauf bedacht, wissenschaftlich hieb- und stichfeste Beweise für ihre Theorien und Thesen zu bringen und nicht in die Schubladen New Age oder irgendwas mit den Vorsilben Pseudo- oder Para- gestopft zu werden.

Schade eigentlich, denn darum schlagen sie ein Kreuz und wollen nicht einmal ihren Namen in Verbindung mit derlei Teufelszeug gebracht wissen. Die Zeiten, in denen ein Albert Einstein sogar ein Vorwort zu einem Buch über Telepathie schrieb, sind lange her.

„Viele Wissenschaftler ziehen es vor, nicht öffentlich über diese Dinge zu reden, weil sie mit einem großen Tabu behaftet sind. ... Es gibt eine ganz außergewöhnliche Intoleranz innerhalb der Wissenschaft, bestimmte Bereiche von Erfahrung ernsthaft zu diskutieren, Telepathie ist eins der größten Tabuthemen", sagte Rupert Sheldrake in einem WDR-Radiointerview. („Der sechste Sinn – Über Tiertelepathie und die Irritation der Wissenschaft", Radiosendung von Hartwig Tegeler, WDR 2003)

Sei's drum. Die Physik revolutioniert sich etwa seit den 20er Jahren des vergangenen Jahrhunderts mit der These, dass die Wirklichkeit erst durch die Betrachtung entsteht. Physiker wie Max Planck oder Heisenberg brachten die Auffassung von Realität, von unserem physikalischen Weltbild innerhalb der Wissenschaftsgemeinde ins Wanken. Geist und Materie sind nach ihrer Auffassung untrennbar miteinander verbunden. Oh großes Problem!

Die Kernaussage der Quantentheorie besagt nichts anderes, als dass alle Materieteilchen auf der Welt sich gegenseitig beeinflussen. Quanten sind kleine Energieportionen, die gleichzeitig Überträger und Empfänger dieser Einflüsse sind – alles hängt mit allem zusammen.

Alles fließt, pantha rei, das wussten schon die alten Griechen. Wir finden allmählich wieder dahin zurück und entdecken: *„Wenn auf der Quantenebene alles mit allem verbunden ist, wenn das Geschehen in der Biosphäre auf Symbiose und gegenseitige Hilfe aufbaut und wenn in offenen selbstorganisierenden Systemen das Ganze stets mehr „weiß“ als die Summe seiner Teile, dann ist Bewusstsein – Geist – konstituierend für das gesamte materielle Geschehen.“* (aus: Matthias Bröckers, Das sogenannte Übernatürliche, Frankfurt a. Main 1998, S. 15)

Diese Schlussfolgerung ist härterer Tobak, als Sie vielleicht ahnen. Sie rüttelt erdbebengleich an Festen, die von so großen Namen wie Freud, Darwin und Einstein gehalten wurden – an unserem Grundlagenverständnis nämlich, wie die Natur und damit die Welt, in der wir leben, funktioniert.

Wie also funktioniert Telepathie, Gedankenübertragung?

Vom physikalischen Standpunkt aus lassen sich diese winzigen Energieteilchen als Wellen beschreiben und demzufolge schwingen alle miteinander. Quantenphysiker vermuten über die uns bekannten drei Raumdimensionen hinaus zusätzliche Dimensionen, die wir zwar nicht wahrnehmen, die bestimmte Energieteilchen jedoch durchdringen könnten. So beschreibt der deutsche Physiker Burkard Heim einen zwölfdimensionalen Raum, der neben den Dimensionen von Zeit, Raum, Energie und Materie nichtörtliche Bereiche, einen Informations-

raum und einen noch darüber liegenden Überraum definiert. (Über meine Vorstellungskraft geht das übrigens auch hinaus, keine Bange.)
Es gibt weitere Theorien, die besagen, dass wir alle letztlich verbunden sind in einem Feld von energetischen Schwingungen. Ein Feld, das Informationen enthält über alles Sein der Welt. Ein kollektives Unterbewusstes nannte es C.G. Jung in seiner Theorie der Archetype. Als morphisches oder morphogenetisches Feld bezeichnet es der englische Biologe Rupert Sheldrake. Kennen Sie die Geschichte von den Affen, die zeitgleich auf zwei verschiedenen Inseln damit beginnen, ihre Nahrung zu waschen, ohne jemals die Möglichkeit gehabt zu haben, voneinander abzuschauen? Dies wird gern als Erklärung herangezogen für solche Phänomene – und auch für unsere Telepathie.
Was wir heute für „übersinnlich" oder zumindest rätselhaft halten, wird in ein paar Jahrzehnten von derselben Wissenschaft, die Telepathie heute als Humbug ablehnen mag, erforscht sein. So lange kann es ja nicht dauern – Sie erinnern sich an meine Metapher – einen Löffel für die Suppe zu erfinden, oder?
„Übernatürliches anzunehmen, heißt nicht, sich von der Vernunft zu verabschieden, sondern sie auf neuem Niveau zu etablieren. Es heißt auch nicht, sich von der Wissenschaft zu verabschieden und der Irrationalität und dem Aberglauben anheim zu fallen, sondern neu zu definieren, was Wissenschaft und Religion in einem nichtlokalen, beobachtergeschaffenen Universum bedeuten." (aus: Mathias Bröckers, Das sogenannte Übernatürliche, S. 283)
Es wird Zeit, umzudenken, neue Sichtweisen zuzulassen. Unglaublich viel lernen können wir diesbezüglich von unseren Tieren. Wenn wir denn zuhören und unsere Lehre aus Gesprächen mit ihnen ziehen.
Nach meinen Erfahrungen etwa haben Tiere – manche mehr, manche weniger – anscheinend bewussten Zugang zu diesem

kollektiven Gedächtnis der Natur. Sie zapfen unser, teils sogar vergessenes oder unbewusstes, Wissen an. Carola Lind bezeichnet es als „allgemeine Gedankenwolke".

Was in diesem Zusammenhang äußerst spannend ist, sind neurologische Forschungsergebnisse, die ohne es zu wollen, in dieselbe Bresche schlagen: Erinnerung und Gedächtnis lassen sich ihnen zufolge nicht in irgendwelchen Hirnwindungen lokalisieren – sie seien quasi überall und nirgends, schreibt Bröckers in seinem Buch „Das sogenannte Übernatürliche".

Wussten Sie, dass man mit einem Lügendetektor (Polygraph) Ausschläge an Zimmerpflanzen registrieren konnte, auf den bloßen Gedanken hin, sie mit einem brennenden Streichholz zu quälen? Das gelang dem US-Wissenschaftler Cleve Backster. Ist das der Nachweis, dass die Pflanze den Gedanken des Wissenschaftlers las?

In einem Kurs erzählte mir ein Teilnehmer, er habe besten Erfolg mit dem Gedeihen seiner Blumen, wenn er ihnen massiv drohe, sie ansonsten wegzuwerfen. (Wobei ich immer noch glaube: mit Liebe und Lob wachsen sie bestimmt ebenso gut.)

Der Lügendetektortest gilt als Parapsychologie – weil er bei Forschern in anderen Labors nicht wiederholbar schien. Die fühlten sich nicht ein, mutmaßte Backster, denn bei ihm klappte es immer wieder.

Doch Empathie, Einfühlungsvermögen, ist (auch noch) kein wissenschaftliches Parameter. Machen Sie Ihr eigenes Experiment, wenn Sie mögen. Kaufen Sie zwei Pflanzen, mit einer sprechen Sie (ob Sie drohen oder lieben, bleibt Ihnen überlassen), mit der anderen nicht. Sie werden ja sehen, ob eine bei sonst identischer Pflege besser wächst.

Die Zeitschrift „Bild der Wissenschaft" berichtete von einem Experiment mit Herzpatienten in San Francisco. Der Arzt Randolph Bird schickte eine Liste mit der Hälfte seiner Patienten an verschiedene Priester und Glaubensvertreter. Zehn Monate lang wurde täglich für diese eine Hälfte gebetet – weder Patient noch Arzt wussten, wen das Los in die Kontrollgruppe und wen in die Gebetgruppe eingeteilt hatte. Das Ergebnis der Studie jedoch war eindeutig. Drei gegenüber sechzehn kamen ohne Antibiotika aus, auf der einen Seite mussten zwölf künstlich beatmet werden, auf der anderen niemand. Sie können dreimal raten, bei welcher Gruppe. (Vgl. Bild der Wissenschaft, Ausgabe Nr. 6/1994)

Vom Quantenphysiker Niels Bohr wird die Anekdote berichtet, er habe ein Hufeisen über seiner Haustür gehabt – obwohl er freilich nicht abergläubisch war, aber *„man sagt, es bringt auch dann Glück, wenn man nicht daran glaubt“*. Also handeln Sie doch einfach Ihren Tieren zuliebe nach der Kantschen Regel: Was du nicht willst, das man dir tu, das füg auch keinem andern zu.

Es gibt Geräte, mit denen man Hirnströme messen kann. Zum Beispiel während wir schlafen, meditieren, uns konzentrieren oder ... telepathisch aktiv sind. Diese elektromagnetischen Wellen in unserem Kopf werden in Alpha, Beta, Delta und Theta unterschieden und haben verschiedene, charakteristische Hertz-Schwingungen. Für Telepathie interessant sind Aktivierungen zwischen vier bis zwölf Hertz, also Alpha und Theta. Dominiert Theta, schlafen wir übrigens ein, und Endorphine werden auch noch ausgeschüttet.

Es gibt mathematische Arbeiten, die in ihrer Konsequenz Einsteins Relativitätstheorie widerlegen, oder noch schlimmer, die „Richtigkeit“ von Mathematik oder Physik grundlegend infrage stellen. Und auch mit der Telepathie gibt es ein wissenschaftliches Problem: *„Da sich die Belege häufen, dass Telepathie sich als eine normale Methode biologischer Kommunikation erweist, argumentieren die Vertreter von Vernunft und Wissenschaft immer irrationaler und unwissenschaftlicher, um ihre Behauptung von der Nichtexistenz dieser Phänomene überhaupt noch aufrecht erhalten* *zu können. Sie verteidigen nur noch eine Ideologie und ein Weltbild"*, sagt Rupert Sheldrake.

Lieblingsschubladen tragen Aufschriften wie selektive Wahrnehmung, Gruppenhysterie oder Manipulation. In einer Hörfunksendung über Tiertelepathie und die Irritation der Wissenschaft konfrontierte der Redakteur Hartwig Tegeler einen Vertreter des Freiburger Instituts für Grenzgebiete der Psychologie und Psychohygiene mit dem Feedback eines durchaus glaubwürdigen Katzenbesitzers, für den ich per Foto mit seinem Tier kommuniziert hatte. Er berichtete von Übereinstimmungen, nachweislich richtigen Sachverhalten, die ich – obwohl nie in der Wohnung gewesen – richtig benannt hatte. Diplompsychologe Eberhard Bauer beharrte, dass ein telepathischer Bezug zum Tier unverrückbar Humbug sein müsse, denn: *„Ich weiß nicht, was in einer Katerseele vorgeht. Ein Außenstehender interpretiert das Verhalten eines Tieres. Es handelt sich um Erlebnisberichte und Anekdoten ... Das Erfahrungsmaterial ist unter nicht systematischen Bedingungen gewonnen."*

Die renommierte Kieler Biologin Dr. Dorit Feddersen-Petersen vom Institut für Haustierkunde lässt sich dagegen mutig auf die inhaltliche Diskussion mit dem Journalisten Hartwig Tegeler ein. Sie wisse von Menschen, die sehr genau beobachten können und einiges aus dem Ausdrucksverhalten eines Tieres schließen können. Dann hört sie sich das Statement des Katzenbesitzers an. Ihr Kommentar: *„Es gibt immer wieder Grenzfälle, die wir nicht erklären können. ... man könnte jetzt Wege beschreiten, vor denen ich Angst habe, schlicht und einfach. Weil ich überhaupt nicht weiß, wohin ich mich bewege, also nicht nur hypothetisch, sondern spekulativ. Auf der anderen Seite finde ich es interessant, wenn ich so etwas höre. Ich frage mich, woran hat sie das festgemacht. Sie war nie da. Spricht von einem bevorzugten Tier mit einer bestimmten Farbe, das man also auch individuell ausmachen kann, von einer Pflanze, die stört, also von Sachverhalten* *aus dem Leben des Tieres. Und ich überlege jetzt, ob über dieses sehr, sehr feine Ausdrucksverhalten jemand so etwas festmachen kann, und ich muss sagen nein, es ist unmöglich. Er kann etwas über die Befindlichkeit aussagen und vielleicht auch etwas sehr Differenziertes, aber keine Sachverhalte. Ich habe dazu keine Erklärungsmöglichkeit.“*

Hut ab für diese Aussage, wo selbst Parapsychologen Tatsachenübereinstimmungen in der Tiertelepathie als Zufälle abtun. Das wiederum beweisen können sie auch nicht. Also auch nur eine Hypothese – wenn auch eine „im weißen Kittel“. Und das sieht ja immerhin schick aus und Wissenschaftlern glaubt (sic!) man vielleicht eher als Tierbesitzern? Ich schmunzele.

Der bereits zitierte Biologe Rupert Sheldrake ist für seine Abhandlungen schon als Ketzer verschrien und in England für eine neue Bücherverbrennung vorgeschlagen worden. Er hat nach seinen wissenschaftlichen Bestsellern „Das schöpferische Universum“ (1983) und „Das Gedächtnis der Natur“ (1990) in empirischer Feldforschung zahlreiche „übersinnliche Phänomene“ von Tieren und ihren Haltern gesammelt und untersucht. Es erschienen seine Bücher „Sieben Experimente, die die Welt verändern können“, (1994) und „Der siebte Sinn der Tiere“ (1999). Sheldrake sagt: *„Wenn man fragt: Ist Telepathie ungewöhnlich, seltsam, eigenartig? Dann antworte ich Nein. Nein, weil fünfzig Prozent aller Tierhalter glauben, dass ihre Tiere in einem telepathischen Kontakt mit ihnen stehen. So gesehen sind diese Dinge ganz normal und gewöhnlich. Menschen, die eindeutig nicht verrückt sind, erleben sie. Wie auch immer, aus der Sicht konventioneller Wissenschaft allerdings ist all dies paranormal, weil es nicht erklärt werden kann im Rahmen unserer herrschenden Theorien von Physik und Chemie.“* Sheldrake berichtet von Tieren, die wissen, wann ihre Halter nach Hause kommen, die trösten, heilen, den Tod ihres Herrchens in einem anderen Land spüren, die Absichten aufschnappen und auf telepathische Rufe reagieren. Biologisches Fundament dafür sind für ihn die bereits erwähnten morphischen Felder. Durch sie können Halter und Tier in Verbindung bleiben und *„telepathisch kommunizieren, selbst wenn sie weit voneinander entfernt sind“*. (Rupert Sheldrake, Der siebte Sinn der Tiere, Ullstein Verlag München 1999, S.183)

Max und Angela

„Fühle mich ein bisschen allein und traurig. Aber das kann auch daher kommen, dass so wenig Licht ist. Mir liegt das Frühjahr mehr, wenn es auf den Sommer zugeht, fühle ich mich wohl. Wärme ist schön auf meiner Haut und für die Knochen. Meine Hüfte ist schief und ich habe Rückenschmerzen, ziehen bis zum Hals hoch. Mag mich nicht biegen. Aber Hüfte ist am schlimmsten. Und die Zähne tun auch weh. Mir fehlt ein Spurenelement/Mineral. Mehr Magnesium (!), Selen und Zink tun auch Not. Nicht so viel Eiweiß. Es macht mich traurig, dass ich missverstanden werde. Bin eifersüchtig auf die anderen, die sind glücklicher als ich. Hadere mit meinem Schicksal, unzufrieden mit mir selbst. Bin stieselig, weiß es auch. Mir fehlt ein echter Freund. Da war ein Esel, hat mir gut gefallen. Fühle mich älter, als ich geschätzt werde. Die Kälte nervt. Zehrt. Möchte leckereres Futter haben. Das Wasser friert manchmal ein. Dann stehen wir und warten. Dauert manchmal. Sonst ist die Anlage sehr schön hier. Die blonde Frau ist sehr nett. Und ich mag die Mutter. Manchmal pfuschen die Menschen in unsere Rangordnung, ohne es zu merken, auch das macht mich aggressiv. Muss dann doppelt kämpfen um meinen Stand. Aber meist ist es Eifersucht und Neid. Und Unzufriedenheit. Komme mit mir selbst nicht gut klar im Moment. Vielleicht, wenn der Schmerz weg ist. Möchte mehr Abwechslung. Ich weiß, dass ich es Frauchen schwerer mache als sonst, auch beim Reiten. Können wir nicht mal was Neues ausprobieren? Eine Aufgabe, die mich fordert. Will lernen und mich kon-

zentrieren. Nicht zu viel auf einmal natürlich, aber so, dass ich voll bei der Sache sein muss. Geschicklichkeitssachen zum Beispiel. Und Vertrauensübungen. Darin sind wir eigentlich gut. Manchmal bin ich nur zu büffelig. Es tut mir Leid, wenn ich es Frauchen schwer mache. Ich habe sie sehr lieb, aber ich bin im Moment nicht gut ansprechbar. Von früher her kommen Dinge hoch. Vertrauen zum Menschen allgemein ist eingeschränkt. Bin kein Schmuser mehr. Habe schon schlechte Erfahrungen hinter mir, Dinge erlebt und gesehen, die mich sauer gemacht haben. Aber ich bin klug und gelehrig und möchte den Spaß am Leben wieder finden. Frauchen muss die Balance finden, sich durchzusetzen, aber einfühlsam zu bleiben. Meine Launen zu tolerieren, wo es einfach keinen Sinn hat. Wir können nicht beide mit dem Kopf durch die Wand. Sie soll mich nur lieb haben, dann wird schon alles wieder gut. Versteht mich denn keiner? Ich brauche Hilfe. Ich bin doch nicht böse. Ich kann im Moment nur einfach nicht mehr, nicht aus meiner Haut. Bin genervt. Überdrüssig. Das waren Kleinigkeiten, die sich summiert haben, Frauchens Wankelmütigkeit in Situationen, falsche Entscheidungen. Sie weiß schon, wenn sie nachdenkt. Hat ein paar Mal unüberlegt gehandelt, nicht nachgedacht, Versprechen nicht gehalten, enttäuschte Erwartungen. (Er druckst herum, drückt sich leider nicht klarer aus, als ob er selbst überlegen müsste, wie es anfing – wenn ich nachfrage, kriege ich höchstens so ein unbestimmtes „hmmm, kommt ungefähr hin" – Gefühl ... Da war was mit Menschen und anderen Pferden, eine Situation, wo er geführt wurde, sich erschreckt hat ... aber kein richtiges Schlüsselerlebnis, mehr die Summe von kleineren Dingen, bis „das Fass voll war", sozusagen ...) *Unkonzentriertheit, Stress und nicht bei mir gewesen. Pflichterfüllung, aber halbherzig, so kam es mir vor. Fühlte mich zeitweise nicht geliebt, meine Liebe wurde nicht angenommen, nicht gesehen, wurde missverstanden, auch in meinen Krankheiten und Sorgen und Nöten. Sie soll mehr auf mich hören, auf das achten, was ich sage und möchte und brauche – und weni-*

ger auf die anderen Menschen. Ihr Bauch ist das Entscheidende. Sie soll zu uns stehen. Wankelmütigkeit. Mir fehlt Klarheit. Eine gemeinsame Linie. Aber es ist keine Frage von Schuld. Ich habe Erfahrungen von früher, die mich so aufhorchen lassen, bei Kleinigkeiten schon hochschnellen. Menschen sind nicht einfach, Pferde auch nicht. Jeder hat seine Vergangenheit voller Erfahrungen. Eine Summe von Kompromissen. Ich bin auch als Lehrer zu ihr gekommen, damit wir beide reifen können aneinander. Es ist eine große Chance. Vielleicht bin ich auch wütend aus Angst, dass wir sie nicht gebührend nützen können, aus Unachtsamkeit, oder weil die Umstände so sind. Wir sollten sie ändern, die Umstände. Ich bin bereit. Liebe sie sehr. Aber sie soll mich auch ihren guten Willen deutlich spüren lassen. Ich bin sehr angenehm angetan davon, dass sie weiß, dass wir ein Problem haben. Ich hatte schon daran gezweifelt. Das gibt mir neuen Mut und Hoffnung. Wir werden das schaffen. Ich weiß es, denn ich spüre ja auch ihre Zuneigung jeden Tag. Ich will gern versöhnlich sein. Es ist nicht so sehr ein Problem zwischen uns beiden allein. Mein Lieblingsfutter ist schmatzend. Gern weichen, warmen Brei (Mash?), *viel Früchte und Rüben. Gute Qualität, sauber und keine Schimmelstellen, Futter soll nicht stauben. Gutes Heu, lieber noch duftende Silage und frisches Gras natürlich. Am liebsten fresse ich frisches Gras, auf dem noch der Tau sitzt. Und Obst. Bananen. Viele Bananen mag ich gern. Ich möchte gern mit ihr allein spazieren gehen, dass sie ganz bei mir ist. Das wäre eine gute Basis."*

Max (Brandenburger-Haflinger-Mix, 8 Jahre)

„Wir wohnen in Stechendorf und der Max steht in Treppendorf, das liegt zwischen Bayreuth und Bamberg in der Fränkischen Schweiz. Ich war echt total erschrocken, als ich das Protokoll gelesen habe, insgeheim habe ich gehofft, es würde besser um uns stehen. Mir war klar, dass es Probleme zwischen uns gibt, und ich wollte endlich wissen welche, damit ich etwas verbessern kann.

Es stimmt, Max ist seit einigen Jahren ein sehr trauriges Pferd, deswegen warst du auch meine letzte Hoffnung um zu erfahren, was mit ihm los ist. Und ich weiß, er hasst den Winter und liebt den Frühling, da benimmt er sich immer wie ein kleiner Jährling. Ich hatte vier Wochen vorher eine Osteopathin und einen speziellen Pferdezahnarzt bei uns im Stall. Alles, was du an Beschwerden aus ihm rauslocken konntest, wurde behoben. Seine Zähne waren mehr als überfällig, die Hüfte wurde eingerenkt, der ganze Rücken bis zum Hals musste Wirbel für Wirbel wieder eingerenkt werden. Ich habe in den Jahren vor meiner Schwangerschaft immer peinlichst darauf geachtet, dass es Max an nichts fehlt, gerade im Winter. Seit der Schwangerschaft habe ich leider aus Überforderung alles sehr schleifen lasse, auch das Zufüttern von Zusatzstoffen und seinem warmen Brei. Ich kann mir also vorstellen, dass es ihm mehr als gefehlt hat. Einen echten Freund hatte er noch nie, weil wir so oft umgezogen sind und er eigentlich nie die richtige Möglichkeit hatte, sich fester zu binden. Leider.

Mein Mann und ich haben lange überlegt, ob in einem der neun Ställe ein Esel war, und uns ist ein Eselpärchen eingefallen. Mutter und Sohn, aber mir war nie bewusst, dass er den toll fand. Er hat zwar immer anders reagiert, wenn er den Esel gesehen hat, aber ich dachte, dass es vielleicht am Gebrüll lag.

Vor meiner Schwangerschaft war ich jeden Tag mindestens drei Stunden im Stall, bin geritten, habe Bodenarbeit mit ihm gemacht oder wir waren so unterwegs. Seit mein Sohn geboren war, habe ich fast gar nichts mehr mit ihm gemacht. Das muss ihn ganz schön frustriert haben.

Was ich die letzten drei Jahre von ihm geflogen bin, echt unglaublich. Ich bin ihn ohne Sattel und nur mit Halfter eingeritten und das anderthalb Jahre lang. Da ist nie was passiert. Wir sind durch die Wälder gejoggt und er lief frei neben uns her. Wir haben viel frei gearbeitet und viele Geschicklichkeitsübungen gemacht. Wenn ich heute merke, ich bin mies drauf, dann mache ich nichts mit Max, weil ich aus der Erfahrung heraus weiß, es schaukelt sich in irgendeiner blöden Situation hoch, und das will ich nicht mehr. An solchen Tagen fahre ich nur hin und sage Hallo. Wenn er mies drauf ist, mache ich auch nichts, ich kann und will ihn nicht zwingen. Leider sind wir beide Typen, die mit dem Kopf durch die Wand wollen. Diese Situation, wo er geführt wurde und sich erschreckt hat – voll krass, dass er dir davon erzählt. Wir haben vor vier Jahren einen Wanderritt gemacht. Auf dem Weg nach Hause hat sich Max echt schlimm benommen, wenn er an fremden Pferden vorbei musste, ist piaffiert etc. Ich hatte ja keinen Sattel mit und bin zwischendurch immer mal gelaufen. Ich weiß nicht, was wirklich passiert ist, auf jeden Fall war da ein Ruck im Zügel und er stand in einem Feld und hat dann angefangen zu fressen. Ich habe die Zügel genommen und ihm die an den Hals gehauen, die Schnalle ist über seinen Hals und genau ins Auge. Ab da war alles vorbei. Er war nur noch am tänzeln, wiehern und steigen, ich super fertig, und hatte echt Probleme, uns heile nach Hause zu bekommen. Er wird tierische Schmerzen gehabt haben, als wir ankamen, brauchten wir erst einmal einen Tierarzt. Ich habe mich damals so geschämt.

Er liebt schon immer Karotten und vor allem rote Beete. Silage hat er allerdings noch nie bekommen, wie er darauf kommt, weiß ich nicht. Und dass er auf die Bananen abfährt, wusste ich schon vorher, aber ich fand es gut, dass er es erzählt hat. Ich weiß, du denkst wahrscheinlich, die spinnt, die schreibt hier Romane. Aber es gibt noch einiges zu erzählen. Mein Mann glaubt ja gar nicht an das, was du machst, auch wenn es fast alles zutrifft, was Max dir erzählt hat. Mein Mann hat versucht, mich auf den angeblichen Boden der Tatsachen zurückzuholen und mir versucht weiszumachen, dass ich mich da auf einen Quatsch eingelassen habe.

Als ich am nächsten Tag in den Stall gegangen bin (einen Tag nach Erhalt des Protokolls), es regnete in Strömen, habe ich einen langen Spaziergang mit Max gemacht und ihm danach warmes Futter gegeben. Er hat mich zwischendurch immer mal angesehen mit

mindestens tausend Fragezeichen im Gesicht. Ich habe es genossen, denn ich habe gemerkt, dass er weiß, dass ich es weiß und etwas ändern werde.
Jeden Tag fahre ich jetzt wieder in den Stall, mal machen wir was, mal auch nicht. Er bekommt weiterhin das zu fressen, was er mag. Und ich bin seitdem nicht mehr runtergefallen, weil er auch gar nicht versucht hat, mich loszuwerden. Immer wenn ich merke, wir kommen an ein Problem, das kann eine einfache Weggabelung sein, dann quatsche ich ihn voll und sage, was ich denke und meistens geht es dann auch weiter. Und wenn es nichts bringt, weil er sich da in eine Sache verrennt, dann gehe ich mit ihm nach Hause und versuche es am nächsten Tag noch einmal, aber etwas anders. Viele liebe Grüße aus Bayern."

Angela Doerre

Die Bedeutung des Mitfühlens – Empathie als Schlüssel

Das A und O einer funktionierenden Telepathie ist die emotionale Bindung zwischen Tier und Halter. Wie soll sich da nun ein Dritter telepathisch einklinken können, als Mittler oder Dolmetscher? Neben dem Können steht und fällt das Ergebnis mit dem ehrlichen Interesse des Dolmetschers, seinem Einfühlungswunsch – wir hatten das schon beim Backstereffekt gesehen (das war die Geschichte mit dem Lügendetektor) – und scheitert zwangsläufig an Profitgier.
Carola Lind hat eine ebenso einfache wie plausible Erklärung, warum es geht: *„Weil sich das Tier danach sehnt, sich mitteilen zu dürfen. Seinen Gefühlen Ausdruck zu verleihen, seinen Gedanken, seinen Ideen. Und da der Besitzer selbst die Signale des Tieres nicht dolmetschen kann, funktioniere ich ausgezeichnet als Kanal, ich bin nicht persönlich emotional eingebunden. Ich werde der Kanal des Eigentümers zum Tier und umgekehrt. Es ist mir nur ein einziges Mal passiert, dass ein Pferd nicht daran interessiert war, zu kommunizieren. Da entstand nur totale Dunkelheit und absolute Stille."*

Interessanterweise fällt es den meisten Tierdolmetschern, die ich kennen gelernt habe, selbst den meisten Anfängern, sogar leichter, mit fremden als mit eigenen Tieren zu kommunizieren: Weil sie sich da nicht durch Hoffnungen oder Befürchtungen, durch Vorwissen oder schlichte Angst selbst blockieren – eben wegen jener emotionalen Bindung! Wohlgemerkt: Wir reden hier von einer vom Menschen angestrebten Kommunikation. Wenn mir ein Pferd etwas mitteilen möchte, in einer Notsituation etwa, klinkt es sich ohne Schwierigkeit einfach ein, wenn wir uns zuvor kennen gelernt haben.
Da heißt: Natürlich kann ich mit meinen Tieren ebenso gut kommunizieren, wahrscheinlich sogar wesentlich besser als mit fremden. Aber ich tue mich schwerer, wenn es von meiner kopflastigen Seite her „um die Wurst" geht. Da sind meine Synapsen anderweitig blockiert und ich komme nicht in die entsprechenden „entspannten" Hertzbereiche, die notwendig sind, um zweifelsfrei von außen empfangen zu können.
Es ist mir in einer Fernkommunikation einmal passiert, dass sich ungebeten ein anderes Pony eingeschaltet hat: Für alle Beteiligten eine beeindruckende Erfahrung, die Sie auf Seite 83 (Bärbels Belina) nachlesen können. Auch das gehört mit zur Physik der Telepathie. Stellen wir uns das morphische Feld, in dem sich das Pony, mit dem ich sprechen möchte, und seine „Leute" befinden, wie einen See vor. Wenn ich eine Kommunikation beginne, berühre ich – bildlich gesehen – das Wasser, um Kanal zu werden. Das Eintauchen schlägt Wellen, die erreichen das Pony. Da Wellen aber die Tendenz haben, Kreise zu ziehen, kommen sie auch bei jemand anders an, der sich in diesem See befindet. Das kann jemand sein, an den ich gerade denke, oder der gerade an mich denkt. Zum Beispiel dieses andere Pony, das ebenfalls etwas Dringendes auf dem Herzen hatte.
In der Kommunikation mit einem fremden Tier bin ich berührt, obwohl ich nicht persönlich betroffen bin. Genau das

umgekehrte Phänomen scheint mir, nebenbei bemerkt, des Rätsels Lösung für die Blockaden mancher Menschen zu sein, die so übermotiviert gern mit Tieren kommunizieren möchten, es aber „einfach nicht schaffen“: Da sind zu große Erwartungshaltungen im Spiel, Stress, der den entsprechenden Hirnwellenbereich nicht erreichen lässt – oder die unterbewusste Befürchtung, dem Ganzen emotional nicht gewachsen zu sein. Es gilt also, den Königsweg der Gelassenheit zu finden. Daher müssen auch zwangsläufig Vorführexperimente z.B. im Fernsehen zum Scheitern verurteilt sein. Welcher halbwegs normale Mensch ist wirklich entspannt bis in den Alpha/Thetabereich hinein, wenn Scheinwerferlicht auf ihn gerichtet ist und er weiß, dass ihn Hunderttausende Menschen beobachten? Ich jedenfalls nicht, für andere kann ich nicht sprechen. Ich war während meiner Recherchen für unser erstes Buch über Monate so aufgeregt, wenn Carola mich in ihren Kursen vorstellte, dass ich in der Folge nicht einmal mehr bei den einfachsten telepathischen Übungen die übermittelte Farbe empfangen konnte. Immerhin, wir hatten viel Spaß, wenn Carola fragte, mein wievielter Anfängerkurs das war. Im anschließenden Gelächter löste sich für manch anderen Teilnehmer die Anspannung, so dass es daraufhin insgesamt höhere Trefferquoten gab. Ziel erreicht. Wer sagt denn, dass der gerade Weg der beste ist?

Im traditionellen, streng wissenschaftlichen Sinn muss ein Experiment reproduzierbar sein. Zum Nachweis der Telepathie besteht man etwa auf eine absolute Abschirmung zwischen Sender und Empfänger, das heißt, die beiden dürfen sich während des Experiments keinesfalls im selben Raum befinden, besser noch nicht einmal im selben Gebäude, so dass gewährleistet wird, dass sie einander nicht sehen oder hören können. Im Bereich der Kommunikation mit Tieren würde hier also allenfalls die Distanzkommunikation wissenschaft-

lich als „Telepathie" gewertet – wenn man sich denn überhaupt inhaltlich einlassen würde.
Das heißt nun nicht, dass beispielsweise unsere Anfängerübungen (Sender schickt Empfänger eine Farbe, einen Baum, ein Auto etc.) keine Telepathie wären. Es heißt nur, dass sie nicht als solche wissenschaftlich beweisbar sind. (Das ist, als ob Sie in der Bank Zugang zu Ihrem Konto wollen und keinen Personalausweis dabei haben. Natürlich sind Sie die Person, die Sie sind, und der Schalterbeamte hat Sie vielleicht schon ein Dutzend Mal gesehen – aber Sie können Ihre Identität trotzdem nicht beweisen. Blöd, oder?)
Leider sind selbst die Popstars unter den Quantenphysikern, diejenigen also, die sich mit revolutionären Thesen durchsetzten, ohne für schwachsinnig gehalten zu werden, gerade deswegen sehr auf ihr Gleichgewicht auf jenem dünnen Grat der wissenschaftlichen Akzeptanz und Glaubwürdigkeit bedacht, dass sie sich höchst ungern auf Diskussionen einlassen, die in eine andere Richtung gehen, nämlich die der Erklärbarkeit und Glaubwürdigkeit. (Lieber Bankkaufmann, mein Freund hier neben mir kennt mich seit der Sandkastenzeit und kann Ihnen bestätigen, dass ich „Telepathie" heiße!)
Wann immer ein Wissenschaftler mit seinen Messmethoden nicht weiterkommt, definiert er etwas als nicht nachweisbar. Dass es darum nicht existent ist, wäre ein unzulässiger Umkehrschluss.
Nichtsdestotrotz möchte ich Skeptikern Recht geben, wenn sie sagen, dass in Kurssituationen – und auch nach eigenem „Wollen" vieles schönredbar ist. Dass man einen Teil der scheinbaren Ergebnisse unserer Gedankenexperimente als Wahrscheinlichkeit, puren Zufall, Projektion, Annahme mit dem Hintergrund von Fachwissen, psychologische Einschätzung und Interpretierbarkeit etc. widerlegen oder zumindest begründen könnte.

Auf einen Teil der Ergebnisse mag das – je nach Kursdynamik und Wunschdenken des Einzelnen – sicher zutreffen. Darum ist es mir gerade wichtig, dass in meinen Kursen ein direktes Feedback vom Besitzer des Tieres gegeben werden kann, nachdem die anderen Teilnehmer per Foto eine Kommunikation über Distanz versucht haben. Das heißt, es wird grundsätzlich mit fremden Tieren und möglichst auch fremden Menschen gearbeitet, um eigenes Hintergrundwissen und Vermutungen auszuschließen. Ich gehe in den Kursen manchmal sogar noch einen Schritt weiter, ich nehme die Fotos so entgegen, das niemand der übrigen weiß, um wessen Tier es sich handelt.
Die „Fundis" unter den Wissenschaftlern mögen über uns „esoterische Spinner" lächeln oder uns auslachen. Die Ergebnisse unserer Arbeit, solche „Fakten-Phänomene", können sie damit nicht widerlegen. Schlussendlich glaube ich eher, dass niemand von uns die absolute Wahrheit kennt. Wir nähern uns ihr von unterschiedlichen Seiten und Dimensionen an: Was letztlich einzig und allein zählt, ist aber doch, dass ich durch meine Arbeit helfen kann: Der Kreatur Pferd, Hund, Katze, Maus. Unzähligen Geschöpfen, deren Besitzer mich um Rat gebeten haben, weil sie mit dem Tierarzt oder Physiotherapeuten allein nicht weiterkamen, geht es jetzt besser. Teils sind körperliche oder psychische Beschwerden verschwunden, weil man durch die Gespräche eine unerwartete Ursache fand, teils hat ein Protokoll oder Kursbesuch beim Besitzer ein genaueres, verständnisvolleres und einfühlsameres Hinsehen und Hinhören nach den Bedürfnissen seines Tieres ausgelöst oder verstärkt und dies führte in der Folge zu Änderungen in der eigenen Wahrnehmung, den Haltungsbedingungen, der Beziehung zweier Wesen im täglichen Miteinander.
Das allein zählt: Ich arbeite mit allen Sinnen zum Wohl der Tiere. Ich möchte Ihre Wahrnehmung schärfen, lieber Leser.

Schauen Sie hin, mit allen sechs Sinnen, und handeln Sie entsprechend: gewissenhaft und eigenverantwortlich! Mit Verstand und Kopf und Bauch und trainierter Intuition, mit Wissen und Erfahrung.

Was wir aus der Physik lernen: Vorsicht Falle! (Übersetzungsungenauigkeiten und Zeitsprünge)

„Wie bei vielem anderen dolmetschen wir Menschen unsere Tiere davon ausgehend, wie wir selbst denken. Vor allem, wenn es um Zeit und die Auffassung davon geht, glauben wir oft, dass Tiere genauso denken, vor allem, weil unsere Hunde genauso erzählen wie wir, und im Namen der Wahrheit – so ist es, aber wir sind die Ursache dafür, und das, worauf wir unseren Fokus haben.

Wenn ich von zuhause weggehe und meinem Hund sage, dass ich nur ganz kurz weg bin, höchstens zehn Minuten und gleich wieder da bin, glaubt der Hund daran, du fühlst, dass es nur eine kurze Weile ist – weil du dir vorgestellt hast, dass es schnell geht. Auch wenn du den Hund vier Stunden lang allein lässt, liegt die Vorstellung weiter bei einer kleinen Weile, du wirst ja „gleich wieder da sein“.

Wenn der Hund höchstens zehn Minuten allein bleiben soll, während du schnell einkaufen gehst, und dir der arme Hund Leid tut und du ihm zum Abschied sagst: „Du Armer, jetzt musst du so lang allein sein“ ... und wenn du dich richtig hineinversetzt, wie lang sich das für den Hund anfühlen muss, dann wird es für ihn zur Qual, soo lang allein zu sein. Wir projizieren alle unsere Gedanken auf unsere Tiere und schaffen die Lebensumstände, die sie haben und in denen sie sich dann befinden.

Tiere leben nicht nach der Uhr, sie haben keine Zeiten, sie haben Zyklen, sie leben nach dem Rhythmus der Natur, an den wir Menschen uns wieder zu erinnern und zu leben anfangen sollten, bevor wir das Leben aus uns heraus stressen. Sie spüren die Abschnitte des Tages, sie spüren ihren Hunger, was sie brauchen, ihren eigenen Rhythmus.

Zeit ist etwas, das wir Menschen geschaffen haben, um unser Leben schematisieren und organisieren zu können. Zeit gibt es eigentlich nicht, Zeit ist eine Einteilung, ein Muster, eine Art zu leben, nichts, was etwas mit Natur zu tun hat.“

Carolas Erklärung zum Zeitbegriff von Tieren macht deutlich, dass gerade ungeübten Tierdolmetschern hier Tür und Tor für Übersetzungsungenauigkeiten oder gar Missverständnisse weit offen stehen. Unverständnis oder Verwunderung lösen beim Besitzer und Leser eines Gedankenprotokolls zum Beispiel auch Zeitsprünge aus. Man kann gar nicht genug betonen, dass Pferde (und andere Tiere) bei ihren Erzählungen mitunter sogar gehörig in den Zeiten hin- und herspringen. Die Erklärung dafür liegt auf der Hand. Man stelle sich einen Eremiten vor, einen Schiffbrüchigen von mir aus, irgendjemanden, der zwanzig Jahre lang schweigen musste und jetzt plötzlich und unerwartet einen Zuhörer gefunden hat. Er wird sich anfangs vielleicht zieren, oder es wird gleich sprudeln. Was er dann erzählt, wird ihm unendlich wichtig sein. Aber nicht unbedingt – in Menschenmaßstäben – siehe Carolas Ausführung oben! – chronologisch geordnet.

Und: *Ihm, dem Tier,* wird es wichtig sein, d.h. die Wichtigkeit ist natürlich keine objektive, sondern entsteht aus *seiner* Wahrnehmung der Dinge heraus. Es wird Dinge und Vorfälle erzählen, die aus seiner Sicht, aus seiner Perspektive heraus erwähnenswert sind. So bekommt vielleicht eine ausgebliebene Mohrrübenration einen ungleich dramatischeren Anstrich als eine verpatzte Springprüfung. Merke: Pferde denken nicht in menschlichen Maßstäben und Zeit ist einer davon!

Zeit ist für die Tierkommunikation ein Kriterium mit verschiedenen spannenden Facetten.

Denn so etwas wie Zeit gibt es nicht! Wer sich für dieses scheinbare Paradoxon interessiert, dem lege ich die Lektüre der „Gespräche mit Gott“ von Neale Donald Walsch nahe, und hier

vor allem den dritten Band, in dem es einige sehr schöne Passagen über den sechsten Sinn gibt, die ich so komplett unterschreiben würde. Drei Regeln in Bezug auf mediale Kräfte, wie wir sie alle haben, könnte ich nicht besser zusammenfassen:
1. Jeder Gedanke ist Energie.
2. Alle Dinge sind in Bewegung.
3. Alle Zeit ist jetzt.
Tierbesitzern rate ich, zwischen den Zeilen eines Protokolls zu lesen und ein bisschen mit den Zeitbegriffen „zu spielen". Manchmal stellt sich ein bis ins Detail beschriebener Stall (*„So einen haben wir nicht, bei uns sieht es ganz anders aus."*) als der des Vorbesitzers heraus (*„Warten Sie mal, mir fällt da was ein. Beim Züchter sah es so aus, wie er es beschreibt!"*). Manchmal wird ein Sattel erwähnt, der nicht passt und Rückenschmerzen macht. (*„Aber den haben wir doch schon vor drei Monaten ausgetauscht!"* Und haben Sie im Anschluss die Rückenschmerzen behandeln lassen? *„Nein, wir dachten, damit wäre es gut."* Aha, war es offenbar noch nicht – Der Sattel war traumatisch und der Schmerz noch präsent – also beides erwähnenswert.) Manchmal tauchen einfach Dinge auf, die Besitzern nicht so bewusst oder tatsächlich unbekannt sind. Nicht nur aus der Vergangenheit des Tieres, sondern auch in der Gegenwart. Wer ist schon rund um die Uhr bei seinem Pferd im Stall? (*„Stellen Sie sich vor, da gibt es doch eine rotweiße Katze, die oft bei meinem Pferd in der Box ist. Die Kinder haben sie beobachtet und dann hat mir der Stallbursche bestätigt, dass sie regelmäßig kommt."*)
Einmal hatte ich ein – zugegeben – leichtes Gänsehauterlebnis, in dem uns ein Jährling exakt die Situation seines drei Wochen später notwendig gewordenen Einschläferns beschrieben hat.
Und manchmal rutscht man innerhalb einer Kommunikation komplett durch das Maschennetz des Zeit-Raum-Kontinuums, wie bei dem Hannoveranerwallach Ecu:

Ecus Besitzerin schickte mir ein Foto ihres Pferdes, das bei Tempo sechzig auf der Autobahn aus dem Anhänger gestürzt war. Die Frage lautete fürs erste schlicht: War mein Kommen in die Tierärztliche Hochschule erforderlich oder „genügte" eine Distanzkommunikation per Foto. Wie mir später berichtet wurde, waren zu diesem Zeitpunkt alle Beteiligten davon überzeugt, dass Ecu wie durch ein Wunder alles fabelhaft überstanden hatte und sich auf dem Weg der Genesung befand. Christine Erdsiek erinnert sich: *„Der Unfall, bei dem sich Ecu maßgeblich verletzte, war der Anlass, Deine Hilfe in Anspruch zu nehmen. Herauszufinden, was das Pferd veranlasst hat, sich bei voller Fahrt loszureißen und die Hängerklappe aufzudrücken. Du bekamst Fotos von Ecu aus der Klinik und sahst dich durch „schreckliche Bilder" wie Du sagtest, veranlasst, das Pferd selbst zu besuchen."* Als ich die Fotodatei öffnete, wurde mir blitzartig schwindelig, speiübel, ich fühlte mich „sterbenselend" und nicht mehr Herrin meiner Beine und meines Gleichgewichts. Dabei sah mir auf dem Bild ein tapferes Pferd entgegen, das zwar wegen diverser kleinerer und größerer Schürfwunden verbunden war, aber hellwach in die Kamera schaute. Wir vereinbarten einen blitzartigen Termin – und ich stand wenige Stunden später einem tatsächlich erstaunlich „gesunden" Ecu gegenüber, der nicht einmal Rescuetropfen benötigte. Des Rätsels Lösung: *„Nach Rücksprache mit mir mussten wir feststellen, dass der Zeitpunkt der Fragen an das Pferd auf den Zeitpunkt des Ziehens der Fäden fiel und so die schmerzhaften Bilder entstanden sind."* Genau in dem Moment, als ich das Foto ansah, wurden, wie wir im Anschluss nachrechneten, bei Ecu die Fäden gezogen. Unter Sedierung. Das Pferd war halb betäubt und fühlte sich entsprechend miserabel!

„Beeindruckend für mich bei dem folgenden Zwie- oder Tri-Gespräch vor Ort war Folgendes: Deine Frage, ob er Motorräder nicht leiden könnte. Mir war keine besondere Aversion bekannt, zumal

der Reitplatz an einer viel befahrenen Bundesstraße liegt. Aber ein Motorradfahrer fuhr bei dem Unfall als erstes Fahrzeug hinter uns und hatte mir geholfen, Ecu einzufangen. Dieses konntest Du nicht wissen. Dann tauchte bei mir die Frage auf: Was kann ich ihm Gutes tun (besonders bezogen auf sein regelmäßiges Abhusten beim Reiten). Parallel dazu bekamst Du ein Bild von Salbei, sodass für mich der Eindruck entstand, das Pferd hat meine noch nicht laut gestellte Frage beantwortet. Eine andere Aussage von dem Pferd fällt mir noch ein, die auch meine Wahrnehmung spiegelt. Im Moment unseres Eintreffens im Stall wurde dort gerade eingestreut. Ecu berichtete von den netten Leuten in der Klinik mit Ausnahme eines Mannes, den er nicht mochte. Dieser war der Einstreuende, den auch ich für etwas grob, ungehobelt und merkwürdig empfand.
Selbst wenn ich es auch nicht gelernt habe, mit den Pferden zu sprechen', so hat mich diese Erfahrung bestätigt im Umgang mit meinen Wahrnehmungen, diese ernst zu nehmen und auch danach zu handeln. Vielen Dank dafür."

Christine Erdsiek, Hannover.

Neben dem „Zeitproblem" ist Ecu auch ein Paradebeispiel für die von uns grundverschiedene Sichtweise auf einige andere Wertmaßstäbe im weitesten Sinne. Nicht der Schmerz, die Narben, der Unfall standen für ihn im Mittelpunkt des Interesses, sondern Salbei und ein komischer Kauz als Stallbursche.
Ich werde ab und zu gebeten, meine tierischen Klienten nach ihrer Herkunft, ihrem tatsächlichen Alter, ihrer Rasse etc. zu befragen. Die Antworten darauf bleibe ich Ihnen, lieber Leser, jetzt scheinbar schuldig, denn Sie ahnen es vielleicht schon: Sicher, es gibt einige Pferde, die aufgrund des Stellenwertes, den ihnen Menschen meist leistungsbedingt (und damit geldwertig) verpassen, und der ihnen von klein auf eingeimpft wird, über derlei Dinge auf dem Laufenden sind. Verkaufspferde auf Auktionen zum Beispiel. Sie haben ihr Alter einfach

oft genug gehört, um dieses Wissen weitergeben zu können. Manche Tiere haben Leistung, Prestige und Ehrgeiz sogar fast menschlich verinnerlicht. Sie haben vielleicht nie kennen lernen dürfen, dass es auch ein Gerittenwerden ohne Schmerz, rein zur Freude und Entspannung gibt, dass es andere Lebensformen gibt als neun Quadratmeter Box für dreiundzwanzig Stunden am Tag und eine Stunde in der Halle oder auf dem Viereck, und dass man Gras in frischem Zustand, direkt auf einer herrlichen, zu Bocksprüngen und Wälzen einladenden Wiese fressen kann. Diese Pferde wissen ihr Alter, ihre Abstammung und ihren Wert für die Menschen meist sehr genau.

Aber zurück zum (hoffentlich) mehrheitlichen Anteil der Pferdewelt.

Überwiegend werden die Antworten auf nummerische Fragen anders ausfallen, als von ihren Besitzern erhofft. Manchmal führt der Versuch zu netten Gegenfragen. („Warum will sie das wissen? Mir gegenüber hat sie ihr Alter und ihre Rasse auch noch nie erwähnt und meiner Liebe tut das keinen Abbruch.")

Manchmal verinnerlichen Tiere auch fast schon „menschlich" Leistungszwänge oder Erwartungen. Weil so etwas ja in Pferdekreisen nie vorkommt (Achtung, Ironie!), nenne ich hier in zwei Sätzen das Beispiel eines traurigen Boxerrüden und seines Herrchens. Nach Erhalt des Protokolls erzählte man mir, dass niemals ein solcher Leistungsdruck an den krank gewordenen Hund gestellt worden sei oder würde, wie der ihn formuliert und empfunden hatte. Ich wollte das gern glauben. Trotzdem hatte der Hund beim Training, bei Wettbewerben, beim regelmäßigen Zuschauen, nachdem er krank geworden war, zu oft gesehen, wie wichtig Leistung und Pokale waren. Doch scheinbar auch für Herrchen? Und warum wollte er sich nun einen zweiten Hund anschaffen, wenn das nichts mit Abschieben und nicht mehr „gut genug sein" zu tun haben sollte?

Mich haben die Tiere oft, sehr oft zum Nachdenken gebracht durch ihre Aussagen und ihre Sicht auf unsere Welt. Meine Schöpfungskrone mag jedenfalls gern tragen, wer will. Sie steht zur Disposition.

Anuschka und Sandra

„Meine Stute Anuschka koppte – mal mehr, mal weniger und in letzter Zeit nahezu ekstatisch. Dementsprechend waren auch ihre Bauchschmerzen vorprogrammiert. Warum tat sie das? Was konnte ich tun, um ihr Koppen auf ein Minimum zu reduzieren? Wie sehr hing ihr ihre Vergangenheit nach? Wir bekamen sie 1992 total abgemagert und anscheinend mit schlimmen Erinnerungen. Warum erschrak sie sich nach so vielen Jahren voller Vertrauen plötzlich beim Reiten so heftig und schien mir auch sonst immer fremder zu werden? Verlor sie in schlimmen Kolikphasen den Lebensmut? Wollte sie, dass ich in ihrer Nähe bin, wenn sie stirbt? Und warum war sie oft so widersprüchlich? Ich verstand sie (in doppelter Hinsicht) einfach nicht. Auch die Gefühle, die ich früher von ihr gesandt bekommen hatte, waren verwirrend. Dazu kam, dass auch meine berufliche Situation nicht die tollste war, so dass ich nicht wusste, wer von uns beiden wen und wie beeinflusste. Das war der Zeitpunkt, wo ich sehr, sehr traurig wurde: Ich wusste um die Möglichkeit der Telepathie und doch blockierte ich mich. Meine Versuche, mit Anuschka zu reden, scheiterten kläglich. Und doch brauchte ich so viele Antworten. Das war der Zeitpunkt, zu dem ich Karin bat, sich mit ihr zu unterhalten. Ich stellte viele Fragen an meine dreizehnjährige Warmblutstute und bekam das folgende Protokoll, nach dem sich bei uns einiges veränderte. Seitdem sehe ich nicht nur die Tiere mit anderen Augen. Die ganze Welt hat ein neues Gesicht bekommen. Heute bin ich noch viel dankbarer geworden, für das, was die Tiere freiwillig für uns zu tun bereit sind. Sie sind für mich die besten Lehrmeister in puncto bedingungsloser Liebe.“

Sandra Fricke, Schinkel bei Kiel

„Polen, ja, schlimme Dinge, ich bin dankbar, dass sie nicht daran rühren will. Sie weiß ohnehin genug. Es tut weh, darüber nachzudenken. Natürlich beeinflusst es mein Verhalten heute, daher ist es vielleicht wichtig. Aber sie hat mir schon so viel Vertrauen zu den Menschen zurückgegeben. Ich werde nur unsicher, wenn eine Situation schwierig ist und ich sie vielleicht nicht sehen kann. Dann überfallen mich die Dinge, Bilder, Eindrücke von früher und ich höre wieder das Schreien der anderen Pferde. Verladen. Nie wissen, wo der Transport endet.“ (Anuschka sendet Bilder von einem endlosen Zug der Verzweiflung, der an Krieg und Vertreibung erinnert ...wisst ihr, ob sie mit Schlachtpferden zusammen war oder so was? Da ist viel Schmerz, Trauer, Wehmut – aber keine Verbitterung. Sie sieht zuversichtlich in die Zukunft – mit wehmütigem Beigeschmack. Sie hat mit ihrer Vergangenheit abgeschlossen, kann sich aber nicht vollständig davon lösen.)
Sandra: Wir haben Anuschka 1992 von einem Händler gekauft, der sagte, sie käme aus Polen. Ihrem damaligen Zustand – sowohl körperlich als auch geistig – nach zu urteilen hat sie vorher viel Schlimmes erlebt. Wir tippen auf einen Schlachtpferdetransport!
„Ich bin ein ganz freundliches Wesen und eine alte Seele. Ich habe schon viel gesehen und erlebt. Sie heilt mich. Mein Frauchen, meine ich. Ich weiß, dass sie gut auf mich aufpassen und Acht geben will, sie tut dies auch, und mit jedem Tag wächst das Vertrauen, aber es wird von außen immer mal wieder erschüttert. Das ist so. Daran kann man vielleicht nichts ändern. Aber das ist meine Geschichte. Ich bin gern im Wald und höre den Blättern zu. Die erzählen mir Geschichten. Von weit her. Das Koppen ist eine Angewohnheit von damals, Mittel, um den Schlägen zu entkommen, einfach abschalten, weit weg sein. Hier geht es mir gut. Aber die Angewohnheit habe ich beibehalten, es macht dumpf, man träumt und taucht weg. Es ist ein schönes Gefühl, manchmal weg zu sein, ohne Gedanken im Kopf und Bilder. Warum soll ich es lassen? Ich merke nicht, dass es mir schadet.“

Sie ist so schlau und kann sich dennoch nicht von der Kopperei lösen. Sie müsste wissen, dass sie ihr die Bauchschmerzen bringt. Das Koppen ist wie eine Sucht für sie.

„Ich brauche ganz viel Liebe. Umgib mich mit Wärme. Ich brauche Beschäftigung, Liebe, Freundschaft und viel Vertrauen. Zeig mir, dass ich noch mehr Vertrauen haben kann und mich wirklich geborgen fühle. Dann wird es allmählich immer besser. Wir haben doch schon so viel erreicht, oder? Ich brauche den Blick in die Ferne, Offenstall, Artgenossen, ich muss raussehen können und bei anderen sein. Hautkontakt, Nähe, Wärme, keine Box. Ich will nie wieder eingesperrt sein, da bekomme ich Platzangst."

Hier widerspricht sie sich in ihrem Verhalten: Ist sie mit den anderen Pferden zusammen, gehen sie ihr auf die Nerven. Ist sie für sich, scheint etwas zu fehlen. Am wohlsten scheint sie sich in einer Box mit Ausblick und Kontakt zu den Nachbarpferden zu fühlen, die sie einen Winter bewohnte.

„Platz, ich brauche Platz und viel frische Luft. Und frisches Stroh, das Wasser immer sauber und frisch. Sonst ertrinke ich."

Ist das Wasser nicht frisch, trinkt sie nicht.

„Solange der Hänger fährt, füge ich mich in mein Schicksal, aber ich will raus, sobald er steht (Sie trampelt dann wie verrückt). *Dann wird mir die Enge bewusst, dass ich nicht sehen kann, was draußen ist, höre Geräusche und weiß nicht, sind sie in meinem Kopf, in der Erinnerung oder real. Es macht mich verrückt, wenn ich niemanden und nichts sehen kann. Klaustrophobie. Ich bin doch ein Fluchttier und kann nicht flüchten. Ist da Bewegung, dann habe ich nicht ganz so den Eindruck der Enge. Aber im Stehen, da lauert dann etwas. Nicht wissen was kommt, wo ich bin, und wo ist sie dann, um mich zu trösten? Wenn ich ihre Stimme höre, ist es besser, sie sehen ist aber noch besser. Es ist im Stillstand am schlimmsten."*

Die letzte Tour haben wir mit einem großen Hänger mit drei Fenstern vorn (links, Mitte + rechts) gemacht. Wir kamen in einen Stau. Da haben wir zusätzlich in Gedanken mit ihr gesprochen und ihr versichert, dass wir in ihrer Nähe und für sie da sind und siehe da: Alles O.K., kein Getrampel!

„Unterbringung: groß, hell, trocken, warm und viel frische Luft zum Atmen und Sich-frei-fühlen. Setz dich selbst in meinen Raum und fühle. Was bei dir ankommt, trifft zum großen Teil meine Gefühle."

Sie steht im Offenstall, den wir mittlerweile für sie noch etwas umgestaltet haben. Im Winter bekommt sie über Nacht eine Decke auf, das findet sie Klasse!

„Ich muss den Horizont sehen können (Windschutznetz statt Holzwand) und so etwas wie Freiheit fühlen, mag mich nicht eingesperrt, beengt fühlen, das ist mein größter Feind.

Kolik ist dem Schmerz ausgeliefert sein. Es zerreißt mir fast den Bauch, ich habe Angst, dass sich die Därme drehen. Ich weiß, das wäre das Ende. Lass mich nicht allein, wenn es soweit ist. Die Därme sind nicht mehr so gut, wie sie waren, fühlen sich zerlöchert an, wenn ich gegen die Kolik kämpfe, scharfe Gase in mir. Ohnmacht, Angst, Schmerz, Zorn. Da ist auch ein Teil unterdrückte Wut in mir und Hass auf die, die mir das angetan haben (Tipp von Karin: Versuch da mal, was mit Bachblüten zu machen, vielleicht hilft das, ich hab da gute Erfahrungen! – oh, und nimm du die gleichen Blüten!!! Würde mich sehr täuschen, wenn es euch nicht beiden gut täte – wenn du keinen Tierheilpraktiker weißt, der sich mit Bachblüten auskennt, hast du vielleicht eine Heilpraktikerin für dich. Was sie dir gibt, könnte auch gut auf dein Pferd passen ... frag nach) *Ich habe manchmal Angst vor dem, was kommt. Ich sehe aber Licht, wenn um mich alles dunkel wird. Ich weiß, nach dem Schmerz wird alles licht. Aber hilf mir hinüber. Lass mich nicht allein sterben. Wenn du es kannst. Ich fürchte mich, allein zu gehen. Ich brauche dann deinen Trost, Deinen Mut und Deine Kraft. Du musst mich loslassen, sonst schaffe ich es nicht so gut. Loslassen müssen wir beide üben. Wenn das nicht geht, sei in Gedanken bei mir, halte mir über die Ferne „die Hand". Aber ich werde versuchen, es zu steuern, dass du da sein kannst. Ich will war-*

ten auf dich." Es ist mein größter Wunsch, sie in diesem Moment nicht allein zu lassen, sondern bei ihr zu sein!

„Ich erschrecke mich bei Ausritten manchmal, wenn etwas unverhofft auftaucht in meinem Blickfeld, das ich nicht gesehen habe. Meine Augen sind nicht mehr so gut. Ich habe noch nie so gesehen wie viele andere. Es ist auch, weil mir ein bisschen das Selbstvertrauen fehlt, ich bin nicht so mutig und selbstbewusst wie andere."

Das stimmt, es sei denn, sie ist sauer!

„Ich bin eher scheu und ängstlich, daher erschrecke ich mich leicht. Du kannst mir da helfen mit deinem Mut. Zeige mir, dass ich mich nicht fürchten muss, dann will ich es versuchen. Ich bin schüchtern. Ja, es ist schlimmer geworden in letzter Zeit, aber was ich brauche, ist Halt. Ich habe Angst zu entgleiten. Ich will in ihrer Nähe sein, aber sie ist oft nicht ganz da, dann verliere ich den Halt. Sie muss mir Sicherheit geben. Bitte, sag ihr, sie soll sich nicht erschrecken lassen, nicht auf die anderen hören. Ich bin unsicher. Sie wird mich aber nicht weggeben, oder? Das ertrage ich nicht. Ich habe Angst, wegzumüssen.

Sie soll meine Augen anschauen lassen. Und beim Putzen ist es auch manchmal so, dass es unangenehm ist, wo die Haut die Knochen berührt. Hüfte/Rippen/Bauch, da bin ich empfindlich geworden. Ich brauche eine ganz weiche Bürste und langsame Bewegungen. Und vor allem das Gefühl, dass sie wieder bei mir ist. Vollständig, mit ihren Gedanken und ihrem Gefühl. Manchmal fühlt es sich so an, als ob wir uns entfernen, dann tue ich das auch. Aber ich spiegele nur, was sie tut. Es ist eine Reaktion."

Ich binde sie beim Putzen nicht an und wenn meine Gedanken abschweifen, dann dreht sie sich um und geht.

„Ein Begleiter, ja, ein Freund von meinesgleichen, ein richtiger Freund, an den ich mich anlehnen kann, der fehlt mir. Das würde mir gut tun und Kraft geben. Die Größe der Herde ist nicht so entscheidend, aber ihre Kraft."

Anuschka (polnisches Warmblut, 13 Jahre)

Praktische Übungen für Einsteiger, Skeptiker und Fortgeschrittene

In unserem Buch „Der sechste Sinn“ haben wir zahlreiche Partnerübungen beschrieben, durch die man Schritt für Schritt lernen kann, mit seinem Gegenüber und damit später auch mit einem eigenen oder fremden Pferd zu kommunizieren.
Was aber, wenn Sie allein sind oder Ihnen das nicht reicht? Machen Sie doch in einer stillen Viertelstunde einmal die folgende (oder eine ähnliche) Gedankenreise:

Gedankenreise in den Stall

Setzen oder legen Sie sich bequem hin. Atmen Sie tief durch und schließen Sie die Augen.
Nun stellen Sie sich vor, wie Sie den vertrauten Weg zum Stall/zur Koppel gehen, wo Ihr Pferd sich zu dieser Tageszeit gerade aufhält. Sehen Sie genau hin. Was für Einzelheiten fallen Ihnen auf? Wie sieht es draußen aus? Welches Wetter ist gerade? Ist es hell oder dunkel, weht der Wind oder ist es still? Singen Vögel, hören Sie Straßenlärm? Achten Sie auf alle möglichen Einzelheiten, auf Geräusche, auf Gerüche. Was passiert um Sie herum? Und wie fühlen Sie sich? Machen Sie die Stalltür/das Koppelgatter auf, gehen Sie die Stallgasse hinunter/über die Wiese hin zu Ihrem Pferd.
Wie ist es, wenn Sie Ihrem Pferd jetzt gegenüber stehen? Was macht es gerade? Hebt es den Kopf, wenn es Sie wahrnimmt? Wie verhält es sich Ihnen gegenüber? Lässt es sich streicheln? Sie kramen in Ihrer Tasche. Sie haben ein Leckerli dabei, einen frischen Apfel. Sie nehmen ihr Taschenmesser aus der Hosentasche und zerteilen den Apfel in vier Stücke. Wartet Ihr Pferd schon ganz ungeduldig? Halten Sie ihm den Apfel hin, aber ein Viertel behalten Sie, das essen Sie selbst. Wie schmeckt es Ihnen? Spüren Sie das säuerlich süße Fruchtfleisch zwischen

Ihren Zähnen, auf Ihrer Zunge? Wie der Bissen die Speiseröhre hinunterrutscht? Hören Sie, wie Ihr Pferd den Apfel knirschend zermalmt? Spüren Sie, wie Ihnen der Saft über die Handfläche rinnt? Süß und klebrig? Wie fühlen Sie sich, hier zusammen mit Ihrem Pferd? Wie fühlt es sich? Beobachten Sie es genau. Streicheln Sie es, wenn es ihm angenehm ist. Fühlen Sie in Ihr Pferd hinein. Spüren Sie genau hin. Wie geht es ihm? Was denkt es gerade? Was geht ihm durch den Kopf? Vielleicht möchten Sie sich in seiner Nähe hinsetzen. Tun Sie es. Verweilen Sie einen Augenblick und genießen Sie das friedliche Beisammensein. Worauf sitzen Sie? Auf Spänen, Stroh, auf der Wiese? Wie reagieren die anderen Pferde? Oder sind Sie ganz allein? Was für Bilder kommen Ihnen in den Sinn? Was für Gefühle nehmen Sie wahr? Von Ihrem Pferd, von sich?
Wenn Sie den Zeitpunkt für richtig erachten, stehen Sie auf, verabschieden sich von Ihrem Pferd und gehen langsam den Weg zurück, den Sie gekommen sind. Wie geht es Ihnen jetzt? Schauen Sie sich noch einmal um. Hat sich etwas verändert an Ihrer Wahrnehmung? Wie ist es mit den Gerüchen, den Geräuschen, mit dem, was Sie sehen? Prägen Sie sich alles ein. Die Einzelheiten, das Wetter, die Farben, alle kleinen Details. Fühlen Sie Ihren Körper. Ihre Beine, Ihre Füße, nehmen Sie Kontakt mit dem Boden auf. Atmen Sie tief durch und kommen Sie langsam zu sich. Verschnaufen Sie und öffnen Sie dann die Augen.

Ich empfehle Ihnen, die Erlebnisse aufzuschreiben, machen Sie sich Notizen. Wenn Sie mögen, können Sie Besonderheiten auch „in der Wirklichkeit“ überprüfen. Sehr wahrscheinlich nutzt Ihr Pferd diese gedankliche Reise zu ihm, um Ihnen etwas mitzuteilen, über das Sie nachdenken und gegebenenfalls danach handeln sollten.

Immer wieder werden Carola und ich von Leserinnen und Lesern sowie von Menschen, die unsere Kurse besuchen, angesprochen, was sie tun können, wenn es nicht richtig klappen will. Beim Einen hakt das „Senden“, beim Nächsten das „Empfangen“. Wieder ein Anderer fühlt sich nicht durchlässig genug, zweifelt an seinen Wahrnehmungen, was gerade das eigene Haustier angeht. Hier ein paar der hilfreichsten Tipps aus unserer mentalen Schatzkiste.

Luft und Wasser für Ihren Resonanzkörper

Atmen Sie richtig! Trinken Sie genug und vor allem das Richtige. Dann haben Sie schon die halbe Miete für die Tierkommunikation.

Tierkommunikation hat mit Schwingungen zu tun. Mit Resonanz. Wir sind quasi der Resonanzkörper. Damit wir leitfähig bleiben, um unsere Resonanz zu erhöhen, bessere Kommunikationsergebnisse zu erzielen, müssen wir viel trinken. Am besten Wasser, gutes Wasser, mindestens zwei Liter täglich. Ob mit oder ohne Kohlensäure ist dabei sicherlich Geschmackssache. Aber haben Sie mal drüber nachgedacht, dass Kohlensäure eigentlich ein Abfallprodukt unseres Körpers ist? Wir sollten uns überlegen, wie oft es ihm gut tun mag, damit zusätzlich belastet zu werden. Nebenbei werden durch Energiearbeit – und dazu gehört die mentale Kommunikation – in uns selbst Entschlackungs- und Entgiftungsprozesse in die Wege geleitet. Auch deswegen ist Ausschwemmen, viel Trinken angesagt (Unterstützend wirkt Heilerde, zwei Mal täglich zwei Teelöffel in einem Glas Wasser).

Alkohol verringert unsere Resonanz und die Schwingung unserer Energie ebenfalls. Wer zu wenig von dem einen und zu viel von dem anderen trinkt, will „weniger spüren“. Sensible Kinder und ältere Menschen sind Lieblingsopfer dieser unbewussten Mechanismen des Körpers. In den ersten Wochen,

Distanzkommunikation Schritt für Schritt: Den Abstand vergrößern Sie beim Üben zuerst einfach mal um die Hausecke,

dann übers Telefon

und auf beliebige Entfernung.

Paarübungen können Sie ausdehnen, indem Sie sich zu vereinbarten Zeiten ...

... Bilder schicken, wo immer Sie sind.

Kursteilnehmer üben die Distanzkommunikation mit Tieren an mitgebrachten Fotos.

nachdem ich meinen Ersten Reikigrad erworben hatte, stellte ich bei mir weniger Durst als sonst fest. Als ich darüber nachdachte, war mir völlig offensichtlich, warum ich mich vor „zu viel" schützen wollte.

Zurück zum Üben. Jetzt soll es nach soviel Theorie schließlich endlich losgehen, nicht wahr?

Eine gute Anfangsübung für eine gelungene Tierkommunikation ist entspanntes Atmen: Ein und aus. Ohne geht es nicht. Ach was? Sie atmen schon Ihr ganzes Leben und können das? Klar können Sie, und obendrein sage ich Ihnen, es gibt „Atmen" und Atmen. Fragen Sie mal professionelle Sprecher, Sänger und Sportler oder besuchen Sie Meditationskurse, machen Sie Autogenes Training oder asiatische Kampfsportarten. Sie alle wissen: Richtiges Atmen ist eine (lebenswichtige) Kunst.

Ein Fernsehjournalist fragte mich vor kurzem, was die größte Schwierigkeit der meisten Kursteilnehmer sei, die Tierkommunikation zu erlernen. Ich antwortete: Hausgemachtes. Die Hürde steht immer, einzig und allein im eigenen Kopf. Die Kunst ist es, „einfach den Kopf leer zu machen", damit ein fremder Gedanke überhaupt Platz hat, Raum findet, von außen hereinzukommen. Menschen mit Blockaden erzählen mir oft, das „Anklopfen" des fremden Gedankens, dass ein Tier (oder ein Mensch) mit ihnen Kontakt aufnehmen will, das würden sie genau spüren. Aber dann ginge es nicht weiter. Logisch. Man merkt, da klopft wer und hört ganz genau hin, man kneift vielleicht sogar die Augen zusammen und sperrt die Ohren auf und spannt die Hirnmuskeln an: Jetzt bitteschön soll der fremde Gedanke die Tür aufmachen und hereinspaziert kommen. Wir wollen empfangen. Und zwar jetzt, pronto. Und: Die Tür klemmt, geht nicht auf. Nix geht. Warum? Blöder fremder Gedanke, jetzt steht der da draußen auf der Gedankenbrücke und klopft und friert und kriegt die Tür nicht auf. Doof.

Oder?

Tja, diese Tür geht meist nur von innen auf. Ganz leicht, ohne Druck, nicht ziehen, nicht schieben, zur Seite gleiten lassen. Und warum klemmt die Tür jetzt?
„Ich hab's wirklich ganz doll versucht!"
Ja, eben drum. Versuchen und sich konzentrieren hat mit Anstrengung, mit Verkrampfen zu tun. Klar. Da fehlt die Entspannung. Fokussieren, Telepathie, mentale Kommunikation hat mit entspannen, mit Lockerlassen zu tun. Und Entspannung wollen wir lernen oder weiter perfektionieren. Eine kleine Atemübung dazu ist das Hara-Atmen.

Das Hara-Atmen

Zählen Sie beim Einatmen bis drei, beim Ausatmen bis fünf. Atmen Sie tief ein, bis weit in ihren Unterbauch hinunter, beim Ausatmen lassen Sie den Atem einfach fließen. Und mit der Luft fließen alle nebensächlichen Gedanken, alles, was sie am Tag belastet oder gestört hat mit weg, einfach aus Ihnen heraus.
Atmen Sie in Ihr Hara. Das ist Ihr eigenes kleines Energiezentrum, etwa zwei Fingerbreit unterhalb und innerhalb des Bauchnabels. Stellen Sie sich dort eine leuchtend goldgelbe rotierende Scheibe vor. Wie schnell dreht sie sich? In welche Richtung? Spüren Sie hin, wie aus Ihrem Körper kleine Bällchen überschüssiger Energie dorthin eilen. Sie werden von Ihrem Hara angezogen wie von einem Magneten. Die Scheibe wird zu einer Kugel, sie ändert ihre Farbe, wird golden, rotiert langsam, ruht in sich. Und Atmen nicht vergessen!
Wenn Sie die Übung vor dem Schlafengehen im Bett machen, können Sie danach wunderbar entschlummern. Vor einer Tierkommunikation zentriert sie und sammelt Ihre Energie so, dass Sie prima einsteigen können. Unterstützend können Sie Ihre Hände auf Ihr Hara-Zentrum legen. Schicken Sie mit Ihrer Vorstellungskraft Sonnenlicht durch Ihre Hände dort-

hin. Erden Sie sich. Stellen Sie Ihre Beine auf den Boden und fühlen Sie, wie auch von dort goldgelbes Licht durch Ihre Füße, die Unterschenkel, die Oberschenkel bis hinauf ins Hara strömt.

Das Chakra-Aufladen in sieben Positionen

Eine zweite gute Übung für mehr Kraft und Fokus dient ebenfalls nicht nur der Tierkommunikation, sondern auch der Aktivierung unserer Selbstheilungskräfte.

Setzen Sie sich aufrecht hin, legen Sie Ihre Hände auf die Höhe Ihres Wurzelchakras. Wenn Sie mögen und gelenkig sind, legen Sie in den verschiedenen Positionen eine Hand vor, eine Hand hinter Ihren Körper. Als Partnerübung geht es das natürlich leichter, aber allein und auch mit den Händen nur vor dem Körper funktioniert es auch wunderbar.

Stellen Sie sich die Farbe Rot vor. Leiten Sie dieses Rot durch Ihre Hände in Ihre Körpermitte. Verharren Sie so einige Minuten und spüren Sie die sich ausbreitende Wärme. Nach zwei bis drei Minuten – oder einfach, wenn Sie das Gefühl haben, „so ist es gut", gehen Sie mit Ihren Händen eine Etage höher. Das Sakralchakra. Hüllen Sie es mit Orange ein. Auf der Höhe Ihres Solarplexus schenken Sie sich eine Lichtwolke aus Gelb. Geben Sie Ihrem Herzen grün, dem Kehlchakra blau, Ihrem Dritten Auge Indigo. Zum Abschluss legen Sie Ihre Hände sanft auf Ihren Scheitel und lassen sie so auf dem Kronenchakra ruhen. Als Farbe kommt Ihnen ein leuchtendes Violett in den Sinn.

Falls Sie gezielt und kurz Ihr Stirnchakra aktivieren und stärken wollen, lassen Sie einfach die anderen Positionen aus und schicken Sie sich selbst Indigo.

Das Chakra-Freiklopfen

Wenn Sie das Gefühl haben, Ihre Chakren seien irgendwie blockiert, die Energie kann nicht frei fließen und Ihr Drittes

Auge will sich von daher nicht öffnen, dann klopfen Sie Ihre Chakren einfach mal ab.
Lassen Sie frische Luft ins Zimmer, trinken Sie ein Glas Wasser, atmen Sie ein paar Mal tief ein und lassen Sie die verbrauchte Luft beim Ausatmen frei mit offenem Mund aus sich herausfließen. Stellen Sie sich aufrecht hin und beginnen Sie auf der Höhe des Wurzelchakras. Schließen Sie Ihre Hände zu lockeren Fäusten und klopfen Sie vorsichtig vom Wurzelchakra beginnend in aufsteigender Richtung Ihre Chakren ab. Von der Scham entlang der Wirbelsäule bis hinauf zur Stirn. Das können Sie bei Bedarf zwei- bis dreimal wiederholen. Jetzt atmen Sie ein paar Mal tief durch, trinken in Ruhe noch ein Glas Wasser, hören auf, ständig auf die Uhr zu schauen, stellen den Anrufbeantworter an und gleich geht's viel besser. Wetten?
Und noch ein Tipp: Machen Sie sich Ihre Ängste, Blockaden oder anderen „Gründe" für Ihre Unzufriedenheit mit sich selbst (denn das ist es ja schlussendlich, was Sie quält, wenn Sie sagen: „Bei mir funktioniert es einfach nicht!") mal so richtig bewusst. Auf Seite 110 finden Sie dazu eine kleine Übung zum Loslassen.

Waldfürst und Alice

Alice Stockinger erzählt: „Als mir im November 2002 das Buch „Der sechste Sinn" von Karin Müller in die Hände fiel, war mein erste Reaktion: „Ja, das ist es! Es funktioniert wirklich." Als ich beschloss, Karin zu schreiben, führte ich zu diesem Zeitpunkt meinen zwölfjährigen Hengst Waldfürst bereits den zweiten Monat an der Hand im Schritt, hatte den dritten Klinikbesuch hinter mir und war ziemlich verzweifelt. Eine Hufrollenentzündung hatte man diagnostiziert. Eine wirkliche Lahmheit hatte ich nie festgestellt, auch hatte ich nie das Gefühl, dass mein Pferd von Schmerzen geplagt war. Da ich mich selbst seit einiger Zeit mit alternativen Heilmethoden

(Reiki, Bach-Blüten, Aura Soma) für Pferde auseinander setzte, versuchte ich zusätzlich zur Schulmedizin alles. Nach dem dritten Klinikbesuch war noch immer keine Besserung sichtbar. Irgendwann kam mir der Gedanke, ob man denn Waldfürst nicht „krank redete" und ich aufgrund meines schlechten Gewissens mich selbst zu geißeln versuchte.

Waldfürst war sechsjährig, als ich ihn kaufte. Er sollte ein Dressurpferd werden in meiner damaligen naiven Vorstellung. Jahrelang habe ich uns beide dazu vergewaltigt. Bis ich merkte, dass er eigentlich gerne springt.

Nach einem Sturz mit Waldfürst in der Halle war ich jahrelang von Ängsten geplagt. In Kurven zügig zu galoppieren war für mich ebenso angstbesetzt wie im Gelände zu reiten. Um so größer war die Freude über unseren Sieg in einer kleinen Vielseitigkeit 2001. Ich beschloss in diesem Jahr, Waldfürst aus dem Dressursport zu nehmen und nur mehr springen zu gehen und in einen Stall zu ziehen, wo es ein schöneres waldreiches Gelände gibt. Wenn ein Pferd schon mal Waldfürst heißt, dachte ich, gehört er auch dort hin und nicht in das Dressurviereck.

Da mein Herz aber nach wie vor an der Dressurreiterei hängt, begann ich parallel ein anderes Pferd zu mieten und zu reiten. Bald war ich in einem Teufelskreis aus zu wenig Zeit für beide Pferde, schlechtem Gewissen Waldfürst gegenüber, dem Wunsch, das andere Pferd zu erwerben (was zeitlicher und finanzieller Selbstmord gewesen wäre) und absoluter Unklarheit, wie es weitergehen sollte, gefangen.

Als ich dann auch noch sechs Wochen lang im Herbst 2002 beruflich so eingespannt war, dass ich nur einmal die Woche zu Waldfürst kam und ihn den Rest der Woche in den (wenn auch fürsorglichen) Händen meiner Mitreiterin ließ, tat die Hufrollenentzündung ihr übriges. Springen ist ein für alle mal gestrichen.

In diesem Dilemma und Gefühl vollkommener Hilflosigkeit schickte ich Karin die gewünschten Angaben, Name, Alter und ein Foto.

Die Fragen, die ich an Waldfürst hatte, formulierte ich auf ihren eigenen Wunsch sehr allgemein. Was er gerne in Zukunft machen möchte (Dressur, Springen, Freizeitpferd ....) ? Ob ihm irgendwo etwas weh tut bzw. wie sein körperlicher Zustand ist ? Ob er gerne auf eine Koppel will? Ob er lieber barfuß geht oder beschlagen? Und schließlich, wie er generell so mit mir als Frauchen zufrieden ist? Als einen Monat später das Protokoll von Karin kam, zitterten mir die Knie ...“

Protokoll von Waldfürst

„Bin sehr biegsam und ehrgeizig. Diene gern und Springen ist eine Leidenschaft. Bin in die Dressur erst hineingewachsen. Sportpferd. So bin ich gezogen und gebildet. Könnte mir aber auch andere Dinge vorstellen, wenn sie Frauchen liegen. Eigentlich würde ich schon gern auch mal was anderes machen. Weiß nicht, ob ich es kann, aber ich glaube, meine Tage im Sport sind gezählt. Ich merke, dass es meine Sehnen und Bänder mehr und mehr belastet. Da war schon mal ein Riss. Ich werde spröder. Ich habe Spaß an der prickelnden Wettbewerbsatmosphäre. Ihre Energie steckt an, wir beflügeln uns gegenseitig. Habe Angst, dass sie sich einem anderen zuwendet, wenn ich nicht mehr „funktioniere“. Nicht mehr genug bringe. Es wird ein anderes Leben. Ruhiger. Umstellung, weiß nicht, ob ich gleich von Anfang damit klarkomme. Möchte nicht abgeschoben werden. Nicht woanders hin. Bleiben, viel Spaß haben und Erinnerungen. Spüre Unentschlossenheit, wohin es gehen soll. Würde gern durchs Gelände toben. Männer in roten Jacken. Schnelles Reiten. Wir fliegen über Hindernisse. Hundegebell. Ich bin bei der Meute. Schneller, weiter. Getriebenes Gefühl. Möchte aber auch lernen, geruhsam durch den Wald zu reiten, kenne das kaum. Fremdes Gefühl. Mein Hals ist wunderbar gebogen. Bin sehr durchlässig, habe solides Fundament und Grundlagen. Gute Abstammung. Man ist stolz auf meine Herkunft und mein Können. Adlig. Wir sind ein gutes Sportsteam. Einer weiß, wo der andere hinwill. Aber haben wir

uns auch genug ohne das zu sagen? Ich spüre Traurigkeit in mir und von ihr. Da ist etwas im Schwange, was ich nicht verstehe, nicht greifen kann. Mein Name ist auch Bürde. Ich kann mich doch nicht einfach so schmutzig machen auf der Koppel. Aber ich möchte so gern einfach mal „die Sau rauslassen". Furzend mit den anderen um die Wette toben, bocken, keilen, rasen und bersten vor Glück. (Er wirkt, als ob er sich gar nicht traut, das zu denken ...?) *Vermisse den Sommer. Unbeschwerte Freiheit. Lange her. Mein Zuhause ist sehr in Ordnung. Alles wird sauber gehalten. Das ist gut. Hier gibt es helles Licht und viele Annehmlichkeiten. Suhlen kenne ich nicht. Ich könnte das aber genießen, glaube ich. Es ist mir unbekannt und etwas fremd. Ich finde es ein bisschen eklig, wenn Matsch unter meinen Hufen spritzt. Trockener Boden ist mir lieber. Würde gern einmal soviel grasen, wie ich möchte – unbegrenzt. Aber schon mit menschlichem Kontakt. Sie soll mich bloß nicht ins Ungewisse geben. Man achtet sehr auf meine Gesundheit und meinen Allgemeinzustand. Ich weiß gar nicht, wie das ist, wenn das Fell nicht so glänzt, man richtig lange Haare hat, durch die der Wind nicht geht. Das würde ich gern kennen lernen. Ich habe oft eine Decke. Manchmal ist mir sehr warm darunter, dann wieder fast ein bisschen klamm. Es sind keine eigenen Haare. Ich mag die harten, hellen Gamaschen/Streichkappen nicht so, unter denen sammelt sich manchmal Sand und der scheuert. Der Sattel sitzt gut, aber manchmal drückt er im Sprung ein wenig nach vorn. Wir sind gut. Könnten aber noch besser sein, wenn ich nicht auf meine Sehnen achten müsste und wenn sie zwei, drei Kilo weniger wiegen würde. Sie soll ihre Hände ruhiger halten. Manchmal verunsichert es mich, wenn sie an den Zügeln ruckelt. Wir können eine ganze Menge. Ich bin stolz darauf, auf uns. Und auf mein Aussehen. Frauchen strahlt, wenn wir gut sind. Dann strahle ich mit. Es ist toll, ich genieße es, wie sie dann alle gucken. Das ist doch was, oder? Das kann nicht jeder. So wie wir. Manchmal tut mir das Genick ein bisschen weh und die Muskulatur an den Ganaschen. Habe auch ein bisschen*

Probleme mit den Zähnen, Backenzahnbereich, v.a. unten. Meine Hinterhand ist kräftig, aber am Hüftansatz habe ich auch manchmal einen Druck. Kommt aus dem Knie und Sprunggelenk heraus und strahlt in die Hüfte hinein. Linke Schulter ist verspannt, weil sie mehr trägt als die rechte. Und Sprunggelenk links hinten tut weher als das andere. Unter dem linken Rippenbogen sticht etwas manchmal. Möchte mehr draußen sein und weniger in der Halle arbeiten. Würde meiner Lunge gut tun. Da ist verstopfter Schleim. Aber ich bin schon sehr robust. Mein Lieblingsfutter ist das frische. Ich bekomme aber auch gute gelbe Körner. Gut und viel davon. Ich bin ja auch ein Sportler. Springen auf Leistung ist nicht mehr lange gut für meine Gelenke. Aber bei Dressur sieht es ähnlich aus. Ich möchte gern leichteres Training machen und Spaß haben bei Prüfungen, aber nicht so viel tun. Viel Weidegang, auch mal ein paar Wochen, aber zwischendurch immer Kontakt mit meinem Frauchen. Sie ist wichtig für mich, meine Beziehung zu ihr kann gern noch tiefer werden. Sie lässt mich nicht so richtig an sich heran. Ihre Unsicherheit färbt auf mich ab. Nicht Unsicherheit im Umgang an sich. Da ist sie konsequent und eine gute Führerin. Aber im Umgang mit mir als Wesen. Ich kenne doch die Möglichkeiten gar nicht alle. Neu. Sie muss sie mir zeigen und erklären, was ich soll. Ich kenne keine behinderten Menschen. Außer na ja, aber das zählt nicht. Ich möchte Anschluss an Freunde haben auf der Koppel. Toben, fressen, Spaß haben und raufen. Keine Eisen. Ein geschützter Unterstand, in den viele passen, wäre gut. Und der Kot soll abgesammelt werden. Ich möchte gern mehr entspannt und gelenkschonend geritten werden. Spaziergänge im Freien. Langes Longieren finde ich doof. Freie Arbeit ist schön. Abwechslung. Kinder sind lange her. Möchte insgesamt gern barfuß gehen, aber vorn brauche ich noch ein wenig Hilfe, die mir das ermöglichen kann. Meine Vergangenheit steckt mir in den Knochen. Viele Reisen und Umzüge. Fremde Menschen. Ortswechsel. Enge Box als gut gemeintes Gefängnis.

Er ist sehr früh eingeritten worden und gleich mit relativ harter Hand geritten. (Er schickt mir Bilder, wie ein junger Mann richtiggehend an den Zügeln reißt und riegelt, dass er das Maul aufsperrt, scheint immerhin eine einmal gebrochene Wassertrense gewesen zu sein, aber mit so Stäben an den Seiten, und auch mal mit Kinnkette.) *Da hat er den Rücken steif gemacht, hat offenbar vor Sprüngen verweigert, weil er die Aufgabe nicht gleich verstand bzw. sich davor erschreckt hat. In der Halle, rotweiße Stangen, ist rückwärts und seitwärts getänzelt, wurde nicht verprügelt, aber vorwärts gezwungen und auch mal richtig durchgeritten durch das Hindernis (!) – Angstschweiß, Schaum auf der Brust, hart klammernde Schenkel, „Schraubzwingengefühl" ... dann wurde es wieder friedlicher, anderer Reiter/Reiterin, da hatte er mehr Glück und stieß auf Einfühlsamkeit. Da fing es an Spaß zu machen. Er hat gelernt, dass er aus der Box kommt, wenn er etwas leistet um zu arbeiten. Fällt ihm schwer zu begreifen, dass man ohne Leistungsdruck Spaß haben kann beim Reiten – also ohne Erfolgsdruck, das kam ja auch im Protokoll vorher schon raus. Das sind die Wurzeln davon.*

Ansonsten zeigt er mir noch einen schönen großen Stall, Boxenstall mit flachen Dächern, Außenboxen, helle Farbe/Holz, hellbraun, großem gepflasterten Hof davor, auch Koppelanlage dabei, aber da wurde wohl „rationiert" zugeteilt – also nur begrenzte Zeit „Freigang". Zu kurze Jugend. Keine richtige Bezugsperson, aber oft Menschenwechsel, ob Besitzer oder Bereiter kann ich schwer sagen. Viele Hängerfahrten auch. Keine Emotion von seiner Seite, fühlt sich versteinert an, emotionslos – „So ist das halt – wie sollte es anders sein" – gar nicht mal verbittert, sondern einfach, dass er es nicht anders kannte .... Und eine warmherzige blonde/hellbrünette Frau, bisschen üppig, liebevoll lächelnd – kann jetzt aber nicht genau sagen, ob du das bist oder seine Züchterin – da ist jedenfalls ganz viel Zuneigung und ein bisschen Sorge/Kummer/Sehnsucht auf beiden Seiten ..."

Alice erzählt weiter: „*Ich war total betroffen von seiner Angst, dass ich ihn weggeben könnte. Stand das doch für mich nie zur Diskussion. Ich war immer nur unsicher, was für ihn gut ist. Hatte mir sogar überlegt, ihn in Pension auf eine Koppel zu schicken, wenn seine Beine nicht besser werden würden. Dass er das als Abschieben empfand, wurde mir jetzt erst bewusst. Ich habe ihm dann immer wieder gesagt, dass er immer bei mir bleiben würde. Ich wusste zwar schon vorher, dass er lieber springt als Dressur arbeitet, unsere Erfolge waren aber immer auf eine Höhe zwischen 80 und 100 cm beschränkt. Es überraschte mich deshalb, dass er sich so als „Springpferd" sieht, denn für „menschliche Maßstäbe" war er davon noch weit entfernt. Irgendwann dämmerte mir aber, dass es für das Pferd keinen Unterschied macht, wie hoch es springt. Die Aufgabe war Springen und das tat er erfolgreich. Unsere Maßstäbe gelten für Pferde wahrscheinlich nicht. Außerdem spürte er meinen Stolz und meine Euphorie immer nur nach dem Springen (in der Dressur waren wir immer „nur" Mittelfeld). So war mir auch bald klar, dass er im Herzen doch ein Springpferd ist und sich auch als solches fühlt.*

Dass er gerne auf der Koppel toben will und sich nicht getraut, hat einen ganz klaren Hintergrund. Mir ist es am liebsten, wenn er sich auf der Koppel ruhig verhält. Ich möchte auch immer dabeisein, weil ich fürchte, er könnte ausbrechen. Wenn er losgaloppiert, fürchte ich schon, dass er sich weh tut, und versuche ihn zu bremsen oder hole ihn gar von der Koppel.

Als die Koppelsaison begann und ich ihn das erste Mal auf die Koppel stellte, hielt ich den Atem an. Er galoppierte, wie er es beschrieben hat, buckelte in alle Richtungen und freute sich seines Lebens. Meine Angst um ihn habe ich nicht ganz los bekommen, aber ich versuchte auch, ihm mehr zu vertrauen, dass er ja nichts machen würde, was ihm Schmerzen verursachen würde. Ich versuche zunehmend, nicht für mein Pferd zu denken, sondern ihn auch in Eigenverantwortung handeln zu lassen.

Ich erkenne hier mein Pferd sehr deutlich bis hin zur Beschreibung der Gamaschen und Decke. Ich könnte das noch seitenweise belegen.
Als ich am nächsten Tag in den Stall kam, war da bei mir ein Urvertrauen vorhanden, dass ich ihn erstmals am Putzplatz ohne anbinden versorgt habe und er nur auf meine Stimme hin stehen blieb und gehorchte. So etwas hätte ich mich vorher nie getraut. Ich begann auch zusätzlich mit Bodenarbeit und Arbeit an der Doppellonge. Mein Vertrauen ihm gegenüber war ständig gewachsen. Ich begann alles, was ich an ihm bewunderte, ihm auch mitzuteilen. Als gleich drei Kinder (im Alter von 3, 8 und 13) am Putzplatz auf dem ungesattelten Pferd saßen und er sich nicht bewegte, sagte ich ihm immer wieder, wie stolz ich auf ihn bin. Zusammenfassend hat das Protokoll über das Gespräch mit Waldfürst meinen Horizont sicher erweitert, so dass ich heute mein Pferd mit anderen Augen sehe und auch behandle. Danke Karin!"

Alice Stockinger und Waldfürst (tschechisches Warmblut, 13 Jahre), Breitenfurt bei Wien, Österreich, Frühjahr 2003

Wie funktioniert Distanzkommunikation und wie lerne ich das?

Auf Distanz zu kommunizieren bedeutet und beinhaltet, dass man sich dabei nicht in unmittelbarer Nähe neben dem Tier befindet. Sobald du dich außerhalb des Energiefeldes des Tieres befindest, ist es Distanzkommunikation, die du gebrauchst. Distanzkommunikation ist von großem Nutzen, wenn man Informationen von einem Tier braucht, aber sich nicht an den Ort begeben kann, an dem sich das Tier aufhält. Worum es sich dabei eigentlich handelt, erklärt Carola folgendermaßen: *„Man stimmt sich auf das richtige Tier ein. Wenn du ein Bild hast und die Angabe von Name und Alter, ist es ebenso*

leicht, mit diesem Tier Kontakt aufzunehmen und zu kommunizieren wie mit einem, das direkt neben dir steht.
Es handelt sich dabei nicht um irgendwelche extra Kanäle oder anderen Hokuspokus, den manche Leute gern daraus machen. Telepathie hat keine Grenzen, nicht Zeit und Raum. Wir selbst bestimmen wie, wann und wo. Es ist immer noch das Stirnchakra, mit dem wir arbeiten. Der Kanal sieht genauso aus wie bei der Telepathie „vor Ort". Und wie sie nun aussieht, deine Gedankenbrücke, das weißt ja nur du, du hast sie ja selbst geschaffen.
Alle haben die Fähigkeit, das Vermögen, Telepathie auszuüben, in welcher Form auch immer. Du sollst nur wissen, dass du es bist, der die Grenzen setzt: Du und nur du. Willst du Kontakt aufnehmen mit deinem Pferd oder Hund oder welchem Haustier auch immer, wenn du in den Ferien bist, dann mach es! Stell die Fragen, die du stellen würdest, wenn du dich in seiner Nähe aufhalten würdest. Die telepathische Strömung geht dahin, wohin du sie richtest. Immer! Probier es aus, indem du die ganz normalen Paarübungen machst, in denen man Bilder schickt und empfängt, Mensch zu Mensch. Vergrößert den Abstand zwischen euch sukzessive, bis ihr jeder auf einer Seite des Hauses sitzt – der eine drin, der andere draußen, dann jeder in seinem Haus, verschiedene Städte, durchs Telefon, usw.
Es ist sehr effektiv, in Abwesenheit des anderen zu üben und zu versuchen, ihn oder sie dazu zu bringen, zum Beispiel zu einem bestimmten Zeitpunkt anzurufen. Wenn das zwei miteinander ausmachen, schadet man ja niemandem. Wir haben viel zu lachen gehabt, wenn die, mit denen ich geübt habe, zum Beispiel zu einem Treffen genau die gleichen Kleider angezogen hatten wie ich, wir uns genau zu dem Zeitpunkt trafen, den ich fokussiert hatte, etc.
Zögere nicht, einen Distanzkommunikator zu beauftragen, meist ist es leichter für einen Tierdolmetscher zu Hause in Frieden zu arbeiten, ohne Ablenkung durch diverse Geräusche im Stall, und ohne von dir als Besitzer beeinflusst zu werden. Es ist immer noch genau wie bei der Telepathie mit Vor-Ort-Kontakt, es hat nichts mit

Medialität zu tun. Mir ist es wichtig, genau dafür Verständnis und Begreifen zu schaffen. Telepathie liegt in uns allen begründet, es ist etwas ganz und gar Irdisches, etwas, das wir alle machen, jeden Tag. Jeder für sich glaubt daran oder eben nicht. Medial zu sein, ist eine ganz andere Sache. Da arbeitet man mit seinem Kronenchakra, mit dem geistigen Teil des Körpers. Diese beiden können gekoppelt werden und einander unterstützen, aber ich empfehle, dass man mit seiner Intuition, dem telepathischen Chakra, dem Indigopunkt der Stirn anfängt, um sein telepathisches Vermögen am Anfang zu vervollkommnen.

Man kann im Zuge der Distanzkommunikation dieselben Dinge wie sonst auch schicken und empfangen: Geschmack, Gefühle, Düfte, Bilder, Wort. Übe damit!"

Ein eigenständiges Pony: Bärbels Belina

Eines Tages hatte ich auf witzigen Wegen plötzlich ein Protokoll zu viel – oder zu wenig auf meinem Schreibtisch vorliegen (siehe auch Seite 51). Folgendes war passiert: Ich wollte für eine Klientin mit deren Pony sprechen, aber es hatte sich ganz deutlich ein anderes Pony eingemischt und das Gespräch förmlich an sich gerissen. Statt von einer jungen Dame namens Cindy sprach dieses Pony immerfort von Christine. Das war nur ein Indiz, das mich stutzig werden ließ. Ich hatte schnell einen Verdacht, um wen es sich handeln könnte, da ich einige Wochen vorher bereits „offiziell" mit Belina gesprochen hatte. Also durchsuchte ich mein Archiv, mailte ihre Besitzerin an und schickte ihr das „unangeforderte" Gespräch mit der Bitte um Überprüfung.

Hier das Protokoll und was Christines Mutter dazu sagte:

„Ich fühle mich ein bisschen alleine, hätte gern einen gleichgroßen Freund. Christine ist manchmal gemein zu mir. Das Mädchen zieht manchmal sehr an meinen Haaren, an der Mähne und dem Schweif, das tut weh. Mag das nicht. Sie weiß es besser. Und sie weiß, dass ich weiß, dass sie das weiß. Sie testet aus. Probiert Macht-

spiele. Ich weiß, dass die Mutter versucht, dazwischen zu gehen, wann immer sie kann. Gern noch öfter, aber ohne Christine weh zu tun. Sie soll die Freude an mir behalten und es mir nicht „heimzahlen“, wenn sie erwischt worden ist. Das braucht viel Gefühl. Aber die Mutter hat das. Es gab eine schlimme Phase. Feuer unter meinen Hufen. Aber die haben wir jetzt bald überstanden. Sie braucht immer noch ein bisschen mehr Mut, aber wir sind über den Berg. Auch Christine war verwirrt und kannte nicht so recht den Weg, daher auch ihr Verhalten teilweise. Ich kann mir das wohl erklären, aber es tut trotzdem weh, körperlich und in der Seele. Dabei kann sie so lieb sein. Wir haben auch viel Spaß miteinander, so ist es ja nicht. Ich springe gern mit ihr. Aber sie soll nicht so im Maul ziehen, das brennt und tut weh. Möchte so gern einen richtigen Freund in meiner Größe haben. Die Großen sind schon ganz nett zu mir, aber nicht meine Art. Ich bin da natürlich das schwächste Glied. Möchte geliebt werden. Von ganzem Herzen. Ansonsten bin ich ein echter Tausendsassa. Kann viele Dinge und kann ihr noch viel beibringen. Habe ja schon einiges erlebt in meinem Leben. Schöne Dinge, Seltenes und Blödes. Aber das Schöne ziehe ich mir hervor, wenn ich in meiner Ecke stehe und nachdenke. Nein, ich fahre nicht gern mit dem Hänger, da kriegt man hinten immer einen Klapps drauf, das hasse ich. Und es schwankt so und ist dunkel. Ich mag auch das Ziel der Fahrten meist gar nicht so besonders. Bin am liebsten da, wo ich zu Fuß hinkann. Mag keine Umzüge mehr. Ich mag viele Möhren und Kiwis und Äpfel, aber am liebsten geviertelt. Kleine runde grüne kann ich schwer beißen. Mag am liebsten alles, was frisch ist, und Müslikraftfutter. Nina (?) kann gut reiten. (Wird sie von mehreren Kindern geritten? Diese Nina scheint es am besten zu können.) *Christine mag ich schon sehr gern, sie ist ja mein kleines Frauchen. Ich weiß auch, dass sie mich sehr lieb hat. Aber sie soll aufpassen, dass sie nicht zu grob ist. Das hat mir schon einmal einen großen Schrecken eingejagt. Sie soll nicht traurig sein, wenn sie das hört, aber es sich zu Herzen nehmen. Ich bin gern ihr*

Freund, wenn sie mich wie einen behandelt. Wenn ich ungehorsam bin, dann habe ich auch einen Grund. Dann soll sie lieber mal schauen und überlegen, woran es liegen könnte. Ich bin eigentlich nicht frech, sondern gelehrig. Mag es sehr gern, wenn sie mir Dinge beibringt und mich beschäftigt. Ich möchte am liebsten den halben Tag beschäftigt werden. Dann möchte ich auch gern frei haben, wirklich meine Ruhe. Ich mag es gern, wenn man mir mein Fell krault und mit mir kuschelt. Ich finde es toll, dass ihr gut auf meine Hufe achtet. Ich darf eigentlich nicht so viel fressen. Nicht so viel Eiweiß vor allem. Ich kann Zirkustricks und gut klettern. Ich mag Katzen, vor allem die kleine schwarze mit wenig weiß. Ich mag es, mir meinen Schweif zu scheuern. Aber es juckt da auch manchmal. Brauche eine Wurmkur. Bei feuchtem Wetter schmerzen mir manchmal die Gelenke. Dann möchte ich nicht so viel tun. Bei trockenem Wetter geht es mir am besten. Ich habe Angst, dass sie mich nicht mehr mag und braucht, wenn sie älter ist und größer. Sie soll mich dann nicht in die Ecke stellen, sondern weiter lieb haben und gut für mich sorgen. Aber es ist ja auch noch die Mutter da. Das ist gut. Schade, dass sie nicht kleiner ist, dann könnte sie auf mir reiten. Aber ich diene ihr auch gern in Form ihrer Tochter. Mir geht es ansonsten gut, meine Zähne müssten mal überprüft werden. Manchmal tut mein Rücken weh. Ich fände es prima, wenn ich auch einmal eine Massage bekommen könnte, wie die großen. Ja, wir haben viel Spaß zusammen, das Mädchen und ich. Es ist toll, wenn wir etwas unternehmen. Mein Glück ist, wenn die Kinder Spaß haben und lachen. Da geht mir das Herz auf. Sie soll vielleicht ein bisschen sorgfältiger putzen. Ich mag das gern, es sind Streicheleinheiten für Körper und die Seele. Sie kann doch ein Spiel draus machen, wenn ich in den Hänger soll. Es mir spielerisch beibringen. Sie kann das bestimmt. Es wäre schön, wenn ich einen Freund hätte, so groß wie ich. Mit dem ich mich gut verstehen kann. Und ich fände es schick, eine Kutsche zu ziehen, irgendwann vielleicht. Und mehr Tricks lernen. Und lecker Möhren und Fressen. Und danke, dass die

Mutter so gut für mich sorgt und an mich denkt. Beide natürlich. Aber es tut gut, zu wissen, dass sie da im Hintergrund ist. Wir mögen sie alle sehr. Die anderen haben auch wieder ein bisschen Würmer, soll ich sagen. Danke für das Gespräch.“

Belina (Welsh-B-Stute, 7 Jahre)

Bärbels Feedback

„Hallo Karin, jetzt bin ich aber platt. Stimmt fast alles. Geritten wird Belina hier nur von Christine. Nina gibt es auch, die hat ein Pferd – Wilma – bei uns stehen und füttert immer Bananen, ob auch Kiwis ? Ich müsste sie mal fragen. Grüne Äpfel. Beim letzten Gespräch hat sie danach verlangt und natürlich bekommen, vielleicht waren sie zu grün und hart? Gesprungen sind wir mit ihr nicht, vielleicht meint sie den Riesenluftsprung, den sie Anfang des Winters gemacht hat und der Christine sehr entzückt und mich sehr erschreckt hat. Beim Hängerfahren ist sie schlicht traumatisiert worden. Bei Ihrem letzten Besitzer kann ich mir sehr gut vorstellen, dass er sie hinaufgedroschen hat. Als er sie brachte, war sie komplett nassgeschwitzt, völlig panisch und ist mit einem Riesensatz vom Hänger gehechtet. Und eigentlich ist sie auch immer nur gefahren worden, wenn sie verkauft wurde. Was uns zu denken gab, war, dass sie gar nicht alleine runtergehen konnte, daher wahrscheinlich damals auch der Hechtsprung. Wir haben dann immer ganz vorsichtig den Fuß angetippt, den sie setzen sollte, das hat dann geklappt. Wir haben es danach noch nicht wieder versucht. So, wie ich sie kenne, wird es das nächste Mal aber klappen, weil sie unglaublich gelehrig ist und vieles gleich beim ersten Mal sitzt. Das Kutschefahren ist irre, hat sie ja beim letzten mal auch schon gesagt. Da liest sie, wie eigentlich immer, meine Gedanken. Genau das möchte ich nämlich mit ihr tun, wenn Christine zu groß für sie ist. Die Wurmkur bekommt sie natürlich, das Schweifscheuern hatte sie aber von Anfang an, obwohl ich regelmäßig entwurmt habe. Von den Zähnen hat sie das letzte Mal auch erzählt. Der Tierarzt konn-

Wenn der Kopf im Weg ist: Über intuitive Bilder kann man sich mental dem eigenen Tier zuhause annähern.

Deutsch-schwedische Manuskriptarbeiten. Alles drin? Alles richtig formuliert? Karin Müller übersetzt für Carola Lind.

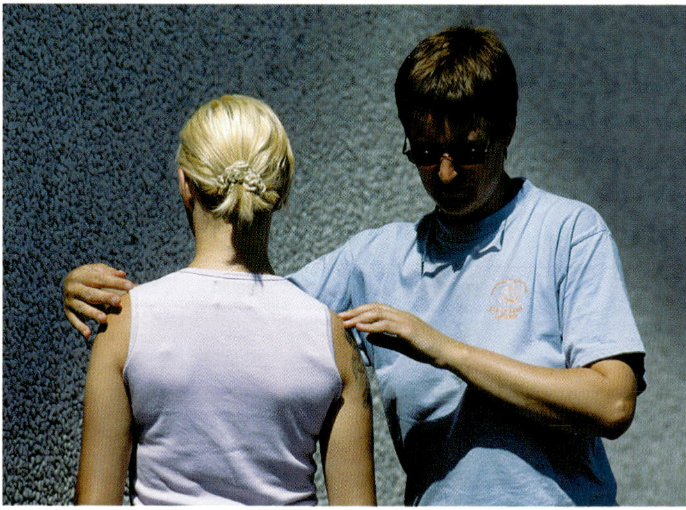

Die Osteopathin Ingela Mauritsson zeigt ein häufiges Reiterproblem an Carolas Rücken: Die rechte Schulter ist deutlich tiefer.

Ein gerades Pferd: selten und schön anzusehen

Die rechtshändige Reiterin überbelastet die rechte Seite des Pferdes, sodass Schiefheiten bei beiden entstehen.

te aber nichts finden. Der Rücken ist in der Tat etwas verspannt. Ich versuche aber mit Bodenarbeit und longieren, sie dazu zu bewegen den Kopf zu senken und den Rücken mehr schwingen zu lassen. Mitteilsam ist sie mit Sicherheit und sehr aufmerksam, unglaublich neugierig und immer dabei, sobald irgendwelche Leute in den Stall kommen. Ich habe auch schon erlebt, dass sie sehnsüchtig auf den Reitplatz schaute. Wann immer einer von uns am Auslauf vorbei geht, schaut sie auf und sieht uns nach. Die anderen kratzt das normalerweise gar nicht. Sie ist ein unglaublich spezielles Pony und weiß das auch. Zu Christines Ehrenrettung muss ich sagen, dass sie nicht grob mit Belina umgeht. Es ist eher so, dass Belina, wohl auch wegen ihrer Vorgeschichte, unglaublich empfindlich ist. Christine kann sehr impulsiv sein. Hektische Bewegungen, insbesondere Arme hochreißen, sollte man bei Belina jedoch vermeiden. Das versuche ich ihr auch immer zu erklären. Schweif und Mähne putzt sie in der Tat sehr gern und bei Belinas dichter Mähne und Schweif kann ich mir sehr gut vorstellen, dass das auch mal ziept. Der Rest des Putzens kommt in der Tat, weil langweilig, zu kurz.
Nina ist die einzige, die den Reitplatz regelmäßig nutzt. Ich denke, dass Belina ihr dabei immer zuschaut. Daher ihr Statement. Sie bekommt Mineralfutter mit einer homöopathischen Portion Hafer und natürlich die von allen geliebte Rote Beete. Wilma, die neben ihr steht, bekommt aber Müsli. Belina hatte, bevor sie fünfjährig zu uns kam, schon drei bis vier Besitzer. Als wir sie bekamen, waren ihre Hufe viel zu lang. Reheringe waren nicht zu erkennen. Ihr Züchter hat mir aber erzählt, dass ihre Mutter oft Geburtsrehen bekam und deshalb zum Schluss auch getötet werden musste. Die Veranlagung ist daher mit Sicherheit da und ihre Warnung vor zuviel Eiweiß ernst zu nehmen. Dass sie mit meiner Hufpflege zufrieden ist, freut mich natürlich kolossal. Wenn wir ins Gelände gehen, bekommt sie Hufschuhe an.
„Schade, das sie nicht kleiner ist, dann könnte sie auf mir reiten.“ Das schlägt dem Fass den Boden aus !!!! Hier zitiert sie nämlich

mich. Ebenso wie beim Kutschefahren. Den Pferdedentisten habe ich schon fürs Frühjahr eingeplant.
Etwa eine Woche, bevor sie mit Dir geredet hat, begannen unsere Probleme mit ihr auf dem Reitplatz. Eine Freundin von mir gibt den Kindern Reitunterricht. Anfang März war unser Platz endlich wieder nutzbar und wir haben losgelegt. Belina war sehr unwillig, weigerte sich weiterzugehen und stieg ansatzweise. Wir haben uns natürlich Sorgen gemacht, dachten aber zunächst, dass da bei ihr doch ein wenig Ponywesen durchkommt. Außerdem habe ich unterstellt, dass sie Christines derzeitige Trotzphase mitmacht. Im Gelände war sie nämlich weiterhin problemlos zu reiten. Ich habe sie dann auf dem Reitplatz geführt bzw. mittels Körpersprache von hinten weiter geschickt, und auch das ging. Des Rätsels Lösung ergab sich, als ich Ende April für Ari (meinen Hund) einen Chiropraktiker da hatte. Belina jedenfalls hatte ein Problem an der rechten Hüfte und höchstwahrscheinlich wegen einer Ausgleichs- oder Schonhaltung eine völlig verspannte linke Halsmuskulatur, die offensichtlich sehr schmerzhaft war.
Nun war mir natürlich klar, weshalb sie im Gelände als Handpferd und am langen Zügel artig war und auf dem Reitplatz, wenn die Zügel angenommen wurden, sich ziemlich massiv gewehrt hat. Gott sei Dank haben wir sie für ihr angebliches Fehlverhalten nicht bestraft, sondern erst mal die Platzarbeit eingestellt. Im Nachhinein erklärt sich auch ihr Wunsch nach Massagen.“

Bärbel Jürgens, Lehre

Auswirkungen auf das Miteinander – Zeit der Besinnung

Tierkommunikation im Alltag – Sind wir nun Spinner oder Scharlatane?

Folgender Leserbrief erreichte uns aus Österreich:

„Sehr verehrte Frau Müller! Liebe Frau Lind!

... Meinem Mann und mir, als neuen und vollkommen unwissenden Pferdebesitzern, wurde jeden Tag klarer, dass wir außer Reiten noch viel lernen mussten. Es war mir einfach zu wenig, gute Tipps und hoffnungsvolle Ratschläge zu hören. Ich wollte auch am Leben, am Seelenleben meiner Pferde teilhaben. Vor allem an Sunnys! Der sich so große Mühe gab, Frauchen zu verstehen und oftmals mit ihrer etwas missverständlichen Art fertig zu werden. Eine Bekannte gab mir den Tipp, ein Buch zu kaufen. Frauchen bestellte sich also über das Internet Ihr Buch „Der Sechste Sinn – Zwiesprache mit Pferden". Ach, du bist ein Depp, Frauchen! Du hast das ja eh schon alles gewusst, nur vergessen, dass das alles nicht nur bei den Menschen funktioniert.

Die Fortschritte, die wir nun machten, glichen einer Sensation. Nicht nur, dass mich sämtliche Pferde aufhielten, um mir zu sagen, was sie wollten oder nicht. Kam ich natürlich mit meinem Sunny besser zurecht und er verstand mich auch besser. Von „Hi Mädel!", wenn ich in den Stall kam, bis hin zu: „Du sag meinem Frauerl, ich mag die kalten Hände von dem Mädchen nicht und überhaupt, die ist so zickig!" Ballu lahmte nämlich grundsätzlich, wenn sich das Mädchen draufsetzte. Als ich ihn dann eben danach fragte, sagt er mir: „Weißt du, man kann auch krank sein erfinden, damit dann niemand aufsteigt!" Da musste ich lachen.

Ich kam also in den Genuss, viele Dinge zu erfahren. Als vorige Woche der Hufschmied kam, um Sunnys und Jagos Hufe zu maniküren, machte Frauerl einen Fehler. Sunny kann es nicht vertragen, am Halfter angehängt zu werden. Stattdessen nimmt man eben einen Halsgurt. Zu schnell war auch der Hufschmied bei der Sache und Sunny flippte aus und weg war er und sprang über den Zaun. Nun stand er da und Frauerl dort und was nun??? Soll ich hingehen? Was wird kommen? Hat er Vertrauen zu mir? Karl, mein Mann, holte Jago, und so kamen wir ihm etwas näher. Frauchen atmete tief durch und dachte: Komm Schatz, es ist alles gut! Brauchst dich nicht zu fürchten, es geschieht dir nichts!" „Das kenn ich doch! Das sagt Frauchen immer, wenn sie spürt, dass ich mich fürchte und ich brauch mich nicht zu fürchten, sie hat Recht!"

Ich begab mich also in seine Nähe und hockte mich hin. Ich ließ ihm Zeit und er kam. Wir gingen ganz ruhig in die Box, um uns zu erholen. Danach ganz ruhig zur Hufmaniküre. Als alles vorbei war, ohne Angst, ohne Hysterie kam es. „Warum hast du noch Angst?", frage ich ihn. Er webt immer, wenn er unsicher ist. „Es ist ja alles vorbei und du hast gesehen, dass nichts geschehen ist. Du brauchst nicht zu weben, Sunny!" So, dachte ich! Nun mag er mich nicht mehr. Seine Verhaltensweise war unsicher, etwas ablehnend und ängstlich. Von ihm bekam ich aber: „Ich habe Angst, dass du mich wieder hergibst, weil ich ungehorsam war!"

Und dann hatte ich solchen Respekt vor meinem Pferd, dass ich nur noch weinen konnte. Ich umarmte ihn und sagte: „Das wird nicht geschehen, Sunny! Das habe ich dir versprochen und du hast mir ja gesagt, dass du gerne springen möchtest. Du bist mit mir sehr geduldig und brav. Dafür danke ich dir sehr! Glaubst du, wenn ich mir Mühe gebe dich zu verstehen, möchte ich dich wieder hergeben? Ich hab dich doch lieb." Danach regnete es Bussis für Frauchen. Sein Kopf lag an Frauchens Schulter und seine nasse weiche Nase berührte dankbar mein Gesicht. Zum ersten Mal! Mit meiner Einstellerin und Reitlehrerin habe ich ausgemacht, ihn nun mal so richtig zu reiten. Was unseren Lausbuben, Traber Jago angeht, so bin ich Ihnen dankbar für die guten Tipps in Ihrem Buch. Der Chiropraktiker kommt heute oder morgen wieder. Wir werden das schaffen und ich wünsche Ihnen, liebe Karin und Carola, alles Glück der Erde, viel Erfolg bei dem, was Sie noch schaffen möchten. Durch Ihr Buch habe ich bestätigt bekommen, dass ich eine Kraft in mir habe, die ich nun so richtig nutzen kann. Bei Menschen ist das oft vergebene Liebesmühe und man bekommt außer Kritik nichts zurück. Tiere jedoch danken einem das mit Zuneigung, Liebe und Treue. Gott segne Sie beide! Frieden, Licht und Liebe möge Sie beide begleiten. Liebe Grüße aus der schönen Steiermark in Österreich.“

Ilse Dollmann, Mürzzuschlag

Warum steht diese Zuschrift hier, stellvertretend für unglaublich viele andere, für die wir uns an dieser Stelle noch einmal herzlich bedanken? Wir wollen Ihnen die Möglichkeit geben, gerade Erfahrungen von anderen Lesern, von Kursteilnehmern – von anderen ganz normalen Menschen zu lesen. Sie haben Berufe wie Bankkaufrau, Apothekerin oder Finanzbeamtin. Manche haben beruflich mit Pferden, mit anderen Tieren zu tun, sind Heilpraktikerin, Hufschmied (doch – es kommen auch Männer in unsere Kurse), Landwirtin oder Reitlehrer. Niemandem würden Sie „es“ auf der Straße ansehen. Was sind das für Menschen, die mit Tieren kommunizieren und wie erleben sie „es“ und sich selbst? Was sie bei ihrem ersten Kurs erlebt haben, konnten sie schon weiter vorn lesen. Aber wie ging es danach weiter? Sind sie wirklich nicht abgehoben? Halten sie mit ihrem Wissen hinterm Berg? Wie gehen sie mit dieser wiedergefundenen Gabe um? Nehmen sie ihre Tiere und den Alltag anders war? Werden sie umgekehrt von ihren Pferden anders wahrgenommen? Was hat sich geändert in der Beziehung, beim Umgang, dem Reiten, in der Ausbildung? Wie reagieren die Mitmenschen auf die Tierdolmetscherfrischlinge?

Und – vielleicht am wichtigsten von allem: Wie reagieren die Tiere? Im Folgenden finden Sie ein paar Anekdoten, Erzählungen und Tipps von diesen Menschen wie Sie und ich, die seit einiger Zeit die Kommunikation mit Tieren zu einem Lebensbestandteil gemacht haben. Sie berichten von Anfangsschwierigkeiten und Erfolgen, von kleinen und größeren Schritten auf dem Weg des Übens und Lernens .... Es soll eine kleine Mutmachrubrik sein, zum Anfangen, Weitermachen und Dranbleiben. Genau wie dieser Ausspruch Nelson Mandelas:

> „Unsere tiefste Angst ist nicht, dass wir unzulänglich sind.
> Unsere tiefste Angst ist, dass wir grenzenlose Macht in uns haben.
> Es ist unser Licht und nicht unsere Dunkelheit, vor der wir uns am meisten fürchten.
> Wer bin ich schon, fragen wir uns, dass ich schön, talentiert und fabelhaft sein soll?
> Aber ich frage dich, wer bist du, es nicht zu sein?
> Du bist ein Kind Gottes.
> Dich kleiner zu machen, dient unserer Welt nicht.
> Es ist nichts Erleuchtendes dabei, sich zurückzuziehen und zu schrumpfen, damit andere Leute nicht unsicher werden, wenn sie in unserer Nähe sind.
> Wir wurden geboren, um die Herrlichkeit Gottes, die in uns ist, zu offenbaren.
> Sie ist nicht nur in einigen von uns, sie ist in jedem von uns.
> Wenn wir unser eigenes Licht strahlen lassen, geben wir unterbewusst unseren Mitmenschen die Erlaubnis, dasselbe zu tun.“
>
> *Nelson Mandela*

„Nach dem Kurs hatte ich zwar noch viele schöne Gespräche, aber dann kam ein derbes Tief. Ich war echt entmutigt, aber im Nachhinein weiß ich, dass es an meinem persönlichen Stress lag. Der nämlich bildet die größte Stolperfalle. Die Tiere geben mir zu meinen Problemen den besten Rat. Außerdem muss man weitermachen, auch wenn man den Mut verliert. Noch immer habe ich ein Problem, mich zu outen. Einerseits, um nicht für komisch erklärt zu werden, und andererseits, weil ich Angst vor großen Erwartungen und „Beweis' doch mal“ habe. Meilensteine sind natürlich immer direkte Reaktionen der Tiere. So wie Deine beiden Hottis freudestrahlend die Möhrchen in meinem Kopf sahen. Man muss die Erwartung ablegen, die Tiere würden uns aufmerksam anschauen, ja, am besten den Mund öffnen. Wenn sie untereinander kommunizieren (mental, nicht durch Körpersprache), dann schauen die sich auch nicht an, wie wir Menschen das machen. Mein Tipp ist, Leute um sich sammeln, mit denen man darüber reden kann. Unser Internet-Forum hat mir die „Flugstunden“ gegeben, die ich sonst sicher nicht bekommen hätte. Die Feedbacks sind das Wichtigste. Offen sein und daran glauben. Die Gedanken zuzulassen und natürlich, das „Sich-selber-leer-Machen“. Lauschen auf das Innere. Anfangs habe ich mir vorgestellt, ich gehe in mich, alles ist mit leuchtendem Wasser gefüllt, in dem ich atmen und schwimmen kann. Nur Licht und Ruhe. Aber nicht wie ein Baby im Bauch der Mutter, sondern mit dem Platz der Unendlichkeit. So habe ich gelernt, die Worte und Gedanken aus meinem Kopf zu schieben. Und mich nicht zu ärgern, wenn es nicht klappt. Wenn man die Tür dann erst einmal geöffnet hat, braucht man das noch zum Stressabbauen.
Nur meine besten Freundinnen wissen davon. Ich gehe damit nicht hausieren. Aber die Wenigen haben es toll aufgenommen. Und ich habe bis jetzt noch kein Outen bereut. Und was es für mich bedeutet, brauche ich ja wohl hier nicht zu erwähnen ...“

Rosa Struve, Neuenkirchen

„Mit meinem Wallach Gino habe ich die Erfahrung gemacht, dass er auf jeden Fall meine Mitteilungen erhält: Gino findet Wurmkuren und alles, was aus dicken Spritzen direkt ins Maul befördert werden soll, gar fürchterlich. Ich komme also in den Stall und unsere Stallpächterin kommt mir entgegen und sagt mir, dass sie mein Pferd soeben mit der Wurmkur in der Hand in die Flucht geschlagen hat. Ich solle das doch bitte selber regeln. Ok. Ich bin dann raus zu Gino und habe ihm erklärt, wie wichtig so eine Wurmkur ist und hab ihm Bilder geschickt, wie der Darm voller Würmer sitzt und er Bauchschmerzen bekommt, und habe ihm klar gemacht, dass, wenn er die Wurmkur schluckt, alle Würmer tot umfallen und ausgeschieden werden: Darauf ist er mit mir wieder in den Stall gegangen und hat sich ohne Widerwillen die Wurmkur geben lassen. Und da war ich echt baff."

Bastienne Beyer, Melle

„Ich kann nur jedem raten, üben, üben üben und immer am Ball bleiben, auch wenn es mal harte Einschläge gibt. Die Telepathie lässt einen nicht mehr los. Hat sie einen erst gepackt, gibt es kein Zurück mehr und der Weg nach vorne ist wunderschön, auch oder gerade im Hinblick auf die Tiere! Damals, einen Tag nach dem Anfängerkurs bei Karin, war alles ganz anders, als ich in den Stall kam. Sie hatte mit allem Recht behalten. Mein Pferd wusste ganz genau, was Sache ist und wo ich am Vortage war. Calito schaute mich gleich so erwartungsvoll an. Ich, mit Block und Stift bewaffnet, ging also in die Stallgasse und setzte mich an die Boxentür. Calito krabbelte mir fast auf meinen Schoß. Ich konnte richtig „sehen", dass er mir alles Mögliche sagen wollte. Er stand total unbeweglich bei mir und erzählte und erzählte wie ein Wasserfall ... Nur war ich leider viel zu aufgeregt durch seine Reaktion, so dass ich mich nicht konzentrieren konnte. Ich habe nicht viel mitbekommen, was er mir geschickt hat, leider! Hinzu kommt noch, dass mein Stift versagte. Genau in diesem Moment drehte sich Calito um und schaute aus

der Box. Und gerade als ich dachte: „Ahhh, er geht wieder!!“, drehte sich Calito, schwupps, wieder zu mir, um in der gleichen Position zu verharren wie vorher!! Also ich finde das Wahnsinn. Er wusste und „hörte“ genau meine Gedanken, hinzu kommt, diese Reaktion habe ich vorher noch nie bei ihm bemerkt. Und ich bin mir absolut sicher, er hat sich gefreut, dass ich diesen Kurs bei dir gemacht habe, Karin. Dafür war seine Reaktion zu eindeutig! In der Folge musste ich nur noch lernen zu verstehen, was er mir gedanklich mitzuteilen hat! Er ist ein sehr kluges und einfühlsames Pferd. Und ich sage nochmals DANKE Karin, dass du diese Kurse veranstaltest und du uns die Telepathie näher bringst ...“

Silke Haupt, Hamburg

„Für mich bestand die größte Anfangsunsicherheit darin, dass ich nicht wusste, was habe ich empfangen und was ist meine blühende Fantasie. Für das Üben zuhause war das Wichtigste, mir Feedback von den Tierbesitzern zu verschaffen. (So habe ich, durchaus auch eigennützig, übers Internet ein Forum der Kurs-Ehemaligen geschaffen. Mit den dort veröffentlichten Tierbildern können die Teilnehmer üben und von den Besitzern der Tiere Feedback zu ihren Interviews bekommen.)

Meine Umwelt nimmt's nicht nur erstaunlich gelassen, sondern viele geben nun zu, dass sie schon immer vermutet haben, dass es „so etwas“ gibt. Es ist schön für mich, dass ich im Freundeskreis mein Denken und Tun nicht verstecken oder umständlich erklären muss. Mich selbst hat die Kurserfahrung zunächst mehr ins Schleudern gebracht als Freunde und Familie. Die neue Fähigkeit hat nicht weniger als ein verändertes Selbstverständnis von mir verlangt. Wer bin ich? Eine Frau, die mit Tieren spricht? Auch hier hat der Austausch mit Gleichgesinnten geholfen. „Probleme“ gab es eher mit meinen Tieren in Form von ein paar Dominanzproblemen. Sie waren aber nicht schwer zu lösen. Man darf eben die artspezifische Verhaltensweise eines Tieres nicht über der Telepathie vergessen.

Meine schönsten Erlebnisse sind es, wenn eine Botschaft so klar ist, dass ich weiß, hier brauche ich kein Feedback. Dann sehe ich, dass ich die Unsicherheit des Anfängers allmählich überwinden kann."

Ulrike Yaani Buergel-Goodwin aus Regensburg

„Dass die mentale Kommunikation mit Tieren bei mir funktioniert, hat mich schon sehr überrascht! Ich hatte mir vorher zwar sehr gewünscht, dass ich es lernen könnte, habe es aber nicht so wirklich geglaubt. Ich habe es einfach auf mich zukommen lassen. Meist empfange ich „nur" einzelne Bilder, manchmal Worte und selten ganze Sätze. Anfangs nach dem Kurs hat das Empfangen mit meinen eigenen Tieren (zwei Pferde, eine Katze) und den Übungs-Tieren der anderen Kursteilnehmer in der Internet-Group ganz gut geklappt, aber nach einer Zeit plötzlich nicht mehr. Ich weiß, dass ich für Erfolge wieder mehr üben müsste, dazu habe ich aber nicht immer die nötige innere Ruhe. Das Senden meiner Gedanken funktioniert jedenfalls immer noch ganz gut, besser als das Empfangen. Das ist sehr praktisch, weil ich Tieren so sehr gut etwas mitteilen oder erklären kann! Zum Beispiel geht mein Pony jetzt endlich ohne Stress in den Hänger. Das hat allerdings auch viel Üben (Bodenarbeit) benötigt, nur mit Telepathie ging es auch nicht. Eines Nachts während der Hängerübezeit, als ich nicht einschlafen konnte, hat mich Kelvin plötzlich gefragt, ob das schlimm wäre, im Hänger stehen bleiben zu müssen! So, als ob er fast schon überzeugt war, sich nett verladen zu lassen, und sich nochmal bei mir rückversichern wollte, dass es wirklich nichts Gefährliches ist. Und dann hat sich auch noch mein anderes Pony Kenia eingemischt, und halb zu ihm, halb zu mir gesagt, dass das gar nicht schlimm wäre! Das war das erste Mal, dass Tiere mich von sich aus angesprochen haben. Ich denke, dass sie das öfter probieren, aber ich dann nie offen genug bin, um es zu merken. Das hat mir wieder den Ansporn gegeben, weiterzumachen!"

Daniela Marx, Sehnde

„Ich begann, mich von der Vorstellung zu befreien, dass ich als blutige Anfängerin gleich eloquente Gespräche mit meinen Tieren führen würde. Und dann wurden sie mir bewusst, die kleinen schönen Erlebnisse und Satzfetzen, Gedankenbruchstücke, wie auch immer ... Ich merkte, dass meine Wahrnehmung feiner wurde und ich begann unbewusst, mich mehr auf die Tiere einzustellen. Ich habe immer schon mit ihnen geredet, jedoch nie mit dem Bewusstsein, dass sie wirklich jedes Wort verstehen. Seit einigen Monaten rede ich mit ihnen genau so, wie ich auch mit meinen Mitmenschen rede. Mir ist dabei klar, dass sie mein Deutsch natürlich nicht verstehen. Es ist aber für mich eine „Krücke", mit der ich mich verständlich mache, weil ich in dem Augenblick, in dem ich einen Gedanken oder Wunsch als Satz formuliere, ihn auch klar im Kopf habe. Und dadurch, dass mein Gedanke derart fokussiert ist, verstehen sie mich (wenn sie wollen, die Schlingel). Gleichzeitig biete ich offenbar auch Schwachstellen, die schamlos ausgenutzt werden.
So hat eines unserer Pensionspferde, immer hungrig und auf Dauerdiät, mich dazu gebracht, ihm eine Riesenportion Hafer zu servieren. Es war mein Geburtstag und wir hatten reingefeiert. Ich war gerade erst wieder in der Lage, die Augen offen zu halten und meine Füße voreinander zu setzen. Dass ich noch keine nennenswerten eigenen Gedanken im Kopf hatte, hat Sultan sofort ausgenutzt und mir seinen sehr starken Wunsch nach Hafer übermittelt. Wie in Trance habe ich dann die für ein anderes Pferd bestimmte Riesenportion in seinen Trog wandern lassen. Dieses Pferd steht jetzt schon neun Jahre bei uns, aber das ist mir bei ihm wirklich noch nie passiert. Seitdem bekommt er aber immer, wenn ich füttere, eine Hand voll Hafer ab. Was mir immer noch nicht so recht gelingt, ist bewusst und mit einer konkreten Fragestellung mit meinen Tieren zu reden, da muss ich noch weiter lernen und üben. Ich würde sie gerne von unterwegs aus fragen, wie es ihnen geht und ob alles in Ordnung ist. Eine Lösung könnte für mich sein, auch den Kontakt zu meinen eigenen Tieren mittels Foto herzustellen.

Was ich mir mittlerweile auch abgewöhnt habe, sind abfällige Bemerkungen (Mistvieh, Fettkloß, blöder Gaul etc., nicht böse gemeint, aber doch herabsetzend) über unsere Tiere, weil ich gemerkt habe, dass sie das kränkt, auch wenn man es gar nicht böse meint. Meine Umgebung, zumindest der weibliche Teil, reagiert erstaunlich positiv, wenn ich von der Tierkommunikation berichte. Die, die selber Tiere haben, finden es eh nicht abwegig und auch die anderen hatten alle irgendwann schon telepathische Erlebnisse, haben es aber nie an die große Glocke hängen wollen. Aber auch bei denen, die es nicht wahrhaben wollen, dass Tiere denkende und fühlende Wesen sind, machen sich Bewusstseinsänderungen bemerkbar.
Mein Mann und ein Freund von uns besprachen den Anbau einer Remise an unseren Stall. Ich habe die Gelegenheit beim Schopfe gegriffen und für Joey eine neue Box angemeldet, die dann außerhalb des Stalls liegen würde, und somit staubfrei wäre.
Sofort kam natürlich die Frage, wozu das dann gut sein solle. Ich erzählte dann, dass Joey mir gesagt hat, dass er keinen Staub verträgt und frische Luft braucht. Natürlich haben sie rumgefrozzelt und die üblichen Bemerkungen über Pferdewurst und Rouladen gemacht.
Aber sie wirkten unsicherer als sonst. Mein Mann hat einen Teil der Protokolle gelesen, hält sie zwar vorgeblich für Quatsch, denkt aber mit Sicherheit darüber nach. Ich denke, dass sie Angst haben, unsere Tiere, Luxus- wie Nutztiere, als denkende und fühlende Wesen anzuerkennen.
Ich bin jedenfalls froh über die neuen Horizonte, die sich mir eröffnet haben und die es mir ermöglichen, meine Tiere besser zu verstehen und durch die ich einen noch harmonischeren und partnerschaftlicheren Umgang mit ihnen pflegen kann.“

Bärbel Jürgens, Lehre

„Anfang März hat mich meine Stute Nadine etwas unsanft abgesetzt und ich bin über acht Wochen nicht geritten. Das war eine sehr

gute Zeit. Ich habe mit meinen Beiden nach Ga Wa Ni Pony Boys Pferdetraining „gearbeitet". Und ich habe so viel dabei gelernt. Da ich ja nicht reiten konnte, musste ich Misserfolge einfach wegstecken und am nächsten Tag wieder neu probieren. Ich muss dabei an Daniela Marx und ihre Hängergeschichte denken. Ich bin auch mit Telepathie alleine nicht weitergekommen, aber die Kombination aus Geduld und immer wieder ruhig auf sie eingehen hat uns geholfen. Ein Beispiel: Ich habe mit Jerry, meinem Wallach, frei im „Roundpen" (abgetrenntes Stück Wiese) gearbeitet, auf Schnalzen und etwas Strickwedeln in Trab bzw. Schritt zu gehen. Das lief schon sehr gut. Jetzt war der Galopp dran. Die ersten Runden sah es sehr hektisch aus, und ich rannte wie verrückt hinter ihm her und machte ihn nur ganz panisch, bis er dann aus einem wilden Trab einige hektische Galoppsprünge machte. Da habe ich gemerkt, so geht das nicht, er denkt ja, ich will ihn hetzen und er kann nicht weg. Also, stand er schnaufend und etwas verwirrt bei mir und war auch ganz aufmerksam. Ich redete dann ruhig mit ihm, so, wie wenn man einem Schüler etwas beibringen will. Ich habe ihm erzählt, was ich von ihm erwarte, dass es gar nicht schwer ist zu galoppieren, dass er keine Runden rennen soll, sondern einfach auf mein Zeichen hören soll, ich habe ihm Bilder geschickt, wie ich mir das vorstelle, dass er ganz ruhig und gelassen aus dem Trab in den Galopp anspringen kann. Ich habe es ja bei ihm gesehen, er kann das (in der Herde, beim Spielen). Er hörte auch wirklich aufmerksam zu, schnaufte entspannt auf, und wir versuchten es noch mal. Ich ließ ihn einige Zeit traben, dann gab ich das Zeichen zum Angaloppieren und schickte dabei Bilder mit seinen Galoppsprüngen, wie er sich dabei bewegt. Und ...? Was soll ich sagen: Es hat geklappt, ganz ohne Hektik und ruhig sprang er an und ich holte ihn auch bald wieder zurück. Und das haben wir weiter und weiter verfeinert, über die Wochen. Es war ein Supergefühl! Ich habe noch oft mit ihm so geredet, und er hört dann richtig zu, kaut und schnauft zufrieden. Bei meiner Stute Nadine geht es auch oft ohne viel Worte. Sie kann gut

„leise" hören! Das war meine Geschichte. Und es gibt immer mehr. Das ist das Schöne an der Telepathie. Danke für alles, Karin. Liebe Grüße an alle Zwei- und Vierbeiner!"

Christel-Maria Burzeya, Hamburg

„Ich möchte mich nochmals bei Karin bedanken, es war ein sehr schönes, prickelndes und aufschlussreiches Wochenende – ich kann jetzt noch davon zehren und erinnere mich gerne daran!
Es hat sicherlich auch damit zu tun, dass wir alle so gut miteinander harmoniert haben und viel voneinander lernen konnten. So viele Emotionen auf einem Haufen habe ich noch niemals erlebt.
*Am Dienstag nach dem Seminar habe ich Besuch von einem Freund bekommen, der mir gleich zwei Bilder von seinen Pitbulls dagelassen hat. Nein, das sind nun wirklich keine Kampfhunde – im Gegenteil. So was Verschmustes und Liebes habe ich selten erlebt!!! Tja, dann habe ich mich unterhalten und als ich es ihm vorgelesen habe, sind ihm die Tränen über die Backen gelaufen. Sogar ein mysteriöser roter Ball hat sich nach ein paar Tagen wiedergefunden. Ich war wirklich verblüfft, weil ich dachte, ich kann's nicht mehr, wenn ich zu Hause bin, *sorry Karin*.*
Mir geht es recht gut, ich übe fleißig und motiviere Freunde, mir Bilder von ihren Tieren und Tieren von Bekannten zu geben. Hatte schon nette Gespräche und zwei Freunde von mir habe ich voll angesteckt. Meine Freundin gibt mir Bilder von Hunden, Katzen, Hasen und wenn alle Stricke reißen, gibt es ja noch den Fischteich!
Meine Arbeitslosigkeit kommt mir sehr gelegen, so dass ich mich dem, das so kommt, voll hingeben kann. Ist ein schönes Gefühl, von den Tieren aufgemuntert zu werden und einfach nur zu plaudern. Habe bis jetzt immer Druck auf mich ausgeübt und nun endlich begriffen, dass es so nicht funktionieren kann. Wie gut, dass ich eine Notbremse habe. Es war mir auch bewusst, dass dieses Seminar alles verändern wird und ich mich danach neu orientiere. Nun kann ich langsam anfangen, mein Haus auf festem Untergrund zu bauen

und den Sand zu beseitigen. Ein langer Weg, der sich lohnt – ich sehe und spüre es nun mit ganzem Herzen, und meiner Seele geht es von Tag zu Tag besser. Meine Erwartungen habe ich runtergeschraubt und kann sehr gut damit leben, mir nicht zu viel zuzumuten. Durch deine liebe und offene Art lerne ich recht schnell und kann dich voll und ganz annehmen. Ein schönes und neues Gefühl, das mir immer wieder die Tränen in die Augen treibt. Vielen Dank, dass ich dich kennen lernen durfte!"

Michelle Pouillon, Esslingen

„Meine Stute, die leider nicht mehr am Leben ist, half mir dabei, auf die kleinen, kleinen Details zu achten, die manchmal wichtig sind, damit ich als Tierdolmetscher die Antwort auf bestimmte Probleme finden kann. Wenn ich etwas falsch übersetzte, wurde sie rechtschaffen sauer. Kommunikationen wende ich in meiner alltäglichen Arbeit mit meinem Jungpferd an. Alles wurde so viel einfacher! Ich möchte anderen mit ihren Tieren helfen, also war es ganz natürlich, dass ich anfing, mir ein Zubrot als Tierdolmetscher zu verdienen. Ich versuchte mein Glück und hängte eine Anzeige ans schwarze Brett in unserem Lebensmittelgeschäft. Das Telefon klingelte und klingelte. Ein paar Monate später bekam ich Kontakt mit jemandem weit weg in Norrland, der Probleme mit seinen Pferden hatte. Ich überlegte, ob ich mich an Distanzkommunikation heranwagen sollte – es klappte. Jetzt rufen Leute an von Malmö im Süden bis Kiruna im Norden, alle gleichermaßen dankbar für die Hilfe. Ich habe sogar schon mit Pferden im Ausland kommunizieren üben können. Ich selbst war skeptisch, aber ich probierte es. Und wie sauer das Pferd war! Jemand sollte absolut damit aufhören, vor seiner Box mit dem Fahrrad herumzufahren! Ich musste dort anrufen und eingestehen, dass es mir nicht gelungen war, weil das Pferd nur davon redete, dass jemand aufhören sollte hin und her zu radeln. Es gab ein Riesengelächter am anderen Ende der Leitung. Das Pferd befand sich auf einer Trabrennbahn, nur ein paar Stunden vor dem Start.

Mit dem Pferd zusammen war der Pferdepfleger angereist, der alles mit dem Rad erledigte. Es funktionierte also auch mit ausländischen Tieren. In Carolas Aushang stand, dass es alle können, ich zweifelte. Jetzt nicht mehr! Wenn ich es kann, dann können es alle anderen auch!

Etwas, das ich sehr zu schätzen weiß, ist all die Hilfe, die ich von Carola nach dem Kurs bekommen habe. Wenn ich Fragen hatte und anrief, habe ich immer Antwort und Ansporn von ihr bekommen. Wenn ich anfange zu zögern, reicht es schon, wenn ich Carolas Stimme höre. Nach einem positiveren Menschen kann man lange suchen! Wir haben immer noch Kontakt und ich hoffe inständig, dass er bestehen bleibt. Carola hat mich etwas gelehrt, von dem ich allen wünsche, dass es ihnen widerfährt. Einen so tiefen Kontakt mit seinen Tieren zu bekommen, wie ihn die Gespräche beinhalten, das ist pures Gold wert. Ich werde niemals bedauern, dass ich meinen Sattel verkauft habe, was nämlich dazu führte, dass ich das Geld für diesen unglaublichen Kurs zur Verfügung hatte. Jetzt sitze ich hier mit dem Gedanken, mich selbstständig zu machen. Was ich da anbieten will? Tierkommunikation natürlich!"

Jenny Hammargren, Munka-Ljungby, Schweden

„Nachdem ich innerhalb eines Jahres meinen Vornamen geändert habe, aus der Kirche ausgetreten bin, einen sicheren Beamtenjob an den Nagel gehängt und gegen vorläufige Arbeitslosigkeit getauscht habe, ohne so genau zu wissen, was kommen wird, und nebenbei eine Menge Geld für Seminare und die teure und zeitaufwendige Pflege meines kranken Pferdes aufgewendet habe und es mir dabei auch noch sichtlich besser ging als vorher, hat sich in meinem direkten Umfeld auch niemand mehr gewundert, als ich anfing mit Tieren zu kommunizieren. Die ersten Erfahrungen mit den Besitzern meiner tierischen Gesprächspartner: Die Leute sind total begeistert! Wenn sie die Protokolle lesen, können sie ihre Tiere darin genau wiedererkennen, gewinnen neue Einsichten und oft gibt es Grund zu

schmunzeln. Einige wollen selbst die Tierkommunikation erlernen, andere erzählen begeistert ihren Bekannten davon. Ich habe mich bereits innerhalb kürzester Zeit herumgesprochen.“

Johanna Jülich, Tübingen

„Leider wurde dieser anfängliche Enthusiasmus bald etwas abgedämpft durch das fehlende unterstützende Umfeld der Gruppe. Es fehlte mir der Austausch, das Mitteilen der Erfahrungen. Ich bleibe dran, meine Tiere haben den Auftrag bekommen, nicht nachzulassen in ihrem Bemühen, mich zu unterrichten, ihre Botschaften zu verstehen.“

Marlene Brütting, Frensdorf

„Liebe Karin, ich muss einfach nochmal los werden, wie gut mir das Wochenende getan und gefallen hat! Es war ja unschwer zu erkennen, dass ich am Samstag leicht gestresst und unter Strom ankam. Du hättest aber mal das selige Grinsen sehen sollen, mit dem ich am Sonntag vier Stunden lang nach Hause gefahren bin! Habe mich selten so rundherum wohl gefühlt! Ich habe schon an einigen Türen gerüttelt, und hie und da auch ein wenig über Energiearbeit erfahren, wieviel anders ist es jedoch, das Ganze zu erleben! Die Kombination aus Deiner Anleitung, den immer genaueren Ergebnissen und den so angenehmen Menschen, aus denen sich die Gruppe zusammensetzte, war einfach eine wunderschöne Erfahrung. Seit dem Wochenende spreche ich jeden Tag mit einem Tier, natürlich mit den eigenen, mal mit besserer, mal mit schlechterer Resonanz, aber zumindest kommt immer irgendwas. Als mir die älteste von unseren drei Katzen erzählte, sie sei die Königin, sei klug, schön und elegant und sie müsse den beiden Bauerntrampeln (ihre Worte!), erst mal Erziehung angedeihen lassen, da wusste ich einfach nochmal, wie sehr sich alles gelohnt hat.

Inzwischen lote ich auch diejenigen Freunde aus, die mich nicht sofort für bescheuert erklären, wenn ich mit ihren Tieren sprechen möchte, denn ich möchte natürlich auch gerne ein Feedback haben, und hier ergibt sich auch einiges. In die Newsgroup habe ich auch schon reingeschnüffelt, macht einen netten Eindruck und man kann ja auch hier prima üben. Sicher werden wir uns mal in einem Deiner Auffrischungs- oder sonstigen Kurse wiedersehen und ich freue mich schon jetzt darauf. Ganz liebe Grüße aus Oberfranken, falls es Dich mal in diese Richtung verschlägt: Es gibt immer einen guten Kaffee oder Tee bei uns.“

Anja Gemmer, Marktschorgast, bei Bayreuth, Oberfranken

„Bei meinen eigenen Tieren sind es nicht unbedingt die großen Problemdiskussionen, sondern eher die kleinen Alltagsgespräche, oftmals in Zusammenhang mit Körpersprache, die uns Spaß machen. Beispiel: Meine Stute ist verschwitzt vom Ausritt. Beim Absatteln guckt sie mich intensiv an. Mein Blick fällt auf das Stück Sandweg, an dem wir stehen, nach wochenlanger Trockenheit ein schöner, feiner und trockener Sand. Und ich erinnere mich an die Aussage einer Kursteilnehmerin nach der Arbeit mit den Fotos: „Etoile wälzt sich gern im Sandauslauf.“ Nun, den haben wir nicht, aber heute dieses Stück Sandweg. An der Longe führe ich sie hin und schlage ihr mental vor, sich dort zu wälzen (eigentlich eher unwahrscheinlich für ein Pferd, sich auf Aufforderung hin und noch dazu an der Longe zu wälzen, oder?). Ich selbst bin überrascht, denn sie zögert nicht lange und wälzt sich sichtlich genüsslich im feinen, von der Sonne erwärmten Sand!
Aber auch die Tage gibt es, an denen alles durcheinander zu geraten scheint. Im Gespräch mit unserem Wallach Champion aus 1.000 km Entfernung „sehe“ ich einen vom Pferd fallenden Reiter. Panik. Ist mein Freund bei dem Karnevalsumzug, an dem er an diesem Nachmittag teilnehmen wollte, gestürzt, oder ein anderer Reiter, oder hatte Champion Angst, es könnte passieren? Ich weiß es bis heute nicht, aber zum Glück ist niemand gefallen oder hat sich weh getan. Aber auf den Schreck hin habe ich erst einmal ein paar Tage

Abstand genommen von den Gesprächen. Aber auch dieses Erlebnis zeigt wieder, wie wichtig eine angemessene Einschätzung des telepathisch Erfahrenen und die richtige Interpretation ist. Und auch die braucht wohl ausgiebige Übung!“

Bärbel Mirke, Walscheid

„Das, was mir ermöglicht hat, überhaupt Tiergespräche zu führen und Feedback zu bekommen, ist unser Internet-Treffpunkt, die „Group“. Gäbe es sie nicht, wüsste ich nicht, wie man in Übung bleiben sollte. Tierbesitzer, die man eingeweiht hat und die wissen wollen, was dran ist, stellen sehr hohe Erwartungen und zweifeln jede Unstimmigkeit an. Dann wird das ganze Gespräch und die Tierkommunikation als solche in Frage gestellt, was den Anfänger natürlich entmutigt. Ganz wichtig ist die Erkenntnis, dass es eben kein „kleiner Mann im Ohr“ ist, auf den man wartet. Es ist kein Gespräch im wörtlichen Sinn. Man hört keine Stimme. Es sind (zunächst) keine Worte, geschweige denn Sätze, man sieht keine glasklaren Bilder.

Es sind Ahnungen von Eindrücken, blitzschnelle Kurzaufnahmen, zu schnell zum Festhalten, undeutlich und ohne Details. So fängt es an. Es wird allmählich besser, wenn man oft übt und die Erfolge einem Mut machen. Man kann Tiere nicht zu „Beweishandlungen“ überreden. Auch mit reizvollsten Belohnungen, durch die sie sonst aus dem hintersten Winkel des Hauses zu locken wären, lassen sie sich nicht mental zu etwas auffordern. Echte Wünsche, die von Herzen kommen und entsprechend vorgetragen werden, erfüllen sie dagegen gern.

Man muss nach einer Weile aufpassen, dass einem nicht verräterische Sätze entfleuchen wie: „Mein Pferd hat sich eine blaue Decke gewünscht“ oder „Die Katze meiner Freundin findet es albern, wenn man so kindlich mit ihr spricht.“ Ein Meilenstein für mich war mein allererster (bewusster) mentaler Tierkontakt, direkt nachdem ich das Buch gelesen hatte, mit einem meiner Kater. Auf die Frage, ob es ihm bei uns gefällt, sagte er klar und deutlich: „Schönes Haus. Meine Sonne, deine Sonne." Natürlich habe ich da noch gedacht, ich spinne ...

Oder die Erfahrung mit dem freilebenden Bussard, der mir auf meine Frage, ob er genug Nahrung findet, ein Bild von zwei Mäusen in einer Feldfurche sandte und dazu die Worte: „Sind wenig."

Tiergespräche, am besten ganz ohne Besitzerfragen, sind fantastisch. Man kommt von einem auf das nächste Thema, merkt gar nicht, wie Besonders das ist, was man gerade tut, schreibt verblüfft merkwürdige Dinge auf und bekommt dann ein Feedback, das einem die Freudentränen in die Augen treibt.

Nach der ersten Euphorie stellt sich sehr schnell Ernüchterung ein. Wenn man mal mit einem Tier Kontakt hatte, das seinen Gefühlen Luft macht, dem es nicht gut geht, spätestens dann wird einem klar, dass man nur wenig Möglichkeiten zum Helfen hat. Änderungen der Umstände, unter denen „domestizierte" Tiere leben (müssen), hängen im besten Fall von ihren Besitzern ab. Im schlimmsten Fall von der Nutztiervermarktung, Massentierhaltung, von Tierversuchslabors, nicht tiergerechten Zoos und anderen Einrichtungen, auf die man selbst keinen direkten Einfluss hat. Was würden diese Tiere sagen, wenn man sie fragte? Sie wissen um ihre Situation, die Aussichtslosigkeit. Sie empfinden Hoffnungslosigkeit, Trauer, Schmerzen und Angst. Man muss nicht mit Tieren reden, um beim Gedanken daran Beklemmungen zu bekommen, aber die Erkenntnis, die auf die Gespräche folgt, steigert die Betroffenheit und die Hilflosigkeit."

Gaby Brandt, Köln

Was, wenn es nicht klappt – oder zu gut? Selbsthilfe und Rettungsanker

Gerade am Anfang tut man sich als „Tierdolmetscher-Azubi" schnell schwer, wenn niemand da ist zum Üben, zum Erzählen, zum Austauschen, oder wenn man sich einfach mal wieder selber im Weg steht. Gaby Brandt aus Köln hat ein paar sehr gute Tipps und Tricks, die Ihnen bestimmt weiterhelfen:
„Um die ewige Stimme im eigenen Kopf abzuschalten, hat mir das Meditieren geholfen. Obwohl ich mich noch nie damit beschäftigt hatte, ging es schon nach kurzer Übung. Auch unmittelbar vor einem Tiergespräch hilft es mir, mich zu zentrieren, zu entspannen. Es geht aber mittlerweile auch ohne. Bei Autofahrten denke ich an jeder roten Ampel „nichts". Das schult, den Kopf frei zu machen und hat den angenehmen Nebeneffekt, dass man sich über rote Ampeln freut. Geräusche lenken mich noch leicht von den Tiergesprächen ab. Mit Ohrstöpseln blende ich alles Störende aus. Walt Disneys Dumbo hatte eine Feder, ich hatte anfangs einen Bergkristall, den ich bei den Gesprächen in der linken Hand hielt.
Es nützt nichts, sich wie wild auf das Bild zu konzentrieren und auf das zu warten, was immer da kommen mag. Dann geht gar nichts. Mir hilft, das Bild entspannt wirken zu lassen und dann schon erste Eindrücke zu notieren. Wie wirkt das Tier auf mich (freundlich, lebhaft, traurig, krank ...)? Würde ich es gern streicheln, kommt es mir dabei entgegen? Wie würde es sich verhalten (aufgeschlossen, schmusig, scheu, abwehrend)? Bekomme ich Bilder, Gefühle, tut mir plötzlich etwas weh? Meist tut sich dann schon was und ich kann mich dem Tier vorstellen, indem ich Freundschaft und Wärme schicke und frage, ob es Lust auf ein Schwätzchen hat. Wenn das Tier dann mitmacht, man nicht abgelenkt wird und nicht an sich zweifelt (!), geht es wie von selbst. Hat bis dahin alles geklappt, ist das Wichtigste, wirklich alles, das ganz Normale aber auch das Merkwürdige aufzuschreiben, ohne darüber nachzudenken. Wenn

eine Frage keine Antwort bringt, nicht selbst anfangen, eine Antwort zu basteln (!), sondern entweder anders formulieren oder eine neue Frage stellen. Am Ende des Gespräches das Tier nicht einfach stehen lassen, sondern ihm einen Impuls geben, was es jetzt tun kann (futtern, schlafen, spielen ...). Und bedanken nicht vergessen!
Die besten Gespräche entstehen, wenn ich die Fragen vorher nicht durchlese, sondern sie zunächst zur Seite lege. Damit schließe ich aus, dass die Fragen den ersten Eindruck und den Anfang des Gespräches beeinflussen. Als Erstes stelle ich eigene Standardfragen und warte ab, ob sich dadurch ein Gespräch ergibt. Erst danach nehme ich die Besitzerfragen dazu. Das Interessante bei dieser Art der Kontakte ist, dass am Anfang der Gespräche oft schon einige der (noch unbekannten) Fragen des Besitzers beantwortet werden, normalerweise die, die für das Tier selbst am wichtigsten sind.“
Genau mein Reden, kann ich da nur sagen!
Wenn Ihnen das Meditieren bislang fremd war und Sie nicht recht wissen, wie Sie den Einstieg finden sollen, wie wäre es mit der folgenden Gedankenreise?

Gedankenreise zu den inneren Blockaden

Setzen oder legen Sie sich bequem hin und machen Sie die Augen zu. Stellen Sie sich vor, wie Sie Ihr Kronenchakra (zur Erinnerung: das auf Ihrem Scheitelpunkt), Ihre Öffnung nach „oben“ öffnen. Von oben lassen Sie weißes strahlendes Licht, einen Strom aus kosmischer Energie, in Ihren Körper fließen. Spüren Sie, wie sie jeden Winkel Ihres Körpers erreicht und umspült? Alles, was Sie am heutigen Tag beschäftigt, gehemmt, angespannt oder behindert hat, löst sich auf durch den Einfluss dieser leuchtenden Energie. Je mehr Sie davon einatmen und durch Ihr Kronenchakra in sich einfließen lassen, desto lockerer und entspannter werden Sie.
Wenn Sie so weit sind, stellen Sie sich vor, wie Sie einen gesunden Frühlingswald betreten. Machen Sie einen Spaziergang. Es

ist warm, Sie sind barfuß. Sie spüren das Moos unter Ihren Füßen. Fühlen Sie genau hin. Sehen Sie sich um. Nehmen Sie alles ganz genau wahr. Die Geräusche des Waldes, das wärmende Licht der Sonne, das durch das Blätterdach zu Ihnen dringt. Den Wind in den Bäumen, ein sanftes Rauschen, fast wie am Meer. Alles ist friedlich und von Leben erfüllt. Sie gehen weiter und kommen an eine Lichtung. Eine Quelle entspringt dort zwischen ein paar Felsen, ein kleiner Bachlauf schlängelt sich hindurch. Was ist noch da? Richtig. Da liegt eine einladende Decke für Sie. Lassen Sie sich darauf nieder und hören Sie den Bäumen zu, dem Vogelzwitschern und dem Plätschern des Baches, den anderen Geräuschen des Waldes. Riechen Sie das Moos und die Bäume. Trinken Sie einen Schluck köstlichen Quellwassers, wenn Sie mögen. Und dann denken Sie an Ihr Problem mit der Tierkommunikation. Jagt Ihnen dabei etwas Angst ein? Was macht Ihnen zu schaffen? Was steckt dahinter? Machen Sie es sich einfach deutlich bewusst. Nehmen Sie dabei Ihren Körper wahr. In welchem Körperteil empfinden Sie den Druck, die Angst, die Beklemmung, Ihr Problem am stärksten? Gehen Sie mit Ihrer Vorstellungskraft dorthin und schauen Sie es sich genau an. Ist es punktuell oder führt es Sie weiter durch Ihren Körper? Gehen Sie dem Problem nach. Sie spüren es körperlich, es wird greifbar. Und deswegen greifen Sie jetzt auch in Ihren Körper hinein und ziehen den Druck heraus. Wie sieht er aus? Halten Sie ihn in der Hand. Streicheln Sie ihn. Er gehört zu Ihnen. Schenken Sie ihm ein warmes Gefühl und aufmunternde Worte. Und fragen Sie. Fragen Sie die Angst, das Problem, den Druck, welche Funktion er für Sie hatte und ob er diesen Zweck vielleicht schon längst erfüllt hat. Wann haben Sie es zum ersten Mal gespürt? Warum konnten Sie bisher noch nicht loslassen? Streicheln Sie das Problem weiter, während es auf Ihrer Hand sitzt und nehmen Sie mit der anderen Hand all das weg, was wie eine Kruste um dieses liebe Ding herum liegt und es wie einen Panzer einschnürt. Was übrig bleibt, das, was Sie noch gut brauchen können, diesen lieben Teil von Ihnen, bringen Sie behutsam und vorsichtig in Ihren Körper zurück. Dahin, wo es sich für Sie gut und stimmig anfühlt. Sie merken, wie es sich auflöst und in Ihrem Körper verteilt, wiedergewonnene positive Energie. Sie stärkt Sie mit jedem Atemzug, strömt in jeden Winkel Ihres Körpers und entfaltet sich dort zu Ihrem Besten. Ihr ganzes Sein spürt die Nützlichkeit dieses Teils von Ihnen.

Dann buddeln Sie ein Loch in den weichen Waldboden, gleich am Ansatz der Quelle. Hier begraben Sie das, was Sie vorher weggepellt haben. Das, was Sie nicht mehr brauchen. Es hat seinen Sinn erfüllt. Graben Sie es tief ein, ohne Markierung und so, dass nichts mehr davon zu sehen oder zu ahnen ist. Sie finden den Fleck nicht mehr wieder. Er gleicht sich dem übrigen Boden an. Und beim nächsten Regen, wenn die Quelle stärker fließt, wird sich das, was darunter verborgen ist, spurlos auflösen. Es wird neutralisiert und als neue, andere Energieform neuen Bestimmungen zugeführt. Ihnen wird es nichts mehr anhaben. Sie fühlen es nicht einmal mehr und können sich auch nicht mehr erinnern, wie es sich angefühlt haben mag. In Ihnen ist nur noch das positive Gefühl, der sinnvolle, nützliche Teil.

Und jetzt spüren Sie noch einmal genau in Ihren Körper. Wie fühlen Sie sich jetzt, wo Ihr Problem weg ist? Spüren Sie ganz genau den Unterschied. Und wenn Ihnen danach ist, stehen Sie auf, atmen Sie ein paar Mal die frische Waldluft ein, lassen Sie die Füße im Bach abkühlen, machen Sie einen Luftsprung, so leicht fühlen Sie sich.

Sie sind frei! Genießen Sie den Augenblick, das Glück, den Frieden des Waldes. Saugen Sie alle Eindrücke, alle Einzelheiten in sich auf. Und dann kommen Sie wieder in die Wirklichkeit zurück. Spüren Sie den „wirklichen" Boden unter Ihren Füßen, atmen Sie tief durch und öffnen Sie die Augen.

Natürlich können Sie anstelle der Angst oder des Problems auch Vergangenheit oder Zukunft anschauen und loslassen – oder Ihre eigenen Krankheiten. Leben Sie in der Gegenwart. Lassen Sie unnötigen Ballast los. Und das sind eben nicht nur materielle Dinge, sondern auch überholtes Gedankengut. Sie werden sich leicht und unbeschwert an Ihre nächste Tierkommunikation heranmachen können!
Manche führen ein richtiges Gedankenreise-Tagebuch. Ich halte das für eine schöne und sinnvolle Idee, um mehr über sich selbst zu erfahren und Fortschritte zu erinnern.
Praktische Übungen sind natürlich auch die weiter vorn (S. 73 ff.) beschriebenen zum Chakra-Aufladen und Freiklopfen und ähnliche mehr.

Wenn man die nötige innere Ruhe, seine viel zitierte „Mitte" gefunden hat, nimmt ein gutes Gespräch seinen Lauf. Doch was, wenn man vom Pferd der Stallnachbarin plötzlich Schauderliches aus der Vergangenheit des Tieres erfährt? Wenn man es schier mit der Angst zu tun bekommt, weil da von so viel Leid und Schmerz und Krankheit die Rede ist, man überwältigt wird von Gefühlen, die nicht die eigenen sind? Manche Tiere nutzen einen aufgeschlossenen Menschen als Katalysator. In Kursen trifft es (man möge mir den Ausdruck verzeihen) interessanterweise meist Menschen, die weit von sich gewiesen hätten, dass sie derart empfänglich sind für fremde Empfindungen und ihrem eigenen Können sehr skeptisch gegenüber stehen. Nun, die ein oder andere Packung Taschentücher später zweifeln sie nicht mehr. Und das ist dann auch meist der Zeitpunkt im Kurs, wo mich alle bitten, doch noch mal „das mit dem Selbstschutz" zu wiederholen. Gern.

Die Lichtdusche

Bevor ich mich als Anfänger in ein Gespräch mit einem fremden Tier begebe, kann ich mich beispielsweise mit einem Mantel aus Licht umgeben. Sie können sich den wie eine unzerbrechliche Glaskugel vorstellen, die Sie umgibt, wie einen Wattekokon, wie Sie mögen. Das reine, weiße Licht kommt aus dem Universum und duscht auf Sie herab. Es ist ein prima Gratis-Schutz, der auch vor jeder unangenehmen Begegnung mit „Energieräubern“ oder „negativen Menschen“ schützt.
Viele sensible Menschen, die mit dem Kommunizieren mit Tieren begonnen haben, berichten, dass sie sich immer unwohler fühlen, wenn sie in große Menschenmengen kommen. Das können Konzerte ebenso sein wie andere Großveranstaltungen oder der schlichte Einkaufsbummel in der Innenstadt. Unsere Antennen werden durch das stete Üben immer feiner – das ist eine der Kehrseiten der Medaille. Auch hier ist die Lichtdusche hilfreich.

Reinigende und schützende Accessoires

Es gibt regalweise Bücher, die sich mit Heilsteinen beschäftigen. Viele Kristalle haben auch eine schützende Wirkung. Mir sind allen voran Bergkristall und Bernstein lieb und teuer. Wichtig ist beim Einsatz von Steinen vor allem, dass sie Kontakt zur Haut haben, täglich gereinigt werden (etwa eine halbe Minute unter fließendem, kalten Wasser) und zum Aufladen mit neuer Energie regelmäßig ins Sonnen- oder Mondlicht oder in die Erde kommen (zum Beispiel vergraben bei den Wurzeln eines gesunden Baumes). Wichtig auch: Tragen Sie die Steine nicht ständig, damit sich Ihr Körper nicht daran gewöhnt und die Wirkung sich dadurch schleichend verringert.
Manchmal fühlt man sich an einem Ort nicht wohl, vielleicht hängt noch eine energetische Schwingung im Raum, die wir als

unangenehm empfinden. Manchmal ist es eine Emotion aus einer Kommunikation, die wir dem Pferd abgenommen haben, nicht für uns angenommen haben (was gut ist) und nun hängt sie da. Lösen Sie sie auf, indem Sie erst mal ganz schlicht die Fenster aufreißen. Lassen Sie frische Luft rein. Manchmal tut ein richtiger Hausputz gut – auch in feinstofflichen Bereichen. Darüber hinaus hat es seinen Grund, warum fast jede große Religion ihr Räucherwerk hat. Oder was dachten Sie, warum katholische Ministranten im Gottesdienst Weihrauch schwenken? Er dient ursprünglich nichts anderem als der energetischen Reinigung von Räumen und der Menschen, die sich darin befinden.

Für zuhause tut es neben Weihrauch auch Salbei. Ich verwende gern die getrocknete Pflanze. Ätherische Öle oder Räucherstäbchen gehen sicher auch. Das ist in erster Linie Geschmackssache. Manche ziehen auch den frischen Duft von Zitrone vor.

Wenn Ihnen Steine und Räucherwerk zu abgefahren sind, hüllen Sie einfach ganze Räume, in denen Sie sich nicht wohlfühlen, in weißes Licht. Stellen Sie mittels Ihrer Vorstellungskraft Lichtsäulen auf. In jede Ecke eine. So viele Sie wollen.

Und last but not least: Sie können ja nun mit Ihrem Tier reden. Reden Sie doch einfach mit ihm und bitten Sie es darum, dass es Ihnen nicht die volle Breitseite seiner Gefühle um die seelischen Ohren haut. Achten Sie sein Schicksal, aber weisen Sie auch dezent darauf hin, dass Sie seine Bürde nicht schleppen können. Sie gehen Ihren Weg, das Tier seinen. Hören sie zu, trösten und vermitteln Sie, versuchen Sie mutig Dinge zu ändern, die Sie ändern können, helfen Sie dem Tier, Dinge mit Gelassenheit hinzunehmen, die niemand ändern kann und beten Sie um die Weisheit, das eine vom andern zu unterscheiden. Jeder hat das Recht „Nein“ zu sagen, wo es an seine

Grenzen geht. Und während Mitfühlen vollkommen in Ordnung und sogar wünschenswert ist – Mitleiden ist es nicht.

Wie aus meiner Stute Eclaire ein Stern wurde

„In der Zeitschrift „Freizeit im Sattel" wurde ich auf ein Buch aufmerksam, in dem es um Kommunikation mit Tieren ging. Über Internet lernte ich dann die Autorin kennen und bestellte spontan bei ihr ein Gespräch mit meiner Stute Eclaire. Als der dicke Umschlag endlich eintraf, war ich trotz einem Rest gebliebener, wohl angeborener Skepsis, richtig aufgeregt. Was würde meine Stute wohl erzählt haben? Außer Namen und Alter hatte ich auch einige Fragen gestellt, welches der beiden benutzten Gebisse sie lieber mag, ob sie sich bei uns wohl fühlt, was sie am liebsten frisst ... Mir war schon klar, dass bei derartigen Fragen die Chancen auf richtige Interpretierung quasi bei fünfzig Prozent liegen, nach dem Motto, sie mag lieber das dicke Gebiss, fühlt sich bei uns ganz wohl und frisst am liebsten Gras. Aber was ich dann las, hat mich schier umgehauen!
Für das Folgende eine Erläuterung: Mit meiner Stute Eclaire, die ich vor sechs Jahren hier gekauft habe, lebe ich in Frankreich in Lothringen und spreche mit ihr meistens französisch. Der Name: Eclair(e) bedeutet Blitz, ist aber auch der Name eines französischen Cremetörtchens.
„Sie sei doch kein Keks", meinte meine Stute nämlich zu Karin, außerdem wolle sie lieber einen hell klingenden Namen haben wie „Etoile". Karin sprach mit ihr deutsch, aber der Name kam auf französisch an, „une étoile" ein Stern. Für Karin noch spannender wurde es dann wahrscheinlich beim Gespräch mit unserem Wallach Champion, der auch mit Karin dauernd von „Etoile" sprach und meinte, den Namen „Eclaire" würde sie doch sowieso nicht so mögen.
Aber was hat mich daran so umgehauen? Nun, meine Stute war in den ersten Jahren für mich sehr schwierig, und als wir später gemeinsame Fortschritte machten und uns zusammenrauften, und ich wie-

derum in der „Freizeit im Sattel" darüber gelesen hatte, welche Auswirkung ein Name auf ein Tier haben könne, beschloss ich nämlich, meine „Eclaire" in – ja richtig: „Etoile" umzutaufen. Später ließ ich die Umtaufaktion dann aber fallen, ich glaube, weil sie mir letztendlich doch ein wenig „spinnert" erschien. Aber meine Pferde, die sprechen jetzt nach Jahren mit Karin noch von „Etoile"!
Es stellen sich viele Fragen: Wie kam ich gerade auf diesen Namen? Hatte ihn mir Eclaire schon damals telepathisch als Wunschnamen „eingeflüstert"? Woher wusste Champion davon? Er war zwar zu diesem Zeitpunkt als Fohlen in derselben Herde, aber erklärt das seine Kenntnis der verbal nie ausgesprochenen Aktion, wenn es nicht auch unter Tieren eine telepathische Verständigung gäbe?
Neben diesen erstaunlichen Ergebnissen des Gesprächs kamen mir die vielen anderen Übereinstimmungen fast wie „peanuts" vor, aber eines war sicher: Diese Frau wollte ich kennen lernen und Telepathie mit Tieren selbst ausprobieren!
Anmerkung: Einen Kurs bei Karin habe ich inzwischen mitgemacht und bin beeindruckt. Mit meinen Pferden spiele ich mich immer mehr auf den Namen „Etoile" ein, und wir wollen, sobald es draußen etwas wärmer ist, aus diesem Anlass ein kleines Picknick-Fest auf der Weide veranstalten. Und miteinander reden tun wir auch, zumindest üben wir daran!"

Bärbel Mirke, Walscheid, Frankreich

Die Verantwortung der freigelegten Gabe

Das deutsche Durchschnittspferd wird derzeit etwa 7,4 Jahre alt bei einer Lebenserwartung von rund dreißig Jahren. Eine Anklage in Zahlen. Teure Sportgeräte in Gitterboxen, eingepferchtes Pferdematerial ohne Sozialkontakte, geschweige denn Weidegang, das an unserem leistungsorientierten System zerbricht. Ferraris sollte man bei Wind und Wetter in die

Garage stellen – Pferde bekommen Winterfell, wenn man sie nicht schert, aber artgerechte Haltung wiederum schert viele nicht.

„In unserer gesamten Kultur gibt es ein gespaltenes Verhältnis zu Tieren, das ist einer der Gründe, warum es so schwer ist, rational über diese Themen zu sprechen. Denn wir haben Haustiere, die zur Familie gehören, denen wir Namen geben, um die wir trauern, andererseits gibt es die Tiere, wie die Käfighennen, die in kleinen Käfigen, in Legebatterien für Ei- und Fleischproduktion leben, die nicht mehr sind als Produktionslinie einer industriellen Landwirtschaft, möglichst billige Fleischlieferanten. Und wenn wir an diese Tiere wie an unsere Haustiere denken, nun, das ist ziemlich unbequem. Stellen wir uns einfach mal vor, unsere geliebten Haustiere würden das gleiche Schicksal wie die Fleischproduzenten erleben. Eine große Zahl ist versklavt und wird sehr, sehr schlecht behandelt, auf keinen Fall so wie wir unsere Tiere, mit denen wir leben, die wir lieben, behandeln würden“, sagt Rupert Sheldrake. *„Wenn Sie also die Gefühle für Ihre Haustiere auch bei allen anderen Tieren zulassen, werden Sie zuerst Vegetarier und dann möglicherweise Tierschutzaktivist, aber für eine Gesellschaft wie die unsrige, die auf industrieller Landwirtschaft basiert, sind das natürlich unbequeme Gedanken.“*

Irgendwann, vor Jahren, sprach mich eine Freundin darauf an, dass sie so gern bei mir im Stall sei, weil ich „so anders“ mit den Tieren umginge und ganz selbstverständlich mit ihnen spräche. Sie lachte, weil ich sie ansah wie ein Mondkalb. Es war mir nie aufgefallen. Ebenso wenig, wie es vielleicht anderen nicht auffällt, dass sie nicht natürlich mit ihren Tieren umgehen, sie nicht so artgerecht wie möglich halten. Ebenso unbedacht kaufen wieder andere vielleicht ihre Eier, ihr Fleisch ein, von Orten, wo es den Tieren nicht gut geht. Ich finde, auch Schlachtvieh, Milchvieh oder Eierlieferantinnen haben ein Recht auf ein tiergerechtes Leben und einen angenehmen Tod. Wer sind wir, dass wir unsere Tiere in ein grausames Zwei-

Klassensystem einteilen – das Nutzvieh auf der Schattenseite, das unter teils erbärmlichen Bedingungen bis zu einem elenden Tod dahinvegetiert und die Lieblinge auf der Sonnenseite des Lebens, wo sie in luxuriösen Ställen mit Klimaanlage leben und schmuckbesetzte Trensen und Sättel tragen.
Ganz abgesehen davon, dass Massentierhaltung Seuchen begünstigt und wir uns letztlich „ins eigene Fleisch schneiden“: Wo ist unser Respekt dem Leben gegenüber? Allem Leben gegenüber meine ich! Wer sind wir, dass wir da qualitative Unterschiede machen? Ach ja, ich vergaß, die „Krone der Schöpfung“. Na, wenn uns die mal nicht schon lange über die Augen gerutscht ist, prust! – Mit unseren Artgenossen und unserem Planeten gehen wir ja nicht besser um.
Carola Lind und ich sind fest davon überzeugt, dass auch Tiere Seelen haben, ein höheres Selbst, eine Aufgabe im Leben. Ich glaube, genau wie bei uns Menschen entscheidet sich die Tierseele lange vor der Geburt für die jeweilige Inkarnation. Auch das verdient unseren Respekt. Wer als „Opfer“ wiederkommt, will vielleicht einem „Täter“ eine neue Chance geben, sich umzuentscheiden? Vielleicht sind dieses Mal auch die Rollen vertauscht? Wie auch immer es sein mag – wenn wir Besitzer, Schlächter, Fleischesser verurteilen, dann sehen wir im besten Fall nur die eine Seite der Medaille. Und sicher helfen wir niemandem damit, indem wir ihn mit negativer Energie, schlechten Schwingungen überschütten und damit erst recht hindern umzudenken, einen anderen Weg einzuschlagen. Missionieren hilft – das hat die Kirchengeschichte hinlänglich bewiesen – ebenfalls nur zum Schlechten. Wie wäre es, wenn wir stattdessen schlicht ein gutes Beispiel vorleben, anderen zeigen, dass es anders geht – und sie dadurch motivieren? Nur wer selbst drauf kommt, dass es anders geht, wird sich nachhaltig verändern. Und verändern, ja das kann nun mal nur jeder sich selbst – wenn er es für sich selbst für erstrebenswert und sinnvoll hält.

Ein weiser Mann sagte mir mal, dass es besser sei, jemandem die Wahrheit wie einen Mantel hinzuhalten, in den man hineinschlüpfen mag, als sie ihm wie einen kalten Waschlappen um die Ohren zu schlagen.

Wir machen täglich Fehler. Daraus lernen wir, dadurch entwickeln wir uns weiter. Aber das sollte uns nicht daran hindern, es täglich mit all unserer Kraft ein bisschen besser zu machen.

Wie gehen wir also damit um, mit Tieren zu sprechen?

Ein Kindheitstraum ist wahr geworden, wir sehen in den Spiegel und da steht ein neuer Doktor Doolittle. Doch Vorsicht. Zwei mächtige Fallgruben auf dem neu eingeschlagenen Lebensweg heißen Selbstüberschätzung und Selbstunterschätzung. Beide verhindern das angestrebte Optimum an Objektivität in der Zwiesprache mit einem Tier.

Seien Sie ehrlich mit sich selbst. Lassen Sie die Finger von einer Kommunikation, wenn Sie nicht ausgeglichen sind, wenn Sie gestresst zwischen zwei Terminen hetzen oder voll eigener Sorgen sind. Es wird nichts, fließt im Zweifel unterschwellig mit ein und verfälscht das Gespräch. Seien Sie nicht überheblich, machen Sie sich selbst aber auch nicht klein. Wieso soll ein Tier mit Ihnen sprechen, wenn Sie ihm in Bildern signalisieren, dass Sie es eigentlich gar nicht können und ihm demzufolge nicht helfen werden?

Tun Sie sich selbst und dem Tier einen Gefallen und lassen Sie die Finger davon, wenn Sie kein aufrichtiges Interesse am Schicksal eines Pferdes haben. Ich bin skeptisch, für Tierbesitzer Kontakt aufzunehmen, die „einfach nur neugierig" sind, oder „mal sehen wollen …" – Nichts gegen Skeptiker, die nicht glauben wagen, ob es funktionieren wird. Aber der Wunsch und die Bereitschaft zu helfen, die müssen da sein.

Ich muss niemandem etwas beweisen und wäre dem betroffenen Tier dann auch keine Hilfe. Ich weiß, dass im Eifer des Gefechtes doch der eine oder andere „missioniert" oder sich

nicht an eine zweite Empfehlung hält: Sich gut zu überlegen, ob ein Gespräch wirklich Sinn macht bzw. ob der Auftraggeber auch bereit ist, etwas zu verändern, dafür gerade zu stehen und die Verantwortung, die Konsequenzen zu tragen.
Verantwortung ist ein Kernthema, über das Carola und ich immer wieder stolpern. Aus was für Gründen auch immer – mitunter wird leichtfertig mit der Gabe, dem Geschenk, mit Tieren kommunizieren zu können, umgegangen. Es siegt der Reiz, sein Können zu präsentieren oder „auf Teufel komm raus" (!) helfen zu wollen.
Erinnern wir uns: Wir können Mensch wie Tier nur da abholen, wo sie stehen. Wo sie auf *ihrem* Weg stehen, wohlgemerkt, nicht auf unserem! Unüberlegtes Handeln, mangelnder Wille oder mangelnde Fähigkeit zur Selbstreflexion, Über- wie Unterschätzung führen letztlich nicht nur zu falschen Ergebnissen – sondern oft genug zu massiven Nachteilen für das Tier. Wer kann die Reaktion eines „ungefragten" Besitzers einschätzen, hinter dessen Rücken man ein Pferd aus dem Nähkästchen plaudern lässt und der davon Wind bekommt, oder dem man, Eifer auf die Fahne geschrieben, gehörig die Leviten liest?
Carola fordert grundsätzlich, nur mit Erlaubnis des Eigentümers mit einem fremden Tier Kontakt aufzunehmen: *„Aus Respekt und als Arbeitsrichtlinie sollten alle Tierdolmetscher die folgende Regel einführen und einhalten: Nämlich niemals mit irgendeinem Tier zu kommunizieren, ohne zuallererst die Erlaubnis des Besitzers eingeholt zu haben, danach die des Tieres. Man geht nicht durch eine Tür, nur weil sie offen steht! Wilde Tiere dürfen selbst bestimmen. Bist du würdig mit ihnen Kontakt zu bekommen, geschieht es, wenn kein Kontakt zustande kommt, spricht das für sich selbst. Man fragt immer. Man hält sich raus aus dem privaten inneren Raum von Lebewesen, das hat mit Rücksicht zu tun. Wenn sich ein Tier mir trotzdem aufmerksam macht, trotzdem mit mir*

kommunizieren will, erzähle ich dem Eigentümer, dass er oder sie ein kommunikatives Tier hat, das etwas zu berichten hat. Darf ich wohl? Wenn der Besitzer dagegen ist, darf es so sein, ich dränge mich niemals auf. Manchmal kommen Sachen herein, ohne dass ich darum gebeten habe, dann ist es so stark und ich bin so unaufmerksam, das es einfach geschieht, dafür kann ich nichts. Wenn man ein Tier sieht, mit dem schlecht umgesprungen wird, finde ich nicht, dass die Kommunikation das erste Mittel der Wahl ist, sondern der Tierarzt oder andere Fachleute, die dazu beitragen, die Situation zu lösen. Tierkommunikation ist nicht anstelle von Hilfe da, sie ist eine Ergänzung."

Holly und Evelyn

„Ich würde gern wieder viel mehr Zeit mit Frauchen verbringen. Ich weiß, dass sie sehr unsicher ist momentan. Sie ist auf und geht, kommt, bleibt, alles in ihr ist durcheinander, sie weiß nicht mehr so recht, wo sie hingehört und hinwill, was tun. Ich kann ihr nur meine Stärke und Ruhe geben, aber das funktioniert am besten, wenn sie bei mir ist und sich Zeit nimmt zum Atmen. Sie atmet manchmal nicht mehr richtig, das macht mir Sorge, denn so beginnen Krankheiten und ich kann ihr nicht vollständig vertrauen, wenn sie nicht richtig atmet. Sie kommt viel besser zur Ruhe, wenn sie ihrem Körper Luft schenkt. Es ist selbstzerstörerisch, nicht lang genug innezuhalten. Ich wünsch mir so, dass sie das liest und versteht. Du bist uns eine Hilfe und wir wollen sie gut nutzen. Ich liebe Frauchen sehr, es fällt mir schwer manchmal, Zugang zu bekommen. Wir machen viele schöne Dinge, wenn wir zusammen sind, und ich nutze die Zeit, so gut ich kann. Aber manchmal muss ich auch springen und bocken, um ihr klarzumachen, dass wir nicht ewig haben und warten können. Meine Zeit fließt anders als ihre. Ich warte und meine Tage vergehen langsam, wenn sie nicht da ist oder

kaum. Ich habe ein sanftes Wesen und bin klug, manchmal nicht so geduldig, aber ich gebe mir alle Mühe. Ich mag auch Kinder und kleine Wesen. Fohlen. Einmal habe ich eins verloren, das hat ein tiefes Loch in meine Seele gebrannt. Ich habe schon viel erlebt, Schönes und Schlimmes. Mag nicht an alten Wunden rühren. Männer waren grob zu mir. Fahrt in freier Luft (wie auf einem offenen Lastwagen?). *Bin zum Spaß versaut worden. Das ist lange her. Manchmal reißt es aber noch körperlich an mir. Meine Knie* (vorne, sie meint eher die Vorderfußwurzelgelenke) *tun mir manchmal sehr weh. Bin zu viel belastet worden, als ich jung war. Gesprungen. Fühlen sich dick an. Sonst bin ich sehr geschmeidig und bei klarem kalten Wetter geht es mir gut, wenn mein Körper warm gehalten ist. Ich mag ansonsten aber die Sonne und den Frühling lieber. Im Herbst ist es mir zu feucht. Stehe gern in warmem Stroh und Spänen. Gut für meine Lunge, wenn es nicht so staubt. Damit ging es mir einmal schon sehr schlecht. Mein Magen ist stabil im Moment, das wird Frauchen freuen. Draußen ohne Decke ist es wunderbar. Ich mag es, wenn der Wind in mein Fell fährt. Natürliche Balance. Habe links hinten im Sprunggelenk Schmerzen ab und zu. Zieht und drückt. Als ob da etwas scheuert. Mein Sattel passt nicht richtig, er scheuert ein wenig und rutscht und drückt. Minimal, aber es belastet und tut weh. Verspanne daher auch mein Kreuz. Es wäre toll, wenn sich da mal jemand was ausdenken könnte. Ich habe von Heilern mit heißen Nadeln gehört, das könnte mir doch auch gut tun, oder?* (Ich glaube, sie meint Akupunktur, kennen Sie die Tierärzte Kai Schäfers oder Christian Torp? Die sollen fantastisch sein mit so was.) *Schmerzen über den Nieren. Blockaden, auch in manchen Wirbeln sitzend. Zieht sich hinunter bis zur Schweifrübe. Aber mein Genick ist frei. Wäre auch gut, wenn die Zähne mal nachgesehen würden, aber das ist nicht so dringend. Da war mal eine eitrige Geschichte. Kaue immer noch komisch dran. Besser doch den Zahnarzt eher vielleicht. Rechte Schulter drückt auch. Und ich bin unglücklich mit meinen Hufen.*

Ich habe mich im vergangenen Jahr ein wenig verloren gefühlt, so konnten auch die anderen dichter an mich rankommen. (Sie zeigt mir Kabbeleien auf der Weide, wo sie sich gegen andere Pferde zur Wehr setzen muss.) *Nagte an meinem Selbstvertrauen/Selbstbewusstsein. Mein Mensch kam seltener als die anderen. Warum? Dauerte, bis ich begriff und lernte. Aber es war nicht einfach und auch nicht schön. Die Tage sind lang ohne Frauchen. Möchte wieder mehr in ihrer Nähe sein, nicht nur, wenn ich krank bin, aber das war mit ein Grund für mich, diesen Weg zu wählen, den ich jetzt gehen muss. Es würde mir hier besser gefallen, wenn einige der Rahmenbedingungen anders stimmig wären. Wasser ist ein Mangel und frisches Stroh und Heu. Es staubt und riecht oft muffig. Tut meiner Lunge nicht gut. Ist gewechselt worden. Stehe jetzt nachts drin auf Spänen und habe etwas Frisches.* (Ich weiß nicht, ob das jetzt „Fakt" ist oder Wunsch!) *Viel draußen sein ist auf alle Fälle gut. Aber es darf nicht zugig sein. Und ich möchte eigentlich lieber in ein richtiges Zuhause. Das ist hier nicht, kann werden, liegt an Frauchen. Brauche ihre Nähe. Macht mich traurig. Wir leiden beide still auf unsere Art. Bitte, Frauchen soll wissen, dass sie mich braucht und ich ihr helfen kann, aber sie muss kommen und zuhören, lernen, bereit sein. Jetzt. Wir haben nicht alle Zeit der Welt. Komm, und sieh und handle. Ich habe sie sehr lieb. Das weiß sie, und ich weiß auch, dass sie mich liebt. Es waren schwere Zeiten, es geht jetzt aber wieder dem Licht entgegen. Das ist gut. Ein neuer Sattel wäre schön und ich mag frisches Obst und viele Möhren oder rote Rüben. Gut Duftendes, und Flüssigkeit ins Futter, die mir schmeckt. Kann sie mich nicht näher zu sich holen? Hier ist manchmal so viel Lärm und Unwesen, das mich stört bei meiner Heilung."*

Holly (Haflingerstute, 19 Jahre)

„Als ich Holly das erste Mal sah, war es „Liebe auf den ersten" Blick und nach unserem gemeinsamen Ausritt war alles klar. Zwei Mona-

te später kaufte ich sie. Wir blieben auf dem kleinen Hafi-Hof, weil er ganz in meiner Nähe ist und sie bereits siebzehn Lebensjahre dort verbracht hatte.
Ein Jahr später gab es bei mir große persönliche Veränderungen und ich konnte mich eine Weile nicht so um sie kümmern, wie ich es gern getan hätte. Ich litt sehr darunter und fragte mich oft, was in ihr vorging.
Dann entdeckte ich im Prana-Katalog dein Buch und war sofort interessiert. Ich las es fast in einem Stück durch. Durch die Offenheit der Pferde und ihrer Menschen bin ich selbst auf diesen Weg gekommen und der Gedanke, dass wir einen Teil für andere dazu beitragen können, finde ich wunderschön.
Alles, was Holly erzählt hat, ist wahr! Ich war sehr berührt von so viel Klugheit und Liebe. Seitdem hat sich unser Verhältnis noch verbessert. Ich sehe sie mit anderen Augen, bin sicherer und ruhiger im Umgang mit ihr. Oft verstehen wir uns „ohne Worte", und wenn sie mich anschaut, dann geht mir das durch und durch. Ich finde es sehr schön, dass ich dich auf diesem Wege „gefunden" habe. Deine Arbeit ist etwas so wertvolles und schönes für Mensch und Tier."

Evelyn Urban, Wolfsburg

Das Finden von vermissten Tieren

Rupert Sheldrake schreibt in „Der siebte Sinn", dass das Auffinden verloren gegangener Tiere ein guter Anfang wäre, Tierkommunikationen empirisch überprüfen zu können (S. 228). In der Theorie eine tolle Idee. Aber wie sieht es mit der „Logistik" aus? Will man eine Anzahl Tiere verstecken und Tierdolmetscher beauftragen, sie wiederzufinden? Oder wartet man auf repräsentative Erlebnisse von Tierbesitzern? Wie sollen die dann aber dem Kriterium wissenschaftlicher Vergleichbarkeit standhalten?

Ein Problem dabei kann außerdem sein, dass solche Kommunikationen, in denen Dritte – nämlich wir Tierdolmetscher – eingeschaltet werden, meist nicht vom Tier selbst angestrebt sind. Gerade Katzen verwildern sehr schnell und fühlen sich wohl als freie Jäger, solange ihnen die menschlichen Jäger oder mordlustige Katzenhasser kein Ende bereiten.

Carola bietet ihre Mithilfe beim Auffinden verschwundener Tiere (mehr als ich) an: *„Das ist ein Dienst, den ich als ganz natürlich betrachte. Es ist mir darüber hinaus einige Male richtig gut gelungen. Das Hauptproblem bei der Sache ist, dass Tiere, die flüchten, sich oft verschließen, so dass es schwer werden kann, mit ihnen eine Verbindung zu bekommen. Aber nach einer Weile, wenn sie anfangen, Sehnsucht nach Hause zu bekommen, laden sie mich ein ihnen zu helfen. Dann kommen kleine Hilferufe.*

Es ist von Fall zu Fall verschieden, warum ein Tier verschwindet. Oft ist es zuerst der Instinkt, der einen Hund ins Abenteuer lockt, manchmal vielleicht sogar sehr weit weg von zuhause. Manche Rassen brauchen heutzutage ihren Geruchssinn fürs Überleben gar nicht mehr anzuwenden, darum sind sie es nicht gewohnt, ihn einzusetzen, und wenn sie dann wieder heimwollen, haben sie sich verirrt. Es hängt ganz davon ab, was für eine Persönlichkeit der Hund ist, und wie er trainiert worden ist, ob er seine Instinkte anwenden kann, um wieder heimzufinden. Wenn der Hund es schlecht hatte zuhause, geschlagen und bestraft wurde, liegt es ja auf der Hand, warum er wegläuft. Trotzdem gibt es Hunde, die dennoch dorthin zurückkehren, einfach weil sie wissen, dass es da ein bisschen Geborgenheit gibt, und weil es halt trotzdem „daheim“ ist.

Meistens laufen Hunde nicht so sehr weit, sondern suchen das auf, was sie angezogen hat, und danach, wenn es keinen Spaß mehr macht, versuchen sie, rechtzeitig zum Abendessen wieder zuhause zu sein.

Ich bitte den Hund, mir zu beschreiben, in welchem Zustand er sich jetzt im Augenblick befindet. Darum kann ich sehen und wissen, ob er noch am Leben ist, verletzt, froh, ängstlich etc. Das sehe ich in Bildern und spüre es als Gefühle, genau wie bei der Telepathie in allen übrigen Fällen auch. Wenn ein Hund gestohlen wird, ist er oft unsicher und ängstlich, dann ist es schwerer, mit ihm Kontakt zu bekommen, er verschließt sich sozusagen ein wenig.“

Soweit Carola. Und dann liegt da noch ein zweiter sprichwörtlicher Hase im Pfeffer. Gerade größere Tiere verschwinden ja nicht einfach so.

Es gibt spektakuläre Berichte darüber, wie verunglückte, in Not geratene Tiere ihre Besitzer selbst auf telepathischem Weg um Hilfe gerufen haben. Es zog den Reiter förmlich zum Schlammloch auf der Weide – wo er feststellte, dass sein Fohlen dort ums Überleben kämpfte. In dringenden Notsituationen wird sich ein Tier an denjenigen wenden, der ihm direkt und schnell helfen kann. Umgekehrt wird auch niemand auf die Idee kommen, in einer Notfallsituation den Umweg über einen Tierdolmetscher zu gehen – geschult oder nicht. Wenn die Beziehung stimmt, wird der Halter sich auf die Socken machen, Erste Hilfe leisten und retten können. So tragisch es ist, wenn der Hilferuf bei Herrchen oder Frauchen nicht ankommt – aus welchen Gründen auch immer – ist es für das Tier meist zu spät, bis der Tierdolmetscher angerufen wird.

Beispiele für in Not geratene Tiere und erfolgreiches Wiederfinden durch die Halter selbst finden sich viele in Literatur und Presse, nicht nur bei Sheldrake. Beinahe jeder hat irgendwo schon mal das Abenteuer eines Hundes oder einer Katze gelesen, die eine wahre Odyssee hinter sich brachten, um nach einem Umzug wieder in ihr Zuhause zurückzukehren – oder ihre Familie wiederzufinden.

Aber: Werden wir als Tierdolmetscher eingeschaltet, liegt der Fall auch oft so, dass das Tier aus bestimmten Gründen nicht

um Hilfe ruft. Weil es sich a) nicht in einer (aus seiner Perspektive!) Notsituation befindet oder b) bereits tot ist.
Haben wir es mit ängstlich verzweifeltem Abhauen, abenteuerlich geprägtem Weglaufen, Entführung, Unfall zu tun? Am häufigsten begegnen solche Fragestellungen vielleicht bei Katze oder Hund. Stimmte etwas in der Beziehung zwischen Tier und Halter nicht mehr oder lockte das Abenteuer? (Warum laufen Kinder von zuhause weg?) Die rollige Katze, der streunende Kater, ein Rüde auf der Fährte von Wild oder einer läufigen Hündin – die haben kein Interesse daran, „schon" gefunden zu werden. Wir wissen umgekehrt, dass Tiere ein fantastisches Gespür haben, über hunderte von Kilometern zu uns zurückzufinden, wenn sie es wollen. Tun sie es nicht, dann steht es außerhalb ihrer Möglichkeiten oder Wünsche. Doch nur dann, wenn das Tier möchte und sich frei bewegen kann, haben wir als Tierdolmetscher eine reelle Chance, unseren Teil zur glücklichen Heimkehr beitragen zu können. Das ist schrecklich desillusionierend, für viele Tierhalter nicht direkt einsehbar, wenn sie persönlich betroffen sind und daher schmerzlich für alle Beteiligten. Erklären Sie mal einer besorgten Schoßhundbesitzerin, dass ihr kleiner Liebling ab durch die Mitte ist und in einer kinderreichen Familie voller Leben und Raufereien sein ganz anderes Glück gefunden hat, das ihn vor drohender pralinenbedingter Herzverfettung rettet ... – von denkbar grausameren Schicksalen ganz zu schweigen, die unsere vierbeinigen Lieblinge „da draußen" auch ereilen könnten.
Davon abgesehen ist es tatsächlich so, dass Tiere sich mit allen möglichen und unmöglichen Umständen erstaunlich arrangieren. Es ist eine Überlebensstrategie. Sie passen sich an Unabänderliches an, als ob sie dieses Gebet selbst geschrieben hätten: „Gott gebe mir die Gelassenheit, Dinge hinzunehmen, die ich nicht ändern kann, den Mut, Dinge zu ändern, die ich

ändern kann, und die Weisheit, das eine vom anderen zu unterscheiden." Wieder einmal könnten wir die Schöpfungskrone ehrfürchtig ziehen und uns eine Scheibe Gelassenheit und Demut abschneiden. Es gibt so viel zu lernen ...
Ich habe auch schon im Nebel herumgestochert auf der Suche nach dem verwirrten kleinen Katerchen einer lieben Freundin, das sich erschreckt tatsächlich verlaufen zu haben schien. Wir haben zu mehreren Wochen lang gesucht, bekamen übereinstimmende, sich wiederholende Bilder von einer gemütlichen Wohnung mit netten, sich kümmernden älteren Leuten ebenso wie die eines halb verfallenen, beklemmenden Geräteschuppens oder gar Heizungskellers. Gefühle von Angst, Kälte, Hunger, Schmerz und Durst wechselten mit denen von Freude und Geborgenheit. Es wurde an Haustüren geklingelt, deren exakte Beschreibung wir sogar übermittelt bekommen hatten. Freundliches Verneinen. Vielleicht hatte man Katerchen dort doch gefunden und mochte sich nicht von ihm trennen? Vielleicht hatte er nur kurz an dieser Tür geschnuppert und war weitergezogen? Wer vermag jetzt aber die zeitliche Reihenfolge zu rekonstruieren? Meine Freundin entschied sich nach einem nervenaufreibenden Kampf fürs Loslassen. Ich konnte sie gut verstehen.
Darum sage ich nur in seltenen Ausnahmefällen zu, bei der Suche nach einem „verschwundenen Tier" zu helfen. Richtiger gesagt: Ich helfe nicht wirklich „suchen", ich unterstütze anders: Meine Hilfe besteht nicht in erster Linie im Eingrenzen eines möglichen Fundortes. Ich befrage das Tier danach, wie es ihm geht, versuche Verwirrung zu lindern und Missverständnisse aufzuklären. Mancher Kater hat sich nach einem beherzten Sprung aus dem Korb vor der Tierarztpraxis schon nicht mehr nach Hause getraut, obwohl er den Weg wohl hätte finden können. Vor der Praxis roch es vielleicht nach Todesangst und Schmerz: Warum sollte er also zu Herrchen oder

Frauchen zurück, die ihm aus seiner Wahrnehmung heraus „ähnlich Schlimmes“ antun wollen?
In solchen Fällen kann ich Missverständnisse ausräumen, Mut machen, vermitteln, motivieren.
Was ich nicht verhindern kann, sind die Gefahren auf dem Rückweg – vom gezielten Abschuss im Wald bis zur viel befahrenen Bundesstraße.
Pferde hingegen büchsen selten aus und verschwinden als Folge dessen spurlos. Dahinter steckt leider meist Diebstahl. Nur, wie sollen die Beschreibungen eines Pferdes weiterhelfen können? „Wir sind mit einem großen Hänger gefahren. Auf einer Straße. Es war weit und dunkel. Jetzt bin ich an einem anderen Ort, wo auch viele Pferde sind. Ich mag den Stall nicht. Es stinkt nach Schweinen.“
Auf solche Beschreibungen passen zu viele Orte und man vertrödelt unnötige Zeit. Da gilt: Rufen Sie die Polizei, annoncieren Sie in Pferdezeitschriften, hängen Sie Flugblätter aus, sprechen Sie mit (Amts-)Tierärzten und Zollbeamten (Landesgrenzen!), bitten Sie um allen Rat und Hilfe, die Sie bekommen können – und wenn Ihre Katze entwischt ist oder herumstreunt: Reden Sie mit Jägern und Forstbeamten und sorgen Sie im Vorfeld dafür, dass sie ein reflektierendes, breites Halsband trägt und nicht „aus Versehen“ erschossen wird. Jeder Jagdaufseher oder Pächter hat das Recht eine Katze zu schießen, die sich weiter als dreihundert Meter von menschlichen Behausungen befindet! Schützen Sie Ihr Tier und lassen Sie Kater und Katze kastrieren.
Mentale Suchanleitung von Carola Lind für die Praxis: *„Wenn man ein weggelaufenes Tier kontaktiert, wendet man Distanzkommunikation an. Die benötigten Informationen variieren sehr von Tierdolmetscher zu Tierdolmetscher. Ich selbst will so wenig wie möglich wissen, um keine Bilder zu erzeugen, die nicht dazugehören. Es gibt ebenso viele unterschiedliche Beweggründe, warum*

ein Tier verschwindet, wie es Tiere gibt, die verschwinden. Manche werden schlicht und ergreifend gestohlen. Zu einem gewissen Teil kann man dem Tier folgen, und am einfachsten ist es, das Tier innerhalb eines ziemlich kurzen Zeitraums zu finden. Was ansonsten passiert ist, dass man zwischen verschiedenen Umgebungen, Eindrücken und Erlebnissen hin- und hergewirbelt wird, von ihnen erfüllt wird, und sie können die weitere Kommunikation auf ihre Weise einfärben. Mit Tieren, die bereits mehrere Monate weg sind, Kontakt zu bekommen und sie wiederzufinden, ist für mich auf alle Fälle sehr schwer.

Sehr effektiv ist es, eine Art Energieblase um das Tier zu legen, und diese sukzessive in Richtung auf den Platz zu verkleinern, von dem das Tier ursprünglich verschwand. Man sollte sich das Tier in seiner gewohnten Umgebung vorstellen, den Hund vor dem Kamin liegen sehen, im Stall mit der Katze spielen, dem Tier von seinem Lieblingsfutter/Leckerlies geben und ihm Bilder schicken, die es in absoluten Lieblingssituationen zeigen.

Negativ zu denken, etwas wie: „Er kommt nie wieder nach Hause", „Sie findet es nicht", „Es ist etwas passiert" – solche Gedanken treiben das Tier nur weiter weg.

(Fast) Unglaubliche Erlebnisse mit der Telepathie

Leo, Piko und Carlotta

Ich begegne vielen außergewöhnlichen Tieren und Menschen. Das ist eines der Geschenke dieser auch oft aufwühlenden „Arbeit" an mich. Mitunter höre ich bei solchen Begegnungen nahezu fantastisch anmutende Geschichten. Am ergreifendsten sind solche Erlebnisse natürlich, wenn einen das Schicksal selbst ungefragt zum Darsteller bestimmt. Der folgende Buchbeitrag steht hier als Erinnerung an zwei wunderbare Therapiepferde, Leo und Piko, denen ich in tiefem Dank verpflichtet bin, und stellvertretend für so viele andere vierbeinige Helfer, die tagtäglich ihre beeindruckenden Dienste anbieten, die helfen und heilen aus freiem Willen und einem geheimnisvollen Wissen heraus, und das, obwohl zahlreiche von ihnen misshandelt und geschunden wurden, bevor sie ihre Aufgabe als Therapiepferde begannen – wo sie den Artgenossen ihrer früheren Peiniger Segen bringen, *„Ich bin ihre Farbe"*, wie Leo sagte. Wir schulden ihnen Respekt, Würde und Ehrfurcht.

Diese Geschichte handelt auch von meiner kleinen großen Tochter Carlotta. Sie wird erzählt von Sibylle Wiemer.

„Ich bin Reitlehrerin mit mehreren Fortbildungen im Therapeutischen Reiten. Leo ist eines der außergewöhnlichsten Pferde, das ich kenne. Ein Kaltblut-Mix, wohl 1980 geboren, mit einem Vorleben als Heidekutschpferd und Holzrücker. Er kam im Frühjahr 1990 zu uns. Das Reitzentrum Wümmetal ist ein Verein für therapeutisches und sportliches Reiten, Fahren und Voltigieren. Leo ist der Stein, der alles ins Rollen brachte. Ohne diesen unermüdlichen, fleißigen Wallach ist der Alltag mit all den behinderten Kindern nicht denkbar. Er ist einfühlsam und wachsam, schlägt im Sommer nicht mal die Fliegen weg, wenn es seinen Reiter verunsichern würde.

Karin Müller ist eine der außergewöhnlichsten Frauen, die ich kenne. Wir lernten uns im Frühjahr 2002 kennen, als wir Ausbilderinnen befürchteten, Leo zu verlieren. Stumpf im Fell, sichtlich dünn und wenig bemuskelt, schienen sein Alter und die hohe Belastung in seinen jungen Jahren ihn einzuholen. Wir entschieden, ihn einschläfern zu lassen, weinten ohne Ende und engagierten Karin, mit ihm Kontakt aufzunehmen. Leo sah uns an, trabte zu einem jungen Ponywallach und tobte gut zehn Minuten ohne Pause. Mit Steigen, Halfterklau und Wettrennen. Unser Erstaunen nahm kein Ende – Leo stoppte am Zaun und starrte uns an.

Das war der Moment, indem Folgendes ganz deutlich wurde, a) wir brauchen eigentlich keine Telepathie, weil er selbst für Ungläubige

sehr eindeutig gezeigt hat, was er von unserer Entscheidung hält, b) und es wird Zeit für neue Wege.
Karin schickte uns wenige Tage später das Protokoll. Wir weinten beim Lesen so sehr, aus tiefer Dankbarkeit und Faszination für dieses traumhafte Pferd. Da stand: „Ich möchte gern noch ein bisschen bleiben und zusehen. Meine Probleme mit der Hüfte sind groß. Habe ständig Schmerzen. Dumpf und pochend. Mal mehr und mal weniger. Kann man nicht viel machen. Aber ein bisschen lindern. Gönnt mir noch ein paar ruhige Tage zum Zusehen und in der Wärme dösen. Brauche auch Zeit, mich zu verabschieden, dann möchte ich gehen dürfen. Nicht mehr arbeiten. Aber ich möchte den anderen noch vieles vermitteln. Auch meinem Nachfolger. Möchte ihn kennen lernen. Ich habe so viel Freude und Leben geschenkt. Dafür bin ich dankbar, dass ich helfen durfte und Sinnvolles erlebt habe. Die Arbeit hier ist oft anstrengend. Aber es tut selber gut, Gutes zu tun. Ich lebe dafür. Ich habe dafür gelebt. Und für das Lob natürlich. Ich weiß, welche Verantwortung ich da trage, auf meinem Rücken und im übertragenen Sinn. All die Hände, die mich streicheln durften, lachende Kinderaugen und glückliche Erwachsene. Ein bisschen Freude und Stolz in einem tristen Alltag. Grau. Ich war deren Farbe. Auch Hilfe – rein körperlich. Sie haben Vertrauen gefunden, in mich und die anderen und dadurch in sich selbst. Ich bin stolz darauf. Nun möchte ich Rente haben."

Leo (Kaltblutmix, ca. 23 Jahre)

Und Leo lud Karin ein ... „Komm und sieh, wie wir helfen. Wie schön es hier ist." Das war Karin unangenehm, sie wäre noch nie von einem Pferd eingeladen worden, hätte die Formulierung beinahe aus dem Protokoll gestrichen. Ich wiederholte die Einladung. Sie könne nicht 150 km fahren, sie habe ein Baby. Das kann sie mitbringen, erwiderte ich. Aber das Kind habe Probleme. Ja und? – Der Stall ist voll mit Kindern mit Problemen. Aber das Baby sei entwicklungsverzögert und habe eine Symmetriestörung – landläufig

gern als Kiss-Syndrom bekannt – und wäre sehr unruhig. Ich kenne das Krankheitsbild, das in Folge von schwierigen Geburten auftritt. Stauchungen im Okzipitalgelenk, Krümmung und Blockaden in der Hals- und Brustwirbelsäule, etc. Die Kinder schreien viel, bäumen sich auf, krampfen, krümmen sich wie ein C, können nicht auf dem Bauch liegen, der Muskeltonus wechselt ständig zwischen zu hoch und zu niedrig. Welch Belastung.
Und dann die Überraschung für Karin: Leo, ausgerechnet Leo, hat sowohl schon mit Säuglingen gearbeitet als auch mit Kindern mit Kiss-Syndrom, warum nicht mit einem Säugling mit Kiss?, überlegte ich. Nun weinte Karin. Wie hätte sie das ahnen können? Darum also die Einladung von Leo!
Die beiden kamen wenige Tage später, Leo wurde wegen des Fellwechsels in Bettlaken gehüllt, stellte sich in seiner vollen Breite auf. Wir legten die elf Wochen alte Carlotta in Leos Spaltkruppe und er trug das schreiende Kind. Er produzierte dabei so viel Wärme, dass die anwesenden Therapeutinnen ihre Jacken und Westen auszogen. Carlotta schrie weiter. Nach einigen Minuten wollte Leo unbedingt gehen, wir hinderten ihn. Sie war doch gerade knapp drei Monate alt. Nein, Leo wollte unbedingt gehen. „Beschlagt mich nicht mehr. Meine Arbeit kann sein, die anderen zu lehren. Kleine Unterrichtseinheiten, leichte Dinge kann ich noch ausführen. Möchte dabei sein. Nicht nur dumm verfaulen, herumstehen. Aber nicht mehr viel Gewicht tragen. Sie dürfen mich berühren, die Blinden oder Kinder. Mit denen, die nicht so können wie sie sollen, arbeite ich am liebsten“, hatte er Karin im Protokoll übermittelt. Ich sagte ihm, er müsse die Mutter mit tragen, er blieb dabei, er müsse Schritt gehen. Zum Glück ist Karin sehr leicht. Sie setzte sich auf den warmen, breiten Pferderücken, nahm Carlotta vor die Brust und Leo setzte sich in Bewegung. Er ging so flotten Schritt, wie seine alten, kurzen Beine nur hergaben. Wir waren erstaunt, aber Leo würde seine Gründe haben. Er ging fleißig Runde um Runde. Das Baby verstummte, Verkrampfungen lösten sich und lächelnd ließ sie sich an ihre Mutter ge-

schmiegt schaukeln. Leo: „Ich bin sehr müde. Ich möchte noch viel geben. Zuhören. Oh, ich weiß, dass ich sehr geliebt werde. Das ist die höchste Motivation für die Arbeit hier. Es ist erschöpfend, auspowernd, immer nur zu geben manchmal. Aber ich bekam auch immer viel zurück. Habe/hatte es sehr gut hier. Manche von uns benötigen lange Atempausen zwischendurch." Karin sagte, ihr sei es ein Rätsel, was ich eigentlich für Telepathie halten würde, da ich doch permanent in meiner Arbeit mit den Pferden kommunizieren würde.

Wir wussten jetzt jedenfalls, dass Leo noch nicht sterben wollte. „Nun möchte ich Rente haben. Auch wenn die Zeit dafür nicht lange sein wird – vielleicht. Mir tut die Wärme gut, das Wetter, das jetzt kommt. Das möchte ich genießen, so lange es geht. Ich werde euch Zeichen geben, wenn ich gehen will und bereit dazu bin. Hetzt mich nicht, aber lasst mich auch nicht unverstanden. Ich bin dankbar für die Zeit, die ich hier war. Davor hatte alles keinen Sinn. Ich weiß, dass meine Menschen hier ebenfalls dankbar sind. Ich habe manchmal Probleme mit dem Atem. Viele Kräuter und frische Luft tun mir gut. Ich glaube, im Sommer, wenn es unerträglich heiß wird, ist es Zeit zu gehen. Warten wir es ab. Vielleicht früher, vielleicht später. Wer weiß, wann die Blätter fallen, wenn der Wind hineinfährt? Vielleicht sogar noch einen Sommer! Wir werden es sehen ... Meine Hufe sind alt. Alles an mir fühlt sich schwer und müde an. Aber mein Geist ist rege. Ich möchte unbedingt mein Wissen weitergeben. Etwas davon", hatte Leo weiter berichtet. Wochenlang danach brauchte ich den Hof nur zu betreten und Leo zu rufen, und er kam, egal wo er war, über die riesige Weide an den Zaun gelaufen und holte seine Medizin samt der zerkleinerten Mohrrüben ab, die er sich ausdrücklich erbeten hatte. Manchmal kam er wiehernd, während ich noch die Rüben klein schnitt. Jeder dieser Tage war ein Geschenk für uns, wir hatten ihm danken können und ihm deutlich gemacht, wie groß sein Gehen für uns sein wird. „Contra (unsere alte Leitstute (1971–1998)) war wichtig für uns alle, ein großer Verlust. Ich werde auch einer sein. Jeder von uns, wenn er geht. Das ist so. Wir leben damit. Wir sterben damit. Und es geht weiter. Menschen hadern. Das ist ihr Problem. Mit dem Unausweichlichen. Wir wissen viel mehr um die Kräfte der Erde und sehen selbstverständlich, dass es weitergeht. Wir haben stetigen Kontakt. Mit wem, wer will und kann. Ich möchte in Frieden älter werden. Noch ein bisschen. Das ist gut. Tötet mich nicht vor der Zeit. Ihr werdet es spüren. Loslassen aber ist gut. Auf beiden Seiten. Aber ich kann es auf jeden Fall. Wir alle können es, wenn die Zeit stimmt. Menschenproblem. Bitte die Möhren nicht vergessen. Und das Wasser nicht eiskalt. Doch, ein bisschen weiterarbeiten im Menschensinn, das möchte ich schon."

Ich traf Karin eine Woche später auf einem Lehrgang. Ich hatte Piko dabei, einen neunzehnjährigen Oldenburger Wallach, den ich als unreitbar, unheilbar krank und unberechenbar 1991 gekauft hatte. Er ist eines der geschändetsten Tiere, die ich kenne. Er ist sensibel, feinfühlig und hilft mir bei Therapien, die mich sehr belasten, Therapien mit Unfallopfern und sterbenden oder chronisch kranken Menschen.

In der Pause des Lehrgangs hüllten wir ihn auf seinem Paddock in Bettlaken, um noch einmal mit Carlotta zu arbeiten. Andere Pferde auf den umliegenden Weiden begannen zu toben (Sein Kommentar, von Karin übersetzt: „Sie sind albern, sie verstehen nicht, was ich hier tue."). Wir legten die kleine Carlotta auf seine Kruppe. Nun hat Piko nicht wie Leo eine Spaltkruppe, doch er stellte seine Hinterbeine breit und improvisierte eine solche – von sich aus natürlich. Er entwickelte die gleiche Hitze wie Leo. Während der Therapien arbeitet Leo anders als Piko. Leo weiß, was er tut, er trägt die volle Verantwortung, er macht deutlich, ob er fleißigen oder langsamen Schritt gehen muss. Er atmet tief und gleichmäßig. Ganz anders Piko, an seinem Atmen hört man deutlich die hohe Belastung, er seufzt oft. Er gibt die intensiven Gefühle, die er empfängt, weiter, er braucht die Nähe der Therapeutin, die bewusst mit ihm atmet. Momente tiefster Verbindung und Vertrautheit.

Warum sollen es immer nur riesengroße Pferde sein? Ponys und Kleinpferde haben ihre ganz eigenen Reize und Vorzüge. Wichtig ist einzig, dass Mensch und Tier gut zueinander passen und der Kauf mit allen Sinnen wohl überlegt ist.

Diesem Pferd haben wir viel zu verdanken. Geheiltes Wiedersehen: Leo und Carlotta im Reitzentrum Wümmetal bei Sibylle Wiemer.

Pferd und Reiterin sind nervös. Wer steckt wen mehr an?

Minuten später: In der Führsituation veratmen sich Ängste.

Und dann ging Piko los, ebenso zügig wie vor ihm Leo, „Mutter Karin" wurde etwas bange, aber Piko zog unbeirrt seine Runden. Sein Schritt ist von hervorragender Qualität, ein Optimum an Input für den reitenden Menschen. Mit raumgreifenden Riesenschritten ließ er den Säugling strahlen. Befreiung von Anspannung, Erfahrung von freien Bewegungen. Carlotta schlief danach tief und fest. Ein kleines Wunder.

Zwiegespräch danach: „Ich kann in die kleinen Wesen sehen"... Wir fragten ihn, woher weiß er, was zu tun ist – „das weiß ich eben" und ließ uns stehen. Er schickte Karin Bilder von Einblicken in menschliche Körper, er weiß stets, was zu tun ist, genau wie Leo. Aber um diese Sensibilität ausleben zu können, ist er schreckliche Wege gegangen. „Ich hatte immer Angst, dass sie mir den Kiefer brechen würden. Ich war im Krieg, bis ich zu Sibylle kam. Wenn sie um mich weint, an meinen Erinnerungen leidet, ist sie meine Tankstelle. Sie gibt mir Kraft. Und ich ihr." Seine tiefe Liebe, weniger Dankbarkeit, war überwältigend. „Ich bin stolz auf meine Arbeit, ich bin zur rechten Zeit an rechten Ort, das ist mein Leben. Pferde leben im Hier und Jetzt, nur Menschen grübeln so viel. Sie begreifen nicht."

Piko (Oldenburger, 20 Jahre)

Er rettete sich aus seiner Vergangenheit, indem er Lahmheiten vortäuschte. Die Menschen, die ihn vor mir besaßen, ritten oder ausbildeten, wählten immer härtere Methoden, schärfere Gebisse. Er sei ein sturer Hund, sagt ein renommierter internationaler Springreiter über ihn. Selbst mit dem Schlaufzügel durch den Hebel der Kandare wollte er nicht am Zügel gehen, man hinderte ihn so am Steigen, aber nicht am Durchgehen. Er überschlug sich mit seiner Besitzerin, bis ihn dann „so ne verrückte Frau in der Heide" gekauft hat. Das war ich. Als er zu uns kam, konnte er wahlweise auf jedem Bein lahmen, er reagierte auf Beugeproben „automatisch" mit Humpeln, nur so konnte er sich den Torturen beim Reiten entzie-

hen. „Krankheiten sind Hilfeschreie der Seele", erklärte er. Piko hat seinen Lebensweg akzeptiert. Er hat ihn so stark und sensibel werden lassen. Er macht mir oft deutlich, dass er mich versteht, auch wenn ich eigentlich immer noch nicht an meine Telepathiefähigkeit glaube. Mein Kopf sei zu voll, daher könne ich ihn nicht hören – sagt Piko.

Karin kam noch einige Male mit Carlotta zum Reiten. Eines Tages änderte sich alles. Keine Wärme für den fröhlich dreinschauenden Säugling, keine Spaltkruppe, Piko im gemächlichen, fast gelangweilten Schritt. Da war kein Bedarf für Therapie, Carlottas Selbstheilungskräfte waren (durch verschiedene Therapien) mobilisiert, das Kind war gesundet. Leo trifft Karin kurze Zeit später an der Weide, sagt schlicht „Du brauchst mich nicht mehr" – gelassen, ohne Bitternis oder Eifersucht, wandert er zu seinen Kameraden.

„Wir möchten auf der Weide wirklich Ruhe haben. Der Austausch ist sehr wichtig für uns. Ausgleich: Keine spielenden Kinder, kein Autolärm oder sonstiges Lautes. Erholung. Da wollen wir nicht auf „Gefahrenquellen" achten müssen (Strom, Kaninchenlöcher)."

Wochen später: Ich reite so konzentriert ich kann mit Piko auf unserem riesigen Grasplatz, Lerchen singen in der Morgensonne. Ich grübel um den richtigen Abstellwinkel im Travers, Piko grunzt, es ist so anstrengend. „Ach, ist der Klee lecker", schießt es mir durch den Kopf. Na toll, das war definitiv nicht mein Gedanke – wohin nun mit meinen Zweifeln an der Telepathie? Ich schau mich um, Piko bremst und senkt den Kopf, ein Meer von Klee mitten in den Butterblumen. Momente der Perfektion."

Sibylle Wiemer, Fintel

Erfahrungsberichte

Tiere kommunizieren täglich mit uns. Wenn wir unsere „inneren" Ohren spitzen, erleben wir die unglaublichsten Dinge. Pferde und alle anderen Lebewesen können poetisch sein, spirituell, von eigenen Wehwehchen berichten oder uns auf die

Probleme anderer Tiere aufmerksam machen. Mal sind die Begegnungen mit der Telepathie spektakulär, mal sind sie in ihrer Schlichtheit umso rührender. Eines aber sind sie immer: Bemerkenswert. So wie die folgenden Erlebnisse.

Bärbel Mirke: *„Zwei Tier-Kontakte, die mich schier umgehauen haben. Sozusagen Sternstunden im Leben eines Tierkommunikator-Azubis! André und ich haben einen kleinen Wanderritt vorbereitet und sind dabei auch in unserer Wanderreitstation vorbeigefahren, um alles zu besprechen. Bemerkt habe ich an diesem Abend zwei große Hunde, als Hüter des Hauses einen älteren Schäferhund, und einen weiß-braunen langhaarigen Hund, der sehr nett alle Gäste begrüßte, dann aber wieder seiner Wege ging. Auf der Rückfahrt im Auto war es mir, als wenn der weiß-braune Hund zu mir sagte: „Hallo, ich heiße Daisy!" Das ging mir nicht mehr aus dem Kopf, und so fragte ich nach unserer Ankunft mit den Pferden ein paar Tage später am Abend bei Tisch, wie denn der Hund heißen würde. Kannst Du Dir vorstellen, wie ich mich gefühlt habe, als man mir sagte, das wäre „Daisy"? Vorher gehört hatte ich den Namen garantiert nicht, noch dazu einen in Frankreich unüblichen englischen!*

Arbeit im Round-Pen mit Etoile. Ich versuche mich ein wenig an den PNH-Spielen, und beim „enge Passage-Spiel" bleibt sie einfach an den beiden rot-weiß gestreiften Baustellen-Kegeln stehen. Sie schaut mich an, schnuppert ganz vorsichtig mit einem Nasenloch an dem oberen Loch des Kegels, schaut mich wieder an, schnuppert mit dem anderen Nasenloch in einer Art und Weise, wie ich es noch nie gesehen habe. Ich gehe zu ihr und gucke von oben in den Kegel: unten auf dem Boden ist ein Vogelnest mit neun Meiseneiern. Natürlich gehen wir gleich vorsichtig aus dem Round-Pen, und ich kann noch beobachten, wie die Meiseneltern wieder zurück in ihr Nest kommen. Fazit: Etoile hat mir das Vogelnest im Kegel gezeigt und mir wohl auch sagen wollen, dass wir dort nicht stören sollten!"

Rosa Struve: *„Vor kurzem rief mich meine Freundin aufgeregt an und sagte: „Der Hund von meinem Freund ist weggelaufen. Kannst du uns helfen?“ „Also, ich bin hier am Streichen, findest du nicht jemanden anderen mit Auto?“ Sie wollte natürlich nicht, dass ich mit auf Suche gehe, sondern den Hund frage, wo er ist. Ich sagte ihr, ich bräuchte schon gerne ein Foto, machte also meine Arbeit weiter und sah sie in meiner Vorstellung suchend in der Landschaft mit ihrem roten Wagen fahren. „Mach die Tür auf!“, kam da aus dem Nichts. Ein Gefühl von bis auf die Knochen durchgeweicht zu sein und ein Bild von Schilf um mich herum. Undeutlich ein weißes Gebäude und mehrere Windkraftanlagen. Es war eine weibliche Stimme. Ich versuchte mir den Hund vorzustellen und landete bei hell- bis dunkelbraun. „Molly“ hieß er, das wusste ich zumindest. Carmen kam und kam nicht mit dem Foto. „Fahr langsam, ich warte.“ „Ja, bleib wo du bist und warte. Carmen wird dich da finden.“ Schwanzwedeln, trotz Orientierungslosigkeit. Hätte ich Carmen bloß angerufen, denn als sie sich meldete, weil sie Molly gefunden hatten, brav am Grabenrand sitzend, bestätigte sie mir alles, was ich bekommen hatte. Und – „DER Hund“ war wirklich weiblich, nicht wie aus den Erzählungen zu vermuten männlich. Eine braune Kampfhündin mit langer Rute! Und dann hatte ich noch eine sehr schöne Begegnung mit einer Schwalbe. Mein Zimmer hat eine Balkontür, die im Sommer immer auf ist. Ein Schwalbenpaar hatte angefangen, an meiner Zimmerdecke ein Nest zu bauen. Darum hatte ich die Tür hin und wieder mal geschlossen, auf dass sie nun einen anderen Platz suchen würden. Sie waren aber hartnäckig. Eine Schwalbe kam in mein Zimmer und setzte sich auf die Deckenlampe, dann auf das Kaminrohr (noch weiter im Zimmerinneren). Ich lag im Bett und sie beobachtete mich. Dann fing sie an, sich zu putzen. Ich sagte laut: „Hier kannst du dein Nest nicht bauen.“ Und schickte ihr ein Bild von der Sonne draußen, dass es dort besser ist zu nisten. Sie flog zu meinem Kopfende und setzte sich auf die Druckerablage. Nicht mal einen Meter von meinem Kopf ent-*

fernt! Sie schaute mich von oben an, als wolle sie mir etwas sagen. („So nahe" dachte ich fasziniert.) Sie verweilte und wir beobachteten uns. Ich schickte ihr ein Bild, wie sie durch die Balkontür hinaus in die Sonne, in die Freiheit flog. Sofort flog sie hinaus. Ab da baute das Schwalbenpaar auf der Deckenlampe des Balkongiebels."

Daniela Marx: „*Meine Mutter hat mir anfangs nicht geglaubt. Aber ich konnte ihr bei ihrem neuen Hund helfen. Sie hat einen Spitz aus dem Tierheim, der sehr aggressiv gegenüber Besuchern ist. Er bellt und hat meinen Bruder sogar in die Schuhe gebissen. Ich fragte ihn, warum er das tut, und er sagte, er müsse meine Mutter beschützen! Ich habe ihm erklärt, inwieweit sein Schutz angemessen ist, und seitdem ist er einigermaßen nett zu den Personen, die meine Mutter ihm als ok „vorstellt". Das hat meine Familie schon ein bisschen überzeugt! Auch dem Pferd einer Stallfreundin konnte ich helfen. Ihr Wallach hat immer mit den Vorderbeinen gegen die Tür vom Offenstall geschlagen, so dass er eine Gelenkentzündung bekam und dadurch lahmte. Ich fragte ihn, warum er das tut, und bekam ein Bild von dem anderen Pferd der Freundin zu sehen. Ich dachte erst, dass das nichts Brauchbares wäre, aber meine Freundin kam dadurch darauf, dass er das immer dann tut, wenn sie etwas mit ihrem anderen Pferd macht. Also habe ich ihm erklärt, dass seine Besitzerin sich um ihn genauso gut kümmert und dass seine An-die-Tür-Schlägerei keinen Einfluss auf sie hat. Seitdem lässt er es."*

Bärbel Jürgens: „*Ostersonntag bin ich mit dem Fahrrad und Ari (unser Hund) an der Leine durch die Feldmark zu Bekannten gefahren. Mir begegneten zwei Mädchen, etwa zehn Jahre alt, mit ihren Hunden. Einer davon war Aris Freund Zorro, den anderen kannte ich nicht. Normal wäre gewesen, dass Ari, weil sie zur Zeit krankheitsbedingt nicht von der Leine darf, wütend kläffend an der Leine gezerrt hätte. Zorros Reaktion wäre nicht minder heftig ausgefallen. Die beiden Mädchen wollten mir Platz machen, der dritte*

Hund legte sich jedoch mitten auf den Weg. Seine junge Besitzerin fing daraufhin an, den Hund aufs Unflätigste zu beschimpfen; Sch ...köter gehörte noch zu den harmloseren Wörtern.
Ich rief ihr dann zu, sie solle gefälligst ihren Hund nicht so beleidigen, der wäre da nämlich sehr traurig drüber und sie würde ja auch nicht wollen, dass man so mit ihr redet. Und außerdem, sagte ich ihr, werden sich die Hunde sowieso benehmen. Und jetzt kommts: Der andere Hund stand auf und ging zur Seite. Alle drei benahmen sich wie die Engel, kein Gekläffe, kein Gezerre, nichts ... Ari ging artig mit mir weiter, die beiden anderen warteten geduldig, bis wir vorbei waren. Die beiden Mädchen waren baff und ich denke, sie haben genug Stoff zum Nachdenken bekommen. Die drei Hunde wussten jedenfalls, davon bin ich überzeugt, dass diese Erziehungsmaßnahme wichtig war und haben mir dabei geholfen."

Christel-Maria Burzeya: *„Schon seit einiger Zeit (bestimmt anderthalb Jahren) spiele ich mit meinen Pferden „Nichts tun", wenn sie sowieso Siesta machen, einfach mit in den Stall stellen und entspannen, nicht begnabbeln lassen, nur da sein. Seit ich Nadine habe (seit Mai 2001) habe ich auch ein „Kuschelpferd", wir stehen zusammen und ich kraule sie und sie genießt es entspannt. Jerry allerdings ist ein Pferd, welches sich sehr ungern anfassen lässt und mich auch nur mit angelegten Ohren und nur widerwillig im Stall geduldet hat. Es ist ein Offenstall und er könnte jederzeit gehen. Seit ich mich mehr mit der Telepathie beschäftige und deinen Kurs besucht habe, habe ich mal versucht, bewusster mit ihnen zu kommunizieren, während wir herumstehen. Nadine weiß, dass ich sie gerne habe und ich es genieße, sie kraulen zu können. Ich wäre auch Jerry gerne so nah. Heute habe ich wieder mit ihnen im Stall gestanden und Jerry stand halbwegs entspannt neben mir und Nadine. Ich habe mich erst nur mit Nadine beschäftigt, weil sie auch eifersüchtig wird. Also habe ich im Stillen mit beiden gesprochen, dass ich gerne auch Jerry so nah wäre und dass Nadine ihn nicht wegbeißen* *soll, wenn er sich nähert. Daraufhin schaute er mich an, dann kam er ganz vorsichtig näher und schnupperte in meinem Gesicht, seine Ohren spielten, er zog an meinem Pullikragen, das durfte er natürlich nicht und ich trieb ihn weg. Ich versuchte nochmal, dass er sich mir näherte, dann sah ich schon, wie er mit den Augen rollte und anfing zu gähnen. Er kam wieder ein Stück näher. Ganz vorsichtig beschnupperte er mich wieder im Gesicht, und blieb dicht bei mir stehen. Ich wollte ihn nicht überfordern und war tierisch glücklich über diese Nähe. Auch Nadine verhielt sich superlieb und wir standen eine Weile zusammen und sie kauten und gähnten abwechselnd. Für mich war dies ein wirklich schönes Erlebnis, obwohl auch ich noch auf den „Kleinen Mann im Ohr“ warte.“*

Und dann? Dem Tier praktisch helfen! Zeit des Handelns

Mentales Training für Reiter

Wie siehst du aus, oh Mensch?

Dem Tier mithilfe des sechsten Sinnes praktisch helfen – und das Kapitel fängt mit dem Menschen an? Ja, sicher! Wie immer müssen Sie zuerst vor der eigenen Haustür kehren. Sie erfahren durch Telepathie beispielsweise, dass Ihr Pferd das eine oder andere körperliche Problem mit seinem Bewegungsapparat hat. Sie holen einen Chiropraktiker oder Physiotherapeuten – doch das Problem kehrt wieder. Warum?

Ein Pferd ist immer ein Spiegel seines Besitzers – mitunter auch physisch. Hundeleuten sagt man nach, dass sie ihren Vierbeinern im Lauf der Jahre ähnlicher werden. Die Frage nach dem Huhn und dem Ei und wer zuerst da war. Und genauso ist es leider auch oft mit den Zipperlein unserer Pferde. Das ist also der Grund, warum Carola sich für Ihre schiefe Hüfte, Skoliose, Bewegungsmuster und sogar Ihre Schreibhand interessiert:

„Wir haben alle unsere Wehwehchen, unsere Schiefheiten, Veranlassungen, uns auf die eine oder andere Art zu bewegen.

Genau wie alle anderen Lebewesen haben auch wir Menschen ein Bewegungsmuster. Es kann durch verschiedene Ursachen gestört werden, wie Traumata, verschiedene Ereignisse, Knochenbrüche, Stauchungen, Dehnungen, etc. Unsere Art, wie wir sind und uns bewegen, führt sich im Körper des Pferdes fort, das wir reiten oder fahren. Stell dich vor einem Spiegel auf, mit zehn Zentimeter Spielraum zwischen den Füßen, ganz gerade.

Lass den ganzen Körper locker, aber steh trotzdem aufrecht. Der Körper ist von Anfang an dazu geschaffen, gerade zu sein, auf alle Fälle danach zu streben, gerade zu sein. Wenn du jetzt auf deine Schultern schaust, kannst du sehen, dass die rechte Schulter (falls du Rechtshänder bist), ein bisschen gesenkt ist, und wenn du deine Arme ausstreckst und die Länge vergleichst, kannst du feststellen, dass der rechte ein klein wenig länger ist. Wenn du Linkshänder bist, kann es sein, dass du linksseitig ein wenig niedriger bist, aber nicht immer. Manchmal ist es auch bei dir die rechte Schulter. Warum ist das denn dann so?

Jetzt gehen wir ja von der Tatsache aus, dass du ein Reiter bist, es geht also um deinen Reiterkörper.

Als Rechtshänder wendest du die gesamte rechte Seite deines Körpers mehr an und belastest auch die entsprechenden Muskeln mehr. Das führt zu einer Ausdehnung und erhöhtem Volumen der Muskelmasse auf der rechten Seite. Sie wird also größer und länger.

Wenn du Linkshänder bist und ein Pferd reitest, das lange von einem Rechtshänder geritten wurde, wird dein Körper nach den Schiefheiten des Pferdes geformt.

Das Pferd ist durch den Reiter rechts überbelastet. Und wenn du als linkshändiger Mensch das Pferd reitest, entstehen Probleme, meist für dich.

Das hat zur Folge, dass du beim Pferdekauf die Probleme des vorigen Reiters mitkaufst. Denn das Pferd hat sich an die Bewegungsmuster des alten Reiters angepasst und nachdem sich Muskeln am liebsten so bewegen, wie sie es gewohnt sind, fahren sie noch eine ganze Weile damit fort, so zu arbeiten „wie gewöhnlich“. Obwohl du als Linkshänder dich sowohl anders bewegst als auch anders denkst und das Pferd auch anders belastest.

Diese Theorie ist im Augenblick noch nicht wissenschaftlich bewiesen, aber diverse Professoren, die sie für plausibel halten, wollen sie genauer untersuchen.

Beispiel 1: Ein anfangs gleichmäßig ausgebildetes, gerades Pferd mit gleichseitigen Belastungen und ohne Probleme oder bekannter Krankheitsgeschichte bekommt Reiter Nummer eins – eine normale Frau ohne nennenswerte Traumata oder Wehwehchen im oder am Körper in den Sattel.
Diese Frau reitet das Pferd ein halbes Jahr lang ohne Probleme oder Beschwerden. Ihr Sattel ist ans Pferd angepasst und war von Anfang an ebenmäßig. Plötzlich fängt das Pferd an, sich komisch zu benehmen. Es ist unwillig, übellaunig, sauer, schlägt mit dem Kopf, kann keine gerade Spur halten, setzt die Reiterin mehr auf die linke Seite hinüber und die Reiterin muss ständig mit dem rechten Bein ausgleichen und sich zurechtrutschen.
In manchen Fällen geht es sogar so weit, dass man irgendwann akzeptiert, rechts ein Loch länger zu schnallen.
Plötzlich lahmt das Pferd mit einem Vorderbein, sehr oft ist es das linke. Das Pferd wird in die Klinik gefahren, und wenn man das nicht im ersten Stadium macht, wird das Pferd auch auf der anderen Seite lahm. In der Klinik wird die Beugeprobe gemacht und es werden Entzündungen festgestellt, vermutlich in mehr als nur einem Gelenk. Das Pferd wird behandelt, Medikamente in die betroffenen Gelenke gespritzt. Das Pferd wird mit der Anweisung, es zu schonen und eventuell wieder vorzustellen nach Hause geschickt. Bleibt unsere Frage, wie das damit zusammen hängt, dass die Frau Rechtshänderin ist.
Das Pferd wird geschont und dann noch einmal in der Klinik vorgestellt. Dies Mal lahmt es nicht. Die Reiterin nimmt es mit nach Hause und fängt mit langsamem Schrittreiten wieder an. Eine Zeit lang geht es gut, vielleicht einen ganzen Monat lang, dann fängt das Pferd wieder an, sich unruhig zu bewegen, als ob es sich nicht wohl fühlt in seinem eigenen Körper. Die Frau bringt das Pferd wieder in die Klinik. Untersuchungen und Behandlungen gehen von vorn los, diesmal wird eventuell auch geröntgt, um Ablagerungen oder andere Verletzungen auszuschließen, die man nicht mit bloßem Auge

erkennen kann. Aber zum Glück findet man nichts. Die Frau nimmt ihr Pferd wieder mit nach Hause und jetzt sind sie in einem Teufelskreis.

Was ist da geschehen?

Die rechtshändige Frau hat, wenn sie die Zügel fasst, ein Problem. Sie versucht, die Zügel gleich zu halten, aber das ist schwer, weil der rechte Arm länger ist. Wenn auch nur für einen Zentimeter, so stellt sie das Pferd doch automatisch im Hals nach rechts ab, wenn sie die Arme nachkorrigiert und die Zügel ausgleicht, indem sie den rechten Arm ein bisschen zurücknimmt.

Was da passiert, ist, dass sie gleichzeitig auf dem Pferd rechts schwerer einsitzt, und das Pferd schiebt sie darum nach links. Also setzt sich die Frau wieder zurecht und wird dabei gleichzeitig erneut rechtslastig. Da tritt das Pferd automatisch mit dem rechten Hinterbein vor um den Rücken zu stützen, und in all den unendlichen Versuchen, dem Reiter aufzuhelfen, überarbeitet das Pferd die rechte Seite und das rechte Hinterbein, oft mit einer kleinen Drehung, um das linke Vorderbein zu kompensieren, das auch ganz plötzlich etwas überarbeitet wird.

Dies alles schiebt den oberen Teil des Beckens (die Hüfte) nach vorn, Stück für Stück, und schafft eine Schiefe im Iliosacralgelenk auf der rechten Seite. Der Schmerz, der dabei entsteht, lässt das Pferd dann meist mit Unwillen und „Bockigkeit" reagieren.

Was da geschieht, nachdem das Pferd angefangen hat, das linke Vorderbein zu belasten, ist, dass es das Bein mit der rechten Seite des Halses ausbalanciert, um sich tragen zu können. Also fängt es die Stöße mit dem Hals auf, schießt sich dabei oft den dritten und vierten Halswirbel nach rechts raus und bekommt eine Blockade zwischen Atlas und Occiput auf der linken Seite, die zu einer Blockade im Kiefer auf der rechten Seite führt.

Was da passiert, ist, dass eine Spannung wie ein Pingpongball von der rechten Hinterhand durch die Lenden, hinunter ins linke Vorderbein hinauf in die rechte Halsseite, den Nacken hoch und den

Kiefer hinunterschießt. Pingpongeffekt ist ein guter Name für dieses Phänomen.

Ich habe im Lauf der Jahre alle Pferde, die ich behandelt habe, genau beobachtet und miteinander verglichen. Es zeigt sich prozentual eine hohe Zahl Pferde mit sehr ähnlichen Belastungen. Ich kann derzeit die Problematik im Pferd und mit dem Reiter fast voraussetzen, bevor ich im Stall ankomme, um das Pferd zu behandeln. Gewiss kann mich das als Therapeuten ein bisschen ignorant machen, aber die Wahrheit ist weit davon entfernt. Ich bin vollkommen leidenschaftlich und hingebungsvoll in meinem Beruf. Ich nehme es mit größter Verantwortung und sehe mir jedes Pferd eindringlich an, versuche zu verstehen, versuche die wirkliche Ursache der Symptome zu finden.
Ich weigere mich, mich damit zufrieden zu geben, dass das Pferd dumm sein soll oder gemein, es gibt immer eine Antwort, und wenn ich sie nicht finden kann, habe ich keine Angst, andere Spezialisten mit hinzuzuziehen. Zum Beispiel arbeite ich hervorragend mit meiner guten Freundin Ingela Mauritsson zusammen, die als Osteopathin im Humanbereich arbeitet. Eine solche Zusammenarbeit ist unschätzbar für uns Pferdetherapeuten, weil wir uns nie damit zufrieden geben können, nur das Pferd zu behandeln. Wenn man das glaubt, sollte man umdenken. Es gibt immer eine Antwort, die man im Körper des Reiters findet – Gleichheiten, die man vergleichen kann, manchmal wie ein klares Spiegelbild.
Wir Menschen pflanzen unseren Tieren mehr Wehwehchen ein, als wir zu glauben wagen. Manchmal, wenn der Besitzer die Krankengeschichte liest, ruft er erstaunt auf: „Huch, aber das ist ja das gleiche Problem, das ich auch habe!“
Bevor wir von unserem Pferd irgendeine Leistung einfordern, sollten wir unsere eigenen Probleme ausschließen, nicht nur die physischen, sondern auch das, was wir mit uns tragen in unseren Gedanken und unseren Erinnerungen.

Ruhe im eigenen Inneren finden

Wie findet man Ruhe im Innern seiner selbst? Wie kann man im Alltag, wenn sich alles um einen herum nur noch dreht und kreiselt, damit rechnen, überhaupt irgendwo *Ruhe zu finden?*
Man sollte damit rechnen, und nicht nur das, man soll es fordern, nicht zuletzt von sich selbst. Einen eigenen kleinen Ort zu haben, wohin man gehen kann, ist wertvoll, aber nicht alle haben diese Möglichkeit, irgendwo hinzugehen. Also warum nicht eine schöne, kleine Oase in uns selbst schaffen?
Sich täglich fünf Minuten Zeit zu nehmen, um in sein Inneres zu schlüpfen, nur zu sein, einen inneren Raum zu schaffen, wo man genau das macht, was einem behagt, ohne dass es jemand anders sehen kann, natürlich klingt das gut!
Setz' dich hin und entspann dich. Nimm drei tiefe Atemzüge, setz dich wirklich bequem hin und achte darauf, dass du weder Arme noch Beine oder Finger überkreuzt. Sich hinlegen ist natürlich genauso okay, obwohl das Risiko, dass du dann einschläfst, ein bisschen größer ist ...

Fühle, dass du in deiner Mitte bist. Versuche deinen Mittelpunkt zu finden, indem du eine Lichtkugel in deinem Kopf rundherum bewegst, bis du fühlst, dass du den Punkt jetzt genau richtig gefunden hast, an dem die kleine Lichtkugel still liegen bleibt.
Fühle, wie du dein ganzes Äußeres mit hineinnehmen kannst und durch jede einzelne Pore deines Körpers in deinen Mittelpunkt schlüpfst und in die Kugel. Die Kugel kann so groß werden, wie du willst.
Jetzt hast du die vollkommene Freiheit, hier im Inneren genau das zu erschaffen, was du nur willst. Eine gute Idee ist es, sich Stille zu erschaffen. Als Nummer zwei kann man gute Energie entstehen lassen, so dass du automatisch mit Energie aufgeladen wirst, sobald du in deine Mitte schlüpfst. Als Fortsetzung kannst du die kleine Höhle

in der Mitte ganz nach deinem Geschmack einrichten. Ich habe sogar Gardinen bei mir, und Ästhet wie ich bin, sind sie Ton in Ton mit den Wänden, die sind aus Gold.
Ich reise sehr viel und gerade bei langen Zugreisen, wenn ich wirklich ganz in Frieden bin, wende ich diese Technik an. Teils, damit die Zeit schneller umgeht, teils, um die Batterien aufzuladen, Kurse zu planen, von meinem fantastischen Leben zu träumen, etc.

Eine andere Variante ist es, in die Natur hinauszugehen, da wirst du auch automatisch mit Energie angefüllt, gleichzeitig kann man die Chance wahrnehmen, mit Tieren zu kommunizieren, mit Pflanzen, Bäumen, Wolken. Ich habe ein Lieblingsgespräch, schon seit ich klein war, und zwar mit den Wolken. Ich stellte mir vor, wie ich die Wolken umformen konnte, sie dazu bringen konnte, sich zu bewegen und über den Himmel zu spielen. Heute bin ich sicher zu erwachsen und grau, um das zu schaffen, und die Wahrheit ist wohl, dass ich nicht mehr die reine und starke Energie habe, die Kinder auszeichnet.

Bäume sind in meinen Augen die stärksten Energieauflader.
Wenn du noch nie einen Baum umarmt hast, dann ist es höchste Zeit. Lass alle Hemmungen beiseite, umarme lange und intensiv, verschmelze mit dem Baum und lass dich aufladen, auffüllen – ein fantastisches, unbeschreibliches Gefühl.

Bildmalmeditation

Ein Ziel zu haben und erreichen zu wollen, einen Wunschtraum, ein Streben, zu fühlen, dass man etwas erreichen kann, was man sich vorgenommen hat – welch wunderbares Gefühl!
Was wir dabei oft falsch machen, ist, dass wir zu hohe Ansprüche stellen, sowohl an uns selbst als auch an unser Pferd. Wir tragen ein perfektes Bild in uns, wie wir uns vorstellen, dass die Dinge sein sollen, und auf dem Weg dahin brennen wir uns entweder aus

oder schlagen kapital fehl aufgrund unserer zu hohen Erwartungen.
Sich kleine Teilziele abzustecken, leicht zu erreichen, aber genauso stark im Bild, gleichstarkes Streben mit ebenso großer Sehnsucht, ermöglicht uns ein häufigeres Gelingen und spornt uns zum Weitermachen an, noch emsiger als vorher.
Es ist herrlich, wenn einem etwas gelingt, das finden alle! Wer hat gesagt, dass man die Spitze direkt erreicht?
Wenn man seine Teilziele Stück für Stück einsinken und sich stabilisieren lässt, wenn man selbst dazwischen Luft holt, sich einholen lässt und dann wieder loslegt, wird das Ziel danach noch leichter zu erreichen sein. Halte dir deine Etappenziele vor Augen, mal sie dir auf ein Stück Papier und träume ein wenig, aber behalte das realistische Denken bei und die Füße auf dem Boden der Tatsachen. Setze dir dein großes Ziel, und mach Kästchen mit den einfachen Etappenzielen auf dem Weg dorthin. Du ahnst gar nicht, wie stolz man auf sich selbst sein kann, wenn man die Kästchen rot auskreuzen kann und so richtig sehen, erleben kann, wie man sich mit Sturmschritten dem großen Ziel annähert.

Hier kommt eine ganz einfache und leichte Meditation, die Sie ebenso gut in der Badewanne wie draußen im Wald oder vor dem Fernseher machen können:

Atme. Sitz bequem oder leg dich hin, je nachdem, was bei dir besser funktioniert. Überkreuze keine Körperteile, entspann dich. Atme wieder. Denk dir, dass du Lichtenergie einatmest, reine Energie, und fokussiere darauf, alle übrig gebliebene, verbrauchte, alte und negative Energie auszuamten. Rein mit dem Licht, raus mit dem alten und dunklen. Lange, ruhige Atemzüge. Nimm dir ein paar Minuten, nur deine Atmung zu fühlen. Fokussiere auf dein nächstes Ziel. Fühle, dass du bereits da bist, dass es dir bereits geglückt ist. Fühl dich ein! Du hast es geschafft! Du kannst es!

Fokussiere mit Licht auf alle Details, die dir Energie schenken, noch einen Schritt höher zu gelangen, noch eine Etappe näher ans Ziel. Fühle da hin und schenke positive Energie dazu, schenke Licht, sieh die ganze Situation in fließendem Licht, atme Licht ein und bade in Licht. Glaube daran! Wisse, dass du fähig bist dazu, fühle, wie es sich anfühlt, wenn es dir geglückt ist. Fühle die Süße des Sieges. Gewiss liebst du das Gefühl des Fortschritts!

Nimm ein paar tiefe Atemzüge, atme mit Licht aufgeladene, neue Energie und puste alle verbrauchte und negative Energie heraus.

Fühle dich ein rund um dein Etappenziel herum, versichere dich, dass alle Hindernisse beseitigt sind, gieße Licht auf alle Hindernisse und Gegensätze, lade alle negativen Aspekte auf eine Reise ins Licht ein. Lass alles Negative da sein, lass es im Weg sein, aber nicht in deinem! Nicht hier! Nicht jetzt! Du kommst wunderbar an allen Hindernissen vorbei.

Glaub an alles, was du dir erschaffst, Glaube ist eine schaffende Kraft. Wisse, dass dir das gelingt, was du schaffen willst, glaub an dich selbst. Nimm noch ein paar tiefe Atemzüge, zähle langsam bis zehn, nimm dir ein Lächeln und ein bisschen Licht mit nach draußen, schenk es jemandem, der es braucht, warum nicht deinem Spiegelbild …

Je detaillierter du deine mentale Arbeit gestaltest, desto effektiver wirst du in deiner Arbeit, deine Ziele zu erreichen. Je mehr du planst, desto vorbereiteter bist du. Überlasse nichts dem Zufall, werde nicht zu einem „Oh je, das hab ich vergessen"-Opfer.

Sei sorgsam und lass deine inneren Arbeiten, deine Meditationen und Affirmationen gut durchdacht sein, um dich vor unbehaglichen Überraschungen zu bewahren. Deine Affirmationen, das heißt deine positiven Gedanken mit viel Kraft, kannst du zusammen mit deinem aufgezeichneten Plan aufbewahren und gönne dir für jede Etappe ein paar Sätze wie zum Beispiel: Wir schaffen die Reitbahn! Yes! Es gelingt mir! Ich habe den Sieg bereits! Ich schaffe die ganze Strecke. Wir sind so gesund!

Ein guter Führer gibt Sicherheit für beide.

Hier ist klar, wer der Stärkere ist. Diesen beiden fehlt Sicherheit.

Eine richtige Herde: Schön zu erkennen, dass alle Pferde verwandt sind.

Ein ängstliches Pferd braucht es, wie ein Fohlen neben dem Menschen laufen zu dürfen, um sich sicher zu fühlen.

Wenn du mit einem Partner zusammenarbeitest, in deinem Fall vielleicht mit einem Pferd, hast du noch eine Verantwortung mehr, nämlich, dass ihr auf demselben Niveau seid. Oft, leider zu oft, sieht man, dass Pferd und Reiter nicht im Einklang sind, manchmal ist das Pferd weiter als der Reiter, manchmal umgekehrt. Arbeitet im Team, nicht jeder für sich, hab dieselben hohen Ansprüche an dich selbst, die du an dein Pferd hast!!! Hast du eine gute Kondition? Nein, aber du forderst, dass dein Pferd sie haben soll. Bist du mental auf alles eingestellt, wenn ihr ausreitet? Nein, aber du forderst, dass dein Pferd es sein soll! Bist du durchtrainiert, sowohl körperlich als auch psychisch vor der nächsten Turniersaison? Nein, aber du forderst, dass dein Pferd ... usw.
Schließe euch beide in dein Etappenziel mit ein, gestalte euer Training mit Freude, stell angemessene Ansprüche an euch, und warum nicht mit deinem Pferd zusammen meditieren! Ein wunderbares Gefühl, herrlich, wenn du es noch nie erlebt hast, ist es Zeit!

Ängste und Blockaden auflösen

Gestatte dir selbst das Wagnis allein zu sein.
Lass den Klammergriff an die Wirklichkeit da draußen locker, wage es, einen Schritt nach innen zu tun, lerne dich selbst kennen.
Wer bist du? WARUM HAST DU DIESE BLOCKADEN?
Welche Erinnerungen bewirken, dass du dich verschließt?
Erinnerungen sitzen tief im Körper verankert und formen dich sowohl als Mensch als auch als Reiter. Gehe in dich und wage, dich zu ERINNERN.
Indem du dich erinnerst, lässt du die Blockaden an die Oberfläche dringen, mit denen du arbeiten musst, um sie gehen zu lassen, um sie loszuwerden. Bearbeite sie, werde Freund mit ihnen, erinnere dich, wage zu fühlen, erkenne, dass du DIE MÖGLICHKEIT HAST, sie loszuwerden.
Um etwas loslassen zu können, muss die Trennung so schmerzfrei wie möglich sein.

Beispiel: Verschiedene Traumata, die du verabschieden solltest, um ein guter Reiter zu werden. Dazu zählen:

- *Alle Arten von Brüchen oder alle anderen äußeren Beeinflussungen, die bewirkten, dass du ein Krankheitsbild hattest oder hast.*
- *Stürze aller Art, die zur Folge hatten, dass du dir auch nur das kleinste bisschen physisch weh getan hast.*
- *Konfrontationen im Umgang mit dem Pferd.*
- *Unfälle im Zusammenhang mit dem Pferd.*

Die Voraussetzung, dass du frei wirst von solchen Erinnerungen, ist, dass du davon frei sein WILLST.
Wenn man das Trauma als Entschuldigung nimmt, um etwas zu vermeiden, ist es noch schwieriger, es loszulassen. Oft möchte man auch gar nicht loslassen.
Ein Beispiel dafür kann sein, dass man sich vielleicht nicht traut zu galoppieren. Eine Grenze, die viele ängstliche Reiter haben, obwohl es eigentlich leichter ist, auf einem galoppierenden Pferd sitzen zu bleiben als auf einem trabenden.
Ein anderes Beispiel kann sein, dass man sich nicht aufzusteigen traut, wenn niemand das Pferd festhält.
In beiden Fällen erwartet der Reiter, dass etwas Gefährliches passiert, und wenn das, was geschehen kann, bereits geschehen ist, gibt es ja ein glasklares Bild von der Situation.
Dieses negative Bild einprogrammiert zu haben, das Gefühl von dem, was geschehen ist und wie es passierte, zu haben ... wie es sich anfühlte, wie weh es tat und wie viel Angst du hattest, ist vernichtend.
Die Frage ist, wie du es je wieder wagen sollst.
Als erste Voraussetzung sollst du WOLLEN.
Dann musst du es wagen. Und damit meine ich nicht, aufzusitzen oder zu galoppieren, sondern wagen, die Begrenzungen loszulassen, die dafür sorgen, dass du diese Erinnerung behältst.
Noch mal von vorn anzufangen und einen Mentor zu finden.
Bitte eine Person, der du vollständig vertraust, dein Mentor zu werden.

Lass dich von dieser Person zu Anfang einen Tag lang begleiten bei deinen täglichen Verrichtungen beim Pferd. Auch beim Striegeln, Füttern, etc. Es ist wichtig, dass du hundertprozentiges Vertrauen hast und nichts davon infrage stellt, was diese Person macht oder sagt. Dies ist ein Beispiel, wie ihr zusammenarbeiten könnt und wie ein Trainingsplan gegen deine Angst aussehen könnte:

Setzt euch zusammen und redet. Schreibe eine Liste über das Positive und das Negative daran, ein Pferd zu haben. Alle Sachen, die du nicht willst oder kannst oder dich nicht traust. Diskutiere die Liste und sei ehrlich mit dir selbst, ob du dir von ganzem Herzen vorstellen kannst, an diesem Problem zu arbeiten oder ob du ganz einfach aufgeben möchtest. Schreibe detailliert auf, was es ist, dass du dich verspannst und Angst bekommst. Etwa, ob du heruntergefallen bist und dir die Hüfte angeschlagen hast. Dann bist du ja nicht einfach „nur" gestürzt, sondern hast dich verletzt. Bist du behandelt worden? Warst du deswegen bei deinem Osteopathen oder Masseur, um die dabei entstandenen Verspannungen zu lösen? Falls nicht, dann ist es Zeit. Ein Osteopath kann sehen, welche physischen Erinnerungen du mit dir herumschleppst, und ist eine unschätzbare Hilfe auf der Suche nach einem gesunden Körper.
Folge deinem Mentor und sei anspruchslos bei allem, was du tust im Umgang mit deinem Pferd, schau, nimm in Augenschein, sieh, fühle, sei einfach! Wenn dir danach ist, dein Pferd zu streicheln, dann tu es, wenn nicht, dann lass es sein.
Nur dadurch, dass du eine Pferdeherde studierst, kannst du dich in die ruhige Harmonie mit hineinversetzen lassen, die oft in einer ausgeglichenen Herde herrscht. Setz dich einfach hin und beobachte, folge jeder kleinen Bewegung in der Herde, so bekommst du ein tief gehendes Verständnis dafür, warum Pferde das tun, was sie tun.
Pferde sind keine bösen Tiere, sie haben immer einen Grund für ihr Verhalten. Indem du das Verhalten des Pferdes kennen lernst, verlierst du auch die Angst. Verständnis, Kenntnis geben Einsicht und

geben dir Erklärungen, die notwendig sind, um die Angst zu verlieren.
Ich liebe es, einfach dazusitzen und eine große Herde eine längere Zeit zu beobachten, am liebsten ein paar Stunden lang ... einfach sehen dürfen ... wie die Leitstute Befehle austeilt, wie die Rangniedrigen vor den anderen weichen, wie die Arbeit erledigt wird und wie die Aufteilung der Arbeitsaufgaben erfolgt.
Es ist wichtig zu verstehen, dass das Pferd uns eigentlich nichts Böses will, aber wenn wir missverständliche Signale geben, nutzt das Pferd das aus, um im Rang zu klettern. Wenn wir die Aufmerksamkeit eines Pferdes wecken, wenn wir zum Beispiel etwas von einem Pferd möchten, sollten wir uns dessen bewusst sein, dass wir in derselben Sekunde seine Pferdewelt betreten und uns dementsprechend verhalten müssen.
Wenn wir möchten, dass das Pferd uns gehorcht, sollten wir uns wie ein Leittier verhalten. Stell dir vor, wir stoßen auf eine Leitstute, eine Stute, die aus Gewohnheit Befehle gibt, und dann kommst du und gibst plötzlich IHR einen Befehl. Das kann so oder so enden. Mit Pferden zusammenzusein und sich in ihr feines System einzuklinken, ist eigentlich eine Voraussetzung dafür, auf vernünftige und für beide Partner gerechte Art und Weise mit ihnen umgehen zu können.

Wenn du Hilfe wegen deiner Angst suchst, sei damit zufrieden, dass dir der Mensch, der dir helfen soll, all das Grundlegende erklären kann, wie du die verschiedenen Positionen in der Herde wieder erkennst, wie unterschiedlich du damit umgehen sollst, mit wem du mehr Geduld haben musst und bei wem du gleich zur Sache kommen kannst.

Mit Hilfe der Telepathie

Es ist eine große Hilfe, wenn man weiß, dass man sich gedanklich eines wichtigen Hilfsmittels bedienen kann. Du sollst daran denken, was du denkst! Wenn du von Situationen ausgehst, die erschreckend sind, werden erschreckende Sachen passieren. Wenn du dir in Gedanken ausmalst, wie ruhig und freundlich deine Begegnung mit dem Pferd wird, dann wird sie genauso. Eigentlich nicht so schwierig, wenn wir Menschen nur nicht so daran gewöhnt wären, negativ zu denken.

Wir gehen immer davon aus, was passieren kann, vom negativen Blickwinkel.

Wir sollten uns für unsere komplette Art zu denken angewöhnen, es genau umgekehrt zu halten. Geh davon aus, dass das, was passiert, positiv ist, denk positiv, fokussiere positiv!

Erschaffe dir Bilder, die zeigen, was du erreichen willst, wie du willst, dass die Sachen sein sollen, denke die ganze Zeit auf diese Weise – unter der Voraussetzung, dass du davon überzeugt bist, dass es so wird.

Wenn du zum Beispiel denkst: „Ich frage mich, ob ich mich trauen soll, hier rein zu gehen, was, wenn sie nach mir schlägt und mich trifft?" Da schaffst du ein Bild in deinem Kopf, dass das betreffende Pferd dich schlägt. Dieses Bild fängt das Pferd auf, es spürt deine Verteidigungsstellung im Körper, die vorbeugende Verteidigung signalisiert und obendrauf riecht es, dass dich die Situation stresst. Das schafft eine negative Situation.

Fokussiere IMMER darauf, was nach DEINEM WILLEN passieren SOLL. Wenn du denkst: „Ich Will NICHT, dass das Pferd mich schlägt", passiert das Folgende: Das Pferd an sich kann genauso wenig wie jedes andere Individuum das Wort NICHT absorbieren. Du schaffst aber trotzdem ein Bild im Kopf von einem Pferd, das dich schlägt. Und schon ist die negative Gedankenbahn wieder in Gange.

Wenn ich meiner fünfjährigen Tochter sage: „Hüpf nicht auf dem Sofa!", sagt sie „Nein" und hüpft weiter. Das Wort „nicht" verschwindet und Moa hüpft weiter auf dem Sofa herum, weil ich ja das Bild davon im Kopf habe, wie sie, genau, auf dem Sofa herumhopst.

„*Trampel* nicht *auf mir herum!*" „*Sei* nicht *so zu mir!*" „*Geh* nicht *da hinein!*" „*Das ist* nicht *gefährlich!*"
Kommt dir das bekannt vor? Zu lernen, positiv zu formulieren, ist schwer, aber es ist absolut den Versuch wert. Karin hat das weiter vorn schon ausführlich behandelt und es ist direkt umsetzbar in Bezug auf die Pferde. Du bekommst die direkte Belohnung in Form eines aufmerksamen Pferdes, das dich ohne Verwirrung versteht, und es ist sicher viel besser, einen positiv denkenden Besitzer zu haben als einen negativ denkenden, der darüber hinaus noch das Gegenteil meint.
Durch Telepathie kannst du Situationen im Vorfeld vorbereiten, fokussiere darauf, was geschehen soll, zum Beispiel am Abend im Stall, beim Ausritt, morgens bei einer Konferenz, am Wochenende bei einer Reise, am Abend beim Essen. Nur du kannst dein Denken steuern, und warum da nicht voraussetzen, dass alles gut und positiv ist, harmonisch!
Mit der Telepathie kannst du also dein Pferd im Vorfeld beeinflussen. Lade die Situation mit positiver Energie auf und schicke Bilder davon, wie sich die Situation dann gestalten soll!!!
Wenn man Angst hat oder es einem schlecht geht, sind die negativen Gedanken ein Faktum, ein Teufelskreis, den zu durchbrechen schwer ist.

Wie kann man einen ängstlichen Menschen positiv beeinflussen?

Ich finde es interessant zu wissen, wie Tiere Menschen beeinflussen, denen es aus irgendeinem Grund schlecht geht. Diese Neugier führte dazu, dass ich einer guten Freundin, die Sozialwissenschaftlerin ist und sich sehr für Psychologie interessiert, ein paar Fragen stellte. Anna-Lena antwortete und teilte mir ihren Standpunkt mit, den ich für sehr nachdenkenswert halte.
Carola: Warum tun einem Tiere so gut?
Anna-Lena: Weil sie so einen beruhigenden Einfluss haben.

C: Nenne mir eine Situation, in der diese beruhigende Wirkung eines Tieres eingesetzt werden kann.
AL: Ein überaktives Kind kann ruhiger werden, dadurch dass es z.B. mit Pferden umgeht und eventuell reiten lernt. Die Hirnaktivität beim Kind sinkt, es wird ruhiger.
C: Tut der Umgang mit Tieren allen Kindern gut?
AL: Nein. Nicht alle Menschen mögen Tiere, das kann erlerntes Verhalten sein oder ein Erbe von den Eltern.
C: Könnten diese Menschen lernen, Tiere zu mögen?
AL: Das hängt davon ab, ob sie Angst vor Tieren haben oder diese nur nicht leiden können.
C: Also befürwortest du, dass alle Kinder mit Tieren umgehen sollten?
AL: Ja, alle Kinder sollten lernen, dass Tiere auch wertvolle Individuen sind.
C: Spielt es dabei eine Rolle, um welche Tiere es sich handelt?
AL: Eigentlich nicht, denn die Verantwortung ist dieselbe, aber besonders die Nähe und mit einem Tier schmusen zu können bedeutet viel. Am meisten für Menschen, die es schwer haben, ihre Gefühle zu zeigen. Manchmal ist es leichter, einem Tier positive Gefühle zu geben als einem anderen Menschen.
C: Glaubst du, dass man die Genesung von beispielsweise Depressionen vorantreiben kann, wenn man mit Tieren umgeht?
AL: Ja, wenn die Depression von leichterer Art ist.
C: Warum glaubst du das?
AL: Die Tiere können verhindern, dass du von einer leichteren depressiven Verstimmung in eine tiefe Depression abrutschst, weil du für dein Tier Verantwortung übernehmen musst. Das Tier an sich bedeutet dir sehr viel und ist die ganze Zeit für dich da, egal, wie es dir auch geht, weil das Tier nicht so viel von dir fordert, wie es ein Mensch tun kann.
C: Kann es für ein Tier auch nicht so gut sein, bei einem depressiven Menschen zu sein?

AL: Ja, denn die Grenze zwischen einem tief depressiven und einem leicht depressiv verstimmten Menschen ist haarfein und kann von einem Tag auf den anderen kippen. Da ein tief depressiver Mensch nicht einmal Verantwortung für sich selbst tragen kann, sollte es eine andere Person geben, die zur Hand ist und mithilft und die Tiere in einer solchen Lage unterstützt.
C: Was würdest du jemandem raten, der Angst vor Tieren hat, dem der Umgang mit beispielsweise Pferden aber sehr gut tun würde?
AL: Es gibt heute ja schon Therapien, die Tiere einschließen, wo die Therapeuten sukzessive den Menschen dazu bringen, seine Angst vor dem betreffenden Tier abzubauen. Aber wenn es sich nur um eine Unsicherheit handelt, kann man Hilfe von jemandem bekommen, dem man vertraut und der erfahren ist, der einen etwa mit viel Geduld Schritt für Schritt ans Pferd heranführt.
C: Kann man eine Depression verstärken oder vertiefen, wenn man jemanden zwingt, sich zu schnell einem Tier anzunähern, vor dem er oder sie Angst hat?
AL: Ja! Das ist gefährlich! Da befindet man sich in tiefen Gewässern. Und man sollte sich klar machen, dass die betreffende Person einen bleibenden Schaden erleiden kann.
C: Also ist es schlussendlich wichtig, Kenntnis davon zu haben, wie ein ängstlicher und/oder depressiver Mensch ist und funktioniert, um kompetent helfen zu können?
AL: Absolut. Es gibt viel zu viele Kurse, Vorträge, Versammlungen, Vorführungen, die heutzutage suchende Menschen anlocken. Einigen von ihnen geht es schlecht und sie werden von alternativen Wegen angezogen. Wenn so ein Mensch bei jemandem landet, der die Verantwortung für die Folgen nicht tragen kann, die entstehen können, wenn er die betreffende Person einem gewissen psychischen und mentalen Druck aussetzt – das kann katastrophale Folgen haben. Es ist wichtig, sich an Leute zu wenden, die ihren Beruf kompetent ausüben, die

Lebenserfahrung haben und eine ordentliche Portion Wissen, was die Natur und Struktur des Menschen betrifft.
C: Danke, dass du dir Zeit genommen hast.
AL: Keine Ursache, es ist wichtig, solche Informationen zu verbreiten.

Jennys Geschichte

Ich möchte einen Schritt weitergehen, darum bat ich eine andere Freundin zu erzählen, wie sie es schaffte, sich von ihrer Depression zu befreien – mit Hilfe eines Pferdes. Ich möchte dich, Jenny, fest umarmen und mich herzlich bei dir bedanken, dass du dich uns mitteilst:
„Alle, die jemals mit einem Tier Kontakt hatten, wissen, dass Tiere harmonisch sind und eine angenehme Ruhe um sich verbreiten. Ich habe mein Leben Pferden verschrieben. Ich sehe das Pferd als eines der hübschesten Geschöpfe an, das es gibt, und das nicht nur äußerlich, sondern auch innerlich betrachtet. Vor einigen Jahren wurde ich von einer sehr schweren Depression geplagt. Meine Welt brach ganz ohne Anlass auseinander, warum, weiß ich bis heute nicht. Während dieser Jahre der Krankheit um mich herum hatte ich als Rückhalt mein treues Pferd. Eine Stute, die in allen Situationen für mich da war, Tag und Nacht. Wir verbrachten die Tage zusammen, sie folgte mir wie ein treuer alter Freund. An den Tagen, an denen es mir am schlechtesten ging, fühlte ich keine Motivation zum Stall zu gehen, aber da war meine Seelenfreundin – die faktisch von mir und meinen Fähigkeiten abhängig war. Ich hatte keine Wahl und musste dorthin, egal, wie es mir ging. Feinfühlig wie Fabina war, spürte sie sofort, wenn es mir nicht gut ging. Dann kam sie mit ihrem Kopf und legte ihre Stirn gegen meine. Wenn es richtig heftig war, fing sie mich mit ihrem Kopf regelrecht ein, da sollte ich sie umarmen.
Auf diese kleinen Augenblicke kann ich heute mit Freude und Tränen in den Augen zurückblicken. Denn ich glaube nicht, dass ich

bis heute wirklich verstanden habe, wie viel sie für mich wirklich bedeuteten. Sie brachten mich dazu, wieder einen Tag zu bewältigen, einen weiteren Tag in meinem damals so sinnlosen Leben.
Tag und Nacht konnte ich zu meiner besten Freundin gehen, ich wurde stets mit Freude begrüßt. Ich wurde dafür geliebt, wie ich war, nicht wie andere dachten, dass ich sein sollte. Wenn ich gestresst war oder wenn die Furcht aufloderte, dann holte Fabina mich ziemlich schnell wieder auf den Boden zurück. Sie ließ mich ganz einfach nicht traurig sein, wenn ich bei ihr war, denn wenn ich dort war, sollte es wirklich schön sein. Sie brachte mich dazu, von neuem mit dem Denken anzufangen, denn in ihrer Nähe sollte Konzentration sein und nichts anderes. Wenn es nicht wurde, wie sie wollte, rutschte ich runter. Neue Anläufe, weitere Versuche – und das nächste Mal klappte es besser. Sie forderte all meine Aufmerksamkeit. Das war wohl die einzige Art, wie ich auf andere Gedanken kam und überhaupt anfing nachzudenken. Wenn man depressiv ist, wird man leicht unglaublich von sich selbst eingenommen. Aber das passte der betreffenden Dame überhaupt nicht.
Ich kann all die Liebe, die ich von ihr bekommen habe, nicht in Worte fassen. Nicht nur das Physische war von Bedeutung, sondern auch die Atmosphäre. Sie riechen zu können, in ihre klugen Augen zu sehen, einfach in ihrer Nähe sein zu dürfen – das machte mich froh. Auf ihrem Rücken zu sitzen und zu trainieren, war gut für uns beide, aber das war es nicht, was ich brauchte. Es war diese Nähe, die man nicht erklären kann, die Gefühle, die sie aus mir herausholte ... das war es, was ich brauchte. Viele Gedanken kamen in mir hoch im Zusammenhang mit den Besuchen bei ihr. Aus irgendeinem seltsamen Grund wurden sie bei ihr jedes Mal besser. Alles mit jemandem zu bearbeiten, den ich mochte, half viel mehr als alle Krankenhausaufenthalte zusammen. Fabina wiederum wusste, was sie machen musste und war mir immer treu, in allen Situationen. Der Stall war und ist meine Rettung hier im Leben. Ohne diesen Ort würde ich nicht an diesem Punkt im Leben stehen, wo ich

mich jetzt befinde. Noch heute habe ich ein Foto von meinem geliebten Pferd immer und überall dabei. Denn auch wenn sie nicht mehr am Leben ist, so gibt es sie doch noch in meinen Gedanken, und noch heute fühle ich dieselbe Ruhe, wenn ich sie anschaue, wie als ich mitten in der Krankheit steckte. Eine kurze Zusammenfassung dessen, was ich hier geschrieben habe könnte lauten: Ich habe es einzig und allein Fabina zu verdanken, dass ich noch am Leben bin.“

Jenny Hammargren

Nina und ihre Viererbande

Nina und ihre Mutter baten mich, gleich mit all ihren Tieren Kontakt aufzunehmen. Sie schickten mir Fotos von ihren drei Pferden Kenny, Lano und Isonia sowie von ihrem Hund Lenny. Hier ist ihr Kommentar zu den Texten.

„Bei Lano war extrem überzeugend, dass du uns von der Lombardei als seinem Geburtsland geschrieben hast. Tatsächlich ist er in Italien geboren, wo er ca. sieben Jahre mit seiner Maremmanoherde in freier Wildbahn lebte. Auch die sieben heißen Sommer hast du erwähnt. Und dies sind nun wirklich Hintergrundinfos, von denen du nichts hast wissen können. Eine Woche, bevor wir deine Post empfingen, machten wir uns Sorgen, weil er seine Möhren, die er sonst sehr mochte, übrig ließ bzw. unzufrieden daran herumschnupperte. Wir dachten schon, er hätte wieder ein Zahnproblem. Da wir dank dir erfuhren, dass er sich über den angefrorenen Zustand beschwerte, gab ich sie ihm einfach vor der Fütterung ins kochende Teewasser. Siehe da, Lano war überaus glücklich, dass wir seinem Wunsch nachgekommen waren, und schlemmte von nun an seine Karotten wieder genüsslich. Was mich sehr berührte, war, dass sein sozialer Charakter auch im Protokoll zum Vorschein kommt. Dass er ein sozial denkendes Pferd ist, wusste ich rein gefühlsmäßig schon, aber seine Sorge um die Schwachen, denen es in einer noch kommenden (mittlerweile natürlich tatsächlich gewesenen) Winterperiode zu kalt werden könnte, war extrem rührend. Seither bin ich

noch aufmerksamer und beobachte sein Verhalten innerhalb der Herde sehr oft und lange. Er verjagt nie Schwächere vom Futter, er bietet ihnen sogar Schutz vor anderen ranghöheren Herdenmitgliedern und er weist prinzipiell nur die Frechen, etwas zu Respektlosen zurecht.

Bei Kenny war es toll, wie genau er beschrieb, von wo und wie der Wind im Offenstall weht. Er kommt wirklich immer von vorne, seitlich. Extrem gut find ich auch, dass er seine Wünsche so klar zum Ausdruck brachte. Meine Mutti bemüht sich wirklich diese zu erfüllen. Sie beschäftigt sich erst seit zwei Jahren intensiv mit Pferden. Oft hatten wir kleinere und größere Dispute, weil sie weniger Wissen und Erfahrung hatte und sie aber trotzdem keine „neunmalklugen" Ratschläge von der Tochter (also von mir) annehmen konnte, mochte etc. Nun hat sie einiges direkt von ihrem Pferd erfahren und dies kann sie auch bedeutend besser annehmen und daran arbeiten. Vor einem Monat machte sie beispielsweise nun doch einen Sitzkurs und es machte ihr und ihrem Pferd sichtlich Spaß und tat den beiden verspannten Rücken sichtlich gut.

Das Protokoll von Isabelle war extrem interessant. Besonders Mutti und ich haben seither einen ganz anderen Zugang zu ihr gefunden. Oft deuteten wir ihre Art als bockig, zickig und wussten nicht recht, was sie bezweckt. Nun wissen wir, dass sie eine sehr feine, sensible Stute ist. Seitdem ich ihr auch ehrlich und vertrauensvoll entgegenkomme, können wir uns gegenseitig verständigen und das gemeinsame Arbeiten hat nun einen wunderbar harmonischen und erdigen „Beigeschmack". Dass sie ein hübsches Gesicht hat, bekommt sie wirklich oft zu hören ... von uns sowieso und auch von vielen anderen. Nun darf sie wieder bei ihrer Herde sein und sie bekommt von uns sehr viel Zuwendung und lange Putzeinheiten, die sie wahnsinnig genießt. Interessant war dann noch, dass sie ihre heimatlichen Koppeln genau beschrieb, leicht abschüssig etc., im Gegenteil zu Güssing, wo es nur flache Koppeln gab und wo das Foto von ihr entstand.

Durch die Protokolle ist es uns möglich, noch besser auf unsere Tiere einzugehen, auf ihre Wünsche so gut als uns nur möglich Rücksicht zu nehmen und ihnen generell ein angenehmeres Leben zu ermöglichen. Wir sind auch durch deinen Vorschlag wieder auf die Bach-Blüten gekommen. Mutti hat sich sogar einen ganzen Satz gekauft und es ist einfach herrlich. Auch für uns! Generell haben sich die Beziehungen zu unseren Tieren noch mehr intensiviert und wir sind viel sensibler geworden, was sie uns mitteilen wollen. Auf alle Fälle haben wir nun die Gewissheit, uns in Sachen Tierkommunikation weiterbilden zu wollen. Insgesamt hat sich unsere gesamte Lebenseinstellung und Haltung verändert. Danke für deine Hilfe!"

Nina Lux, Steyr, Österreich

Carolas Schule im Umgang mit Pferden

In unserem ersten Buch befassten wir uns mit dem Thema dominante Pferde. Hier möchten wir das Problem des ängstlichen, vorsichtigen Pferdes beleuchten, und wie leicht wir Angst mit Aufmerksamkeit verwechseln können. Wir alle wollen ein im Umgang einfaches Pferd haben, aufmerksam, willig und lieb. Aber – Carola bringt es mit einer Frage auf den Punkt: *„Die Frage lautet: Bist du das denn? Bist du selbst das, was du von deinem Pferd verlangst? Ein unsicheres Pferd kann gefährlicher sein als ein zorniges, denn bei einem Wütenden wissen wir ungefähr, was wir zu erwarten haben. Bei einem Unsicheren hat man nicht die leiseste Ahnung, was es als nächstes tun wird. Es folgt seinen Instinkten und dem Motto „Rette sich wer kann!"*

Den Unterschied zwischen einem ängstlichen und aufmerksamen Pferd erkennen

Der Unterschied ist markant, eigentlich kann man ihn gar nicht übersehen, wenn man wie ich den Vorteil hat, mit Tieren zu leben.

Das erleichtert es einem, die feinen Signale zu lesen, die genau diesen Unterschied ausmachen.
Ich wollte dieses Thema erst nur als Einschub behandeln, aber nachdem ich ein bisschen herumgefragt habe und Leute unterschiedlichen Alters die Frage beantworten ließ, was ein ängstliches von einem aufmerksamen Pferd unterscheidet, messe ich dem Thema eine wesentlich größere Bedeutung bei. Ich war über eine lebenswichtige Frage gestolpert!
Fangen wir mit meiner Antwort an: Auf den ersten Blick sieht es ähnlich aus, aber die Riesenunterschiede werden schon eine Sekunde später deutlich. Das aufmerksame Pferd atmet immer noch ruhig und ist geistesgegenwärtig, während es eventuell den Gegenstand seines Interesses betrachtet. Es traut sich, stehen zu bleiben, tut das auch und vertraut mir als Führer.
Ein ängstliches Pferd bläht in der selben Situation die Nüstern, tänzelt herum und „lädt“ Energie in seine Muskeln, um fluchtbereit zu sein. Es sperrt die Augen auf, damit ihm nichts in seinem Gesichtsfeld entgeht. Vielleicht fängt es an zu schwitzen, weil Adrenalin freigesetzt wird. Seine volle Aufmerksamkeit gilt dem Gegenstand seiner Furcht, es entsteht eine „Rette-sich-wer-kann-Situation“ und das Pferd möchte am liebsten auf und davon laufen.
Wenn der Besitzer hier auch Angst bekommt oder in der Wahrnehmung des Pferdes negativ denkt – und das Pferd dadurch keine Führung erkennen kann, kann es erst einmal erstarren, regelrecht einfrieren. Wenn das geschieht, hat das Pferd alle logischen Gedankengänge blockiert und sich ganz einfach zugemacht. Dies zu durchbrechen und wieder Kontakt zum Pferd zu bekommen fordert Geduld und sehr viel Aufmerksamkeit von dir.
Hier folgen weitere Antworten, die ich von verschiedenen Menschen auf die Frage nach dem Unterschied bekommen habe.
Karin hat geantwortet: „Ein aufmerksames Pferd ist konzentriert, es hört auf deine Signale, man merkt das zum Beispiel am Spiel der Ohren und fühlt es ebenso gut. Auch wenn etwas Spannendes pas-

siert oder etwas das Pferd von dir ablenkt, könnt ihr die ganze Zeit über immer noch kommunizieren. Das Pferd reagiert immer noch auf dich und deine Signale. Wenn es Angst bekommt und euer Vertrauen ineinander nicht stimmt, verlierst du diesen Draht. Das Pferd steht wie eingefroren oder flieht – mit dir oder ohne dich. Es hört nicht länger auf dich und deine Signale."
Ida, sieben Jahre alt: „Man sieht es natürlich an den Augen. Solange die froh aussehen hat es keine Angst."
Akar Angelbro: „Bei einem aufmerksamen Pferd ist Raum für Überlegung und Entscheidung. Bei einem ängstlichen Pferd regiert allein der Fluchtinstinkt. Pferde können aber auch so tun als ob, um Unangenehmem zu entgehen. Jeder, der mit Pferden zu tun hat, sollte trainieren, das unterscheiden zu können."
Die Geschwister Lisa und Ida Lestander: „Ein ängstliches Pferd ist gestresst und verspannt und will nicht beim Menschen sein. Ein aufmerksames Pferd dagegen ist entspannt, obwohl es beobachtet, und will beim Menschen sein."
Julia Trulsson-Lind, zwölf Jahre: „Ein ängstliches Pferd will sich retten, ein aufmerksames kann sich vorstellen, dich auch zu retten."

Unser Thema führt uns schnell zur breiten Diskussion um einen natürlichen Umgang mit Pferden. Was ist das eigentlich? Ein Pferd auf eine – aufs Pferd bezogen – natürliche Weise handhaben …? Okay, es klingt hübsch. Aber ist es natürlich, beispielsweise ein Seil über dem Kopf zu schwingen? Antwort: Nein.
Ich habe viel gesehen in den letzten Jahren, mit Schülern und Trainern gearbeitet, habe Schüler lernen und arbeiten sehen, habe anonym an Seminaren teilgenommen und zugesehen, angenommen, mich gewundert, mich gefreut, bin erschrocken usw. Die Hauptfrage ist: Kann man einen „natürlichen Umgang mit Pferden TRAINIEREN? Antwort: Ja. Aber, eins muss man sich da absolut klar machen, nur ab und zu auf diese Art zu trainieren heißt keineswegs,

dass man ein braves, respektvolles und folgsames Pferd bekommt. Diesen „natürlichen Umgang" in die tägliche Arbeit und den Umgang ZU INTEGRIEREN, das, was man in den Kursen lernt in die tägliche Routine zu übernehmen, DAS bedeutet, eine höherer Einsicht zu bekommen und Freude an einem wirklichen Zusammensein zu haben.
Ich habe von vielen, von unglaublich vielen gehört, dass sie diese Art, mit Pferden umzugehen, einmal pro Woche trainieren und dann glauben, dass sich alles von selber auflöst, aber so leicht ist das wohl nicht? Antwort: Nein.
Richtiger Umgang mit dem Pferd ist Demut, die verdient sein will. Wenn du weich mit deinem Pferd arbeitest, bekommst du Weichheit zurück.
Weichheit bedeutet nicht, mit einem Seil zu wirbeln. Gerade dieses Seilschleudern ist ein großes Missverständnis und viele sträuben sich gerade deswegen gegen diese Art zu trainieren.
Ob ich ein Seil anwende?
Natürlich tue ich das, aber wie? Ich verwende das Seil als Verlängerung meines Armes. Zum Beispiel um Vorhand und Hinterhand zu bewegen.
Ich verwende das Seil NICHT zum Rückwärtsrichten, dafür gibt es viel einfachere Methoden, etwa mit dem Daumen an der Brust zu ziepen.
Sich hinzustellen und mit dem Seil herumzuwirbeln und wenn das Pferd immer noch nicht versteht, was man will, damit weiterzumachen und zuzulassen, dass man damit seinen Kopf trifft, – da wird augenscheinlich dass man den Nutzen eines ausgezeichneten Werkzeugs total missverstanden hat.
Es gibt Leute, die so arbeiten. Was passiert da eigentlich?
Das Seil trifft das Pferd im Gesicht, immer wieder. Ein richtig gereizter Trainer sieht zu, dass er das Seil am Anfang sogar ausschließlich auf dem Kopf landen lässt. Allmählich legt er mehr Gewicht hinein, bis es richtige Hiebe werden. Auf den Kopf! Wenn das Pferd dann

immer noch nicht versteht, oder aus Angst erstarrt und festfriert, steigert der Trainer das ganze noch einmal und lässt es richtig klatschen. Das Pferd nimmt in dieser Lage den Hals hoch, spannt alle seine Muskeln an, beißt die Zähne zusammen und versteht rein überhaupt nicht, was da mit ihm passiert und was das alles soll. Da nimmt der Trainer die Peitsche zu Hilfe und die Misshandlung ist perfekt.
Es gibt einige, die so etwas gesehen haben, und glaubt mir, das ist kein seltener Anblick. Für meine Begriffe ist der so genannte „natürliche Umgang mit Pferden" da komplett missverstanden worden. Die Arbeit mit dem Seil vom Boden aus ist richtig, richtig klasse, wenn man es richtig macht. Richtig heißt: im Vertrauen, *um noch mehr Vertrauen zu schaffen.*
Ich möchte ein aufmerksames Pferd haben, das mir vertraut. Ein ängstliches Pferd ist ein gefährliches Pferd. Aber mit den richtigen Methoden kann ein ängstliches Pferd zu einem aufmerksamen, vertrauensvollen werden.

Das Pferd als Spiegel

Das Pferd ist unser Spiegel. So wenig wir den Gedanken in seiner Konsequenz vielleicht auch leiden mögen, so sehr hat er doch Geltung. Wenn wir noch so wenig an diese Theorie glauben, so funktioniert sie doch. Das ist das Ergebnis meiner ausgedehnten Studien. Habe ich Angst, hat das Pferd Angst. Kann ich meine Angst abstellen? Was passiert dann? Im ersten Moment wird das Pferd genauso Angst bekommen, aber dann übernimmt die Aufmerksamkeit.
Und wenn ich richtig Angst habe? Dann haben wir ein ebenso ängstliches Pferd. Wenn ich wütend bin, wird das Pferd wütend – wenn das Pferd Angst hat, kriegst du dann auch Angst? Wenn die Antwort ja lautet, bist du kein guter Führer. Alles kann man trainieren, aber die Voraussetzung für eine gute Führungspersönlichkeit ist es, ein reifer Mensch mit ziemlich viel Lebenserfahrung zu sein. Können daher nur Erwachsene gute Führer sein? Nein, es gibt

natürlich immer Ausnahmen. Ein Kind, das in einer Umgebung mit Tieren aufwächst, wo die Eltern ein gutes Händchen für Tiere haben, hat natürlich einen Vorsprung.
Gibt es dumme Tiere? Ich zweifle daran. Es gibt angeborene Hirnschäden, genau wie bei allen anderen Lebewesen, mehr und weniger Intelligenz, aber dass ein Pferd niederträchtig oder gemein ist, weil es so geboren wurde, dass es doof ist oder ein „Psycho", was ich auch schon mal gehört habe, das glaube ich nicht. Ich glaube ganz im Gegenteil, dass ein Pferd unser Spiegel ist. Von dem, wie wir sind, was wir machen, wofür wir stehen. Wir fordern ja, dass ein Pferd so wie wir denkt, sich verhält, so ist – dann muss uns klar sein, dass wir ein Pferd schaffen, als ob es aus Modelliermasse wäre. Und jedes Mal wenn du den Mund aufmachst und es anschreist, brüllst du dein eigenes Kunstwerk an, das ein Abbild deiner selbst ist, denn du forderst ja, dass dein Pferd dich als Führer ansieht!!!
Wenn du willst, dass dich dein Pferd als Führer betrachtet und wenn du ein reibungsloses Verhältnis mit und zu ihm haben willst, dann sieh zu, dass du zuerst mit und an dir arbeitest, dass du es wert wirst, Führer zu sein.

Sultan, Boogie und Petra

Petra Schrenker aus Hollfeld erzählt: *„Ich habe Karin gebeten, Kontakt mit meinem „Dicken" über ein Foto aufzunehmen. Er lebt schon seit Jahren mit seiner kleinen Herde in einem Offenstall und hat leider trotzdem Lungenprobleme. Karin kannte ihn überhaupt nicht und mich nur von einem Kursbesuch. Das Ergebnis las ich unter Tränen und war einfach mehr als nur fasziniert. Mein Pferd sprach mir aus meiner Seele."*

Protokoll von Sultan:
„Ich bin mehr der Chef, aber im Sinne von Chefin. Sie täuscht sich da. Der andere wird mir den Rang ablaufen. Aber das ist gut so, macht nichts. Ich bin die Weisheit in Form der Leitstute, die wir

nicht haben. Methusalem. Mich fragen alle um Rat. Unsere Liebe ist am tiefsten. Ich gebe ihr Ruhe und Kraft, mehr als sie ahnt und zu nehmen sich traut. Bei mir darf sie tanken kommen. Besonders, wenn sie mich ausgiebig putzt, wenn wir schmusen, oder sie in mein Fell vergraben ist, dann geht ein großer Energieaustausch vonstatten. In mir kann man gut atmen. Erden, ankommen, zur Ruhe finden. Ich gebe ihr die Kraft, die sie braucht im Alltag. Es war überhaupt nicht so verwirrend für uns wie sie glaubt, die ganze Umzieherei. Es war nur anstrengend, weil sie so erschüttert und nicht geerdet war. Sie war völlig aus dem Gleichgewicht und aus dem Ruder. So aufgescheucht und geschmerzt. Das hat uns Energie gekostet, sie wieder ruhig werden zu lassen, das war eine große Kraftanstrengung für uns alle. Ihre Nerven lagen blank. Es war kein Wunder. Aber sie hätte sich Kraft und Energie gespart, wenn sie da schon hätte besser atmen können. Die Sorgen hinaus, die Energie hinein. Sie ist auf dem guten Weg. Es wird weitergehen und ihr werdet euch wiedersehen. Sie kann viel lernen, enorme Kapazitäten. Das wird auch dem Kind gut tun. Ich möchte gern viel mehr von ihr geritten werden. Zeit mit ihr verbringen. Spaziergänge/Ritte, nur wir beide. Ich mag gern mit ihr Gymnastik machen. Biege mich gern und werde gern gefordert, auch was Anstrengung für meinen Kopf bedeutet. Sie hat Recht, wenn sie glaubt, dass ich mehr tun möchte. Sie überfordert mich so schnell nicht. Sie hat so ein feines Gespür. Sie braucht einzig mehr Selbstvertrauen, nicht alles in Fragen zu kleiden oder Annahmen. Sie soll tun, was sie im Bauch fühlt. Das ist doch nicht alles ihrs, das kommt doch von uns. Richtige Einschätzung. Mit ein bisschen mehr Mut kann vieles mehr gelingen. Dann wird sie wieder die attraktive selbstbewusste Frau von früher. Wird wieder von innen leuchten. Es glimmt ja schon. Weiter so! Warum sollen wir von Liebe reden? Auch das weiß sie alles. Wir sind eine verschworene Gemeinschaft. Uns kann alles gelingen, wenn wir beieinander sind und stark. Wenn ich gehen muss, wird das leicht sein. Es wird ein schwerer letzter Atemzug. Den kann sie mir mit ihrem

Trost und Beistand versüßen. Sie soll sich keine Sorgen machen vor der Zeit und ans Leben denken jetzt. Bis zum Schluss. Es wird nicht überraschend sein. So ist es halt. Ich brauche nicht mehr wiederkommen, wenn ich will. Habe viel geleistet. Aber ich bin immer für sie da. Auch wenn der Wind mein Fell verweht hat. Ich mag alles Kräuterige, das hilft auch meinen Lungen. Wiesenkräuter habe ich gern um mich und ich mag ihren Duft. Ich liebe Futter, das warm ist und weich und duftet. (Mash?) *Mag gern Kräutertee im Futter. Feuchtes Futter, warm, aber nichts Kaltes an meinen Beinen. Wärme tut meinen Beinen gut. Und ich muss trocken und warm stehen. Bin sehr gern draußen an der Luft. Aber ich brauche auch Wärme in der Nacht. In den Frostnächten brauche ich eine zugfreie, geschützte, warme Stelle. Trocken und sauber. Selbst die Feuchtigkeit des Mistes ist Gift für meine Beine. Mag mein Heu, wenn es feucht ist. Nicht nass. Nur staubfrei. Aber Stroh lieber als Späne. Es muss nur frische Luft sein, die zirkuliert. Brauche eigentlich keine Chemie, wenn nicht ein akuter Hustenschub da ist. Lieber Kräuterfeuchtigkeit und viel Luft und Bewegung. Dass ich schön abhusten kann, im Trab am langen Zügel. Vorwärts abwärts. Dehnungen, Strecken, Schlangenlinien, kleine Aufgaben. Herausforderungen für meinen Verstand und meinen Körper. Sie wird es doch merken, wenn es mir zuviel wird. Ich bin ein sanftes Wesen, scheuere mich gern. Mag es, wenn sie mir die Stirn krault, habe gern Wärme an meinen Beinen. Brauche keine Eisen.* (Wenn du Beschlag brauchst, dann versuche es lieber mal mit Gummi oder Plastik, etwas, das sanfter federt und nicht so in die Gelenke knallt.) *Mir würde auch eine schöne Massage gut tun, genau wie den anderen beiden. Ich mag mein Gemüse und Obst allmählich kleiner geschnitten. Meine Zähne wollen nicht mehr ganz so. Es wäre gut, wenn sie die regelmäßig überprüfen ließe. Da muss geraspelt werden. Es soll ein Fachmann machen, nicht der normale Tierarzt. Wenn es richtig kalt ist, möchte ich nachts gern rein und Wärme haben. Petra soll unbedingt mehr auf ihr Gefühl hören bei uns! Sie hört mehr mit dem Herzen, als sie wahrzunehmen sich eingesteht. Wir lieben sie alle. Das soll sie auch wissen. Mehr Mut zum Leben. Sie hat das Recht, geliebt zu werden und findet ihr Glück bald. Ihr innerer Seelenfrieden ist gestört worden, aber sie findet Heilung. Es geht ganz schnell jetzt vonstatten. Hab Vertrauen und nimm unseren Schutz! Wir sind deine Zuflucht und Wächter.“*

Sultan (Araber-Mix, ca. 23 Jahre)

„Mir wurde alles bestätigt, was ich in Worten schlecht ausdrücken kann. Unsere gegenseitige Liebe, Vertrauen und unsere unzertrennliche zwanzigjährige Beziehung, die von niemanden durchtrennt werden kann. Ich war vierzehn, als ich „Sully“ mit anderthalb Jahren bekam. Ich, meine Tochter und unsere vier Pferde hatten keine leichte Zeit hinter uns (Trennung von meinen Mann). Gerade mein Schimmel hat mich immer wieder aufgetankt mit der nötigen Energie. In seiner Nähe fühlte ich mich geborgen. Er gibt mir soviel, was mir noch fast kein Mensch geben konnte. Wir brauchen weder Trense noch Halfter, um zu reiten oder spazieren zu gehen. Die kleinste Bewegung, Geste oder Stimme reicht. Wir sind eingespielt und jeder kann in den Augen des anderen lesen.
Es war mir anfangs unerklärlich, das Tiere über solche Gefühle „reden“ können. Dass sie das so verspüren, wie wir Menschen. Uns so exakt durchschauen können. Alles traf zu. Sultan erzählte Karin, wie es in meiner Seele und meinem Herzen aussah. Er spiegelte meine Gefühle, die wirklich solche waren. Einfach unvorstellbar. Ja, es stimmt, dass er sich sehr gerne scheuert. Und er liebt es, wenn ich ihm täglich die Stirn kraule (und das möglichst stundenlang). Gerade da geht ein ständiger Energieaustausch zwischen uns vonstatten. Der Hinweis seiner Zähne hat mir sehr zu denken gegeben! Ich hatte im letzten Sommer den Tierarzt hier, weil mir aufgefallen war, das er Probleme mit dem Fressen hatte. Seine Zähne wurden zum ersten Mal geraspelt. Für mich war damit vorerst die Welt wieder in Ordnung (hätte auch gar nicht gewusst, was ich noch hätte machen

können). Als ich allerdings dann las, dass die Zähne ein Fachmann machen sollte, wurde ich stutzig und wollte es genau wissen. Daraufhin bestellte ich einen Pferdezahnarzt (Dentist). Dieser hatte festgestellt, dass er eine größere Fehlstellung der Zähne/Gebiss hatte und richtete alles, so gut es ging. Und es ging einiges. Er hatte auch gesehen, dass kürzlich die Zähne geraspelt wurden, weiter aber auch nichts. Für Sultan sei es sehr wichtig, die Zähne regelmäßig alle neun bis zwölf Monate zu korrigieren. Mit „nur" Zähne raspeln hätte er in spätestens zwei Jahren erhebliche Probleme bekommen. Ich habe daraus geschlossen, dass mein Pferd schlauer ist als ich, der Tierarzt und vielleicht viele andere. Seinen letzten Atemzug werde ich ihm durch meinen Trost und Beistand versüßen, soweit ich nur kann. Er wird immer in meinem Herzen sein, auch wenn eines Tages sein Fell im Winde verweht sein wird.
Karin sprach mit allen meinen Pferden. Kurz erwähnen möchte ich zumindest noch Boogie, der bei mir geboren wurde. Er hat es mir nicht sehr leicht als Fohlen gemacht (Kampf, Sturheit usw.). Ich wollte ihn eigentlich nicht und ständig sprach ich vom Verkauf. Nur, als es dann soweit sein sollte, ging es nicht mehr. Keine konnte mich verstehen und ich konnte es auch niemandem erklären. Seit dem Protokoll war´s mir klar. Er meinte, er war damals mein Kinderfreund und wollte wieder zu mir, um mich helfend weiterzuführen. Irgendeine innere Stimme sagte mir damals, dass ich mich niemals von diesen Pferd trennen sollte. Er hat mir zu fühlen und zu spüren gegeben, dass es einen anderen Weg gibt, mit Pferden zu arbeiten. Bei ihm ging nichts mit Gewalt. Und da wollte er mir helfen. Mich auf einen anderen Weg zu führen. Dafür bin ich meinem Boogie sehr, sehr dankbar. Wäre er nicht gewesen, würde ich jetzt vielleicht noch weiterhin auf Turnieren herumziehen und gar nicht wissen, wie schön die Welt mit Pferden eigentlich sein kann. "

Petra Schrenker, Hollfeld

Übungen für Pferd und Reiter

Ein unsicheres Pferd führe ich oft neben mir. Wie eine vertrauenswürdige Stute lasse ich das Pferd bei mir Geborgenheit finden, indem es auf dem Platz des Fohlens gehen darf.
Man kann das Selbstvertrauen eines Pferdes stärken, indem man es sanft dazu bringt, sich über seine Angst und Unsicherheit hinwegzusetzen, aber in diesem Moment ist es genauso leicht, das Pferd noch mehr zu verunsichern und zu ängstigen, wenn man die Kommunikation zerstört.
Darum, dies als Schlusssatz, wenn du nicht genug Erfahrung und Ahnung davon hast, solltest du nicht an dem Pferd herumlaborieren und tricksen. Was dann passiert ist höchstens, dass das Pferd erschrickt und ihr beide womöglich zu Schaden kommt.
Genauso ist es mit dem Ausbilder. Ist der, den du zu Rate ziehst kompetent genug um das zu halten, was er verspricht? Leider gibt es eine Grauzone von Ausbildern, die nicht die nötigen Kompetenzen für ihre Tätigkeit haben, und die verschaffen allen anderen einen schlechten Ruf. Bitte darum, Ergebnisse sehen zu können, sprich mit anderen, die mit oder für diesen Ausbilder gearbeitet haben, schau zu und nimm seine Arbeit in Augenschein bevor ihr euch von ihm trainieren lasst, du und dein Pferd. Hast du vollstes Vertrauen in ihn? Würdest du dich selbst auf die gleiche Weise ausbilden lassen? Diese Fragen kannst du dir stellen.
Ich finde Übungen gut, bei denen das Pferd an Gegenstände und Situationen gewöhnt wird und Vertrauen fasst. Wenn ein Pferd bereits das meiste kennt und daran gewöhnt ist, beseitigt man mögliche Gefahren indem man beispielsweise ausreitet, zu Wettbewerben und zum Training wegfährt, usw.
Zuerst brauchen wir einen Gegenstand. Ich fange in der Regel mit mir selbst an. So komisch das vielleicht klingt, aber es gibt einen guten Grund dafür: Denn viele Pferde haben Angst vor Menschen. Ich muss hier vor Übertreibungen warnen. Es ist sehr leicht, Dinge

zu übertreiben. Achtung: Wenn du den kleinsten Fortschritt bei eurem Training, eurer Übung bemerkst, hör auf!
Für das Pferd gilt immer die Regel: Druck = Strafe, Locker lassen = Belohnung. Das ist eigentlich das einzige System, das ich beim Pferd persönlich für gut und funktionabel halte. Leckerlis sind lästig und können leicht zur Falle werden.
Beispiel: Wenn ich möchte, dass ein Pferd rückwärts geht, genügt ein leichter Druck auf die Brust. In der gleichen Sekunde, in der das Pferd anfängt zu weichen, lasse ich locker. Das ist die prompte Belohnung dafür, dass es sofort zurück gegangen ist.
Soweit klar? Gut, dann zu uns als Schreckobjekt.
Hand aufs Herz: Kannst du von euch sagen, dass die gesamte gründliche Bodenarbeit ohne Problem funktioniert? Wenn die Antwort ja ist sage ich: Glückwunsch! Wenn sie nein lautet bist du in guter Gesellschaft. Wir sind viele, die vom Boden aus Probleme mit unseren Pferden haben, große wie kleine, aber ausreichend, um die tägliche Routine, die ja eigentlich Spaß machen soll, zu stören.

Was ist also das Problem?
Du.
In deinen Gedanken, der Art wie du denkst, dich bewegst, wie du bist, dich benimmst, gehst, stehst, denkst, aus allem spricht eine Sprache, die dem Pferd sagt ob es sich lohnt, sich bei dir in Sicherheit zu wiegen oder nicht. Wenn sich das Pferd problemlos bei dir sicher fühlt, sieht es dich als seinen Führer an, wenn nicht – habt ihr ein Problem.
Dann hab ich da viele sagen hören, dass sie die Verantwortung mit ihrem Pferd teilen, sie seien Kumpels. Nein!
Du kannst die Verantwortung NICHT teilen. So funktioniert das nicht!!!
Doch, ihr könnt euch die Verantwortung teilen und eine sehr gute Beziehung haben, ihr könnt das sein was du da Kumpel nennst, aber, großes ABER: Wenn etwas passiert, irgendein Unglück, wer

soll da wen retten? Wer soll wem vertrauen? Wer übernimmt und regelt die Situation? Ihr beide zusammen? So wird das nichts.
Das Pferd wird versuchen seine Haut zu retten und du musst selber sehen, wie du da raus kommst. In dieser Situation wird dir das Pferd nicht vertrauen, dadurch kann es dazu kommen, dass es dich stattdessen verletzt, und da fängt es an gefährlich zu werden.
Wenn ihr ein Verhältnis habt, in dem stattdessen klar ist, dass du, der Mensch, die Führung inne hast, vertraut das Pferd darauf, dass du die Situation klären wirst, und so ein Pferd wird sehr selten in Panik verfallen, sondern folgt seinem Führer blind durch die Situation.

Es taucht ein anderer Punkt auf. Wenn du dich als Führer so verletzt, dass du die Situation nicht klären kannst!? Da setzen Instinkte ein. Das Pferd wird ruhig tun, was es vermag, um dir zu helfen. Denn du bist sein Leittier und wert, dass man dir hilft. WENN du es wert bist!
Also, es kann durchaus Wert haben, daran zu arbeiten ein Führer zu werden, der es wert ist, das zu sein.
Sich zu bedienen und ein Pferd zum folgen zu zwingen, die Führungsposition zu nehmen, ist keine gute Strategie, man muss dafür arbeiten, muss es wert sein.
Ein Leitpferd ist ruhig, gerecht, sachlich, in seinen Abläufen beständig, hat alles und jeden im Auge, teilt Strafe aus, wenn das erforderlich ist, macht in einer größeren Gruppe selten selber etwas, sondern lässt seine Untertanen die Schwerarbeit machen, und das machen sie gemäß genauer Anweisung ohne zuviel zu tun. So läuft es in einer funktionierenden Herde.
Das, was geschieht, wenn wir eine Gruppe Pferde, die wir „Herde" nennen auf eine zu kleine Weide sperren, ist nicht das, was in einer funktionierenden Herde passiert. Ich weiß nicht einmal, ob ich eine solche Konstellation als Herde bezeichnen will ... es ist nur ein zusammengewürfelter Haufen, der jetzt lernen muss, miteinander auszukommen.

Dann stehen wir da und versuchen natürliches Herdenverhalten zu beobachten und sehen die ganze Misere, die natürlich in dieser sogenannten Herde entsteht, und glauben, dass wir daraus etwas lernen. Dann, am schlimmsten von allem, wenden wir dieses Verhalten, das wir in einem solchen Zusammenschluss gesehen haben an, und münzen es um auf die Erziehung unserer eigenen Pferde. Es gibt Kurse, in denen man solches „Herden"-verhalten beobachten soll, um das unterschiedliche Rangverhalten zu studieren und das dann bei der Ausbildung und dem Training so anzuwenden, dass das Pferd dadurch lernt, einen als Führer zu sehen.

Wenn du eine Herde beobachten willst, dann such dir eine Herde, die wirklich eine Herde IST: Pferde, die auf weitläufigen Flächen leben, mit ihren Verwandten, Nachkommen, Großmüttern, Onkeln, wo die Kinder bei ihren Müttern bleiben dürfen, bis die sie selbst wegstoßen. Wo sie bei einander Geborgenheit finden können, wo ihnen die Gene sagen, dass sie zusammen gehören und sich voll vertrauen können. Wo die Leitstute mit dem Leithengst zusammen arbeitet, und wo man klar und deutlich sehen kann, was für minimale Signale sie einsetzen. Es sind nur selten gröbere Gesten, noch viel seltener gibt es richtigen Streit, sondern nur sehr feine Kommunikationsmomente, die wir kaum mit bloßem Auge erkennen, uns kaum vorstellen können. Das ist eine Herde, nichts anderes.

Die Gruppe, die viele von uns auf der Weide stehen haben, auch wenn sie gut gewichtet ist, auch wenn sie ganz gut funktioniert, ist ungefähr wie ein menschliches Büro. Dieser Vergleich ist so erschreckend passend, man kann die Konkurrenzkämpfe richtig sehen, den Wettbewerb um die Spitze, das schlecht ergehen, usw.

Die Gefahr liegt also darin, dass wir uns ein Benehmen heranziehen und nachzuahmen versuchen, welches eigentlich nicht natürlich sondern erzwungen und künstlich ist.

Darum: Wenn du anfangen willst in der Sprache der Pferde zu sprechen, wenn du deinem Pferd Geborgenheit verschaffen willst in all den Belangen, die euren Alltag betreffen, den täglichen Umgang, alles was passieren kann – sei dir sicher, dass du mit ihm wie ein gelassener Führer sprichst.

Ein paar Tipps:
Ein gelassener, guter Führer ist ruhig und sachlich, atmet ruhig und tief, kann alles, weiß alles, er kann dir etwas übers Leben erzählen, behütet dich, legt sein Augenmerk auf die richtigen Dinge, er kann gerecht und im richtigen Maß zur richtigen Zeit bestrafen, ist immer für dich da und – ganz wichtig: Er gibt dir die Geborgenheit, die du brauchst.
Ein schlechter Führer ist unkonzentriert, vergisst Regeln, ist zu hart und häufig inkonsequent, kann an einem Tag eine Sache erlauben und am nächsten eine andere.
Er wird unnötig ausfällig, hat eine schlechte Körpersprache, kann keine exakten Anweisungen geben, bemerkt keine richtigen Gefahren, und gibt ständig falschen Alarm, denkt negativ, hat „Was-passiert-wenn“ – Gedanken, ist flatterig und unkonzentriert.
Wer von den beiden bist du?

Jeannie und Steffi

„Frauchen strahlt nicht genug Ruhe aus. Dann würde ich auch ruhiger stehen. Ich bin sehr empfindlich an der Haut. Ich mag ihre Bürsten nicht so und die kurzen Striche. Ich liebe langsame, vorsichtige Bewegungen. Ganz fein. Vor allem am Bauch und an den Rippen und im Gesicht bin ich sehr empfindlich. Und über den Nieren natürlich. Es hat mit meinem Stoffwechsel zu tun. Meine Nieren brauchen etwas. Wenn sie eine Heilpraktikerin fragt, wird die Rat wissen, was man tun kann, damit ich nicht mehr so berührungsempfindlich bin. Es ist mir wirklich unangenehm, vor allem, weil es mittlerweile so mit Zwang verbunden ist. Können wir es nicht wie früher, ganz locker angehen? Je fester sie mich bindet, desto mehr wehre ich mich. Denn je fester sie mich bindet, umso fester werden

unweigerlich auch ihre Striche. Sie merkt das nicht, aber ich spüre ihre innere Härte. Ich bin unglücklich, fühle mich nicht wohl in dieser Haut. Ruhe nicht in mir selbst. Ebenso wenig wie Frauchen. Es macht mich ungeduldig. Ich weiß, sie ist auf dem Weg und es wird etwas passieren. Das ist gut so, aber es wurde auch Zeit. Das mit dem Umzug macht mir gar nicht so viel aus. Ich weiß es seit längerem, dass es da Gespräche gibt und sein muss. Für meine Freundin vor allem. Ich komme gern mit. Es sind schwierige Prozesse da in Wallung. Mir hat der Stall hier eh nie so besonders gefallen, ehrlich gesagt. Zu dunkel mitunter. Die Wände riechen komisch und das Wasser schmeckt schal und blechern. Freue mich auf den neuen Ort mit hoffentlich gutem Wasser und nicht so feucht in den Wänden. Trockene Haut, die juckt. Einlagerungen (Schwermetalle?). *Ich hab auch nie so richtig gelernt, still zu stehen. Wieso soll ich das denn? Weiche aus, wenn es schmerzt oder nervt. Andere Gründe habe ich ja nicht. Möchte keinen Zwang. Möchte Verständnis. Frauchen weiß das alles genau, fällt ihr manchmal schwer, dem nachzugeben und entsprechend zu handeln. Dabei kann sie. Auf mich hören. Ich zeige ihr doch genau, wo und wie. Warum sieht sie das denn nicht? Sieht nicht genauer hin? Habt mich doch lieb. Wie ich bin. Geduld und Verständnis. Ich weiß, manchmal strapaziere ich Frauchens Nerven, aber das strahlt nur zurück. Wir hatten schon viel ruhigere Phasen, da klappte auch alles besser. Brauche Magnesium und Zink und etwas für die Haut, dass es nicht so juckt. Es juckt ungemein manchmal. Möchte mich scheuern, wenn es kribbelt und kann es aber nicht, weil es empfindlich ist. Angebunden sein empfinde ich als störend. Kann sie mir nicht beibringen, stehen zu bleiben, ohne dass ich angebunden bin? Wir hätten viel Spaß dabei. Ich lerne so gern Neues. Neue Dinge, Kunststückchen und so. Wenn es mir niemand beibringt, bringe ich mir selbst interessante Sachen bei. Meist wird es nicht gesehen. Manchmal errege ich damit aber auch Aufmerksamkeit. Zitronengelbes steht mir. Will ich haben. Und mehr Mohrrüben, auch mit dem Grünen dran. Ich mag einen von diesen*

Pferdebällen. Habe ich schon gesehen. Ich bin auch verspannt, vor allem mein Rücken tut mir manchmal weh. Gefühl wie Muskelkater. Sättel drücken auf mir. Haut zerrt und trocken. Auch meine Hufe sind trocken. Hätte sie gern eingeweicht (ich glaube, sie meint Öl?) *ja, genau, aber eins, das gut riecht. Mag auch Öl im Futter, es gibt da so ein spezielles, Frauchen weiß schon, sie nimmt es zuhause auch. Möchte gern Bananen probieren, aber Äpfel sind mir lieber, mehr zum Beißen. Ich kaue gern. Habe gern immer Beschäftigung. Unsteter Geist. Auf der Weide dagegen finde ich Ruhe. Balge gern und tobe, aber stehe da auch oft und beschäftige nur meinen Schweif mit Fliegenwegscheuchen.*

Ich habe große Rückenschmerzen manchmal, Hüfte, linke Schulter und auch unterm Bauch, in der Gurtlage bin ich empfindlich. Mag es nicht gern, wenn man mich mit Bürsten berührt, Streicheln ist etwas anderes. Aber die Menschen sollen aufhören uns zu klopfen. Ist das dann Strafe oder Lob? Meine Haut ist so sensibel. Ich spüre, wenn eine Fliege sich auf mir niederlässt, da muss man mich doch nicht klopfen wie einen Teppich, streichen und liebkosen ist viel schöner, ich mag es sogar vorsichtig im Gesicht, an den Nüstern, die kann man auch schön massieren, mit vorsichtigen Händen. Das liebe ich. Ich mag Frauchen sehr gern übrigens. Wir verbringen viel Zeit zusammen und ich darf auch mal Blödsinn im Kopf haben. Das gefällt mir. Bin manchmal ungeduldig und möchte mein Futter sofort. Nicht warten müssen. Liebe ist wichtig. Meine Nieren brauchen Unterstützung. Im Genick ziept es auch manchmal.

Unser Umzug hat mit privaten Problemen der anderen Frau zu tun. Auch. Nicht nur. Es geht auch um Geld. Und unsere Gesundheit. Die Mädchen haben hier allein gewirtschaftet. Das war nicht immer gut, aber es hat uns allen viel Spaß gemacht. Trotz alledem. Sie haben Angst, ein wenig Freiheit verloren zu haben. Aber wir sind dort besser aufgehoben, für Notfälle zum Beispiel. Wir wissen das. Medizinische Versorgung ist dort besser gewährleistet. Wäre nur schön, wenn wir länger raus könnten. Bei schönem Wetter, aber auch im Winter.

Wenn es sowieso kalt und dunkel ist, bewege ich mich lieber draußen. Und komme dann abends gern in einen warmen Stall, der angenehm nach Heu/Silage riecht. Brauche kein Stroh außer zum Fressen, stehe auch gern auf Staubfreiem. Aber Stroh ist schon auch lecker. Nicht das, wo die Grannen pieken. Ich möchte helle freundliche Farben um mich herum. Mehr Leichtigkeit. Nicht alles so verbissen. Mit meinem Namen stimmt etwas nicht und ich mache mir Sorgen um meine Freundin, meinen Stallgefährten.“

Molly/Jeannie (Warmblutstute, 10 Jahre)

„Was Molly gesagt hat, ist wirklich verblüffend, und ich brauchte erst einmal ein paar Tage, um mich wieder zu sammeln. Sie hat vollkommen Recht, wenn sie sagt, dass ich nicht in mir selbst ruhe und Unruhe ausstrahle. Und dass sie es spürt, wenn ich auf dem Weg zum Stall bin, kann ich mir auch sehr gut vorstellen. Es überfällt mich dann nämlich jedes Mal so eine komische Unruhe. Dass sie es hasst, angebunden zu sein, wird wohl mit ihrer Vergangenheit zusammenhängen. Molly (jetzt Jeannie) kommt nämlich aus Polen von einem Schlachtpferdetransport. Dort wurde sie stundenlang in kleinen Ständern fest angebunden. Ich denke, es handelt sich um eine Art Trauma. Auch ihre Bitte um mehr Geduld und Verständnis und die Aussage: „Habt mich doch lieb, wie ich bin!“, wird daraus resultieren. Durch die Misshandlungen und Quälereien ist sie natürlich im Umgang schwieriger. Aber – sie kann ja nichts dafür! Erstaunlich ist auch ihre Aussage über den Umzug. Der kam nämlich dadurch zustande, dass sich meine Freundin von ihrem Mann getrennt hat und wir dort weg mussten. Außerdem haben sich die beiden um Geld gestritten. Es ist wirklich erstaunlich, wieviel Pferde von ihrer Umwelt mitbekommen. In der Wir-Form spricht sie übrigens, weil außer ihr selbst noch zwei andere Pferde beteiligt sind. Das sind ihre Tochter Chrissy (die sie wahrscheinlich mit der Freundin meint) und der Andalusier Pabiero (Stallgefährte). Die Aussage „Die Mädchen haben hier allein gewirtschaftet“ stimmt auch.

Dort gab es ja nur meine Freundin und mich, keine Stallgemeinschaft. Auch die Sache mit dem Pferdeball ist absolut richtig. Ich hatte den Pferden vor geraumer Zeit einen solchen Ball gekauft. Er ist aber leider beim Umzug verloren gegangen.
Wir haben mittlerweile eine Tierheilpraktikerin konsultiert (diese gehört zu unserer Familie, weswegen es mich umso mehr verblüfft hat, dass Jeannie ausdrücklich nach einer Heilpraktikerin verlangt hat), die all ihre Aussagen bestätigte. Eine Urinprobe zeigte, dass Nieren und Stoffwechsel nicht in Ordnung sind (woher auch die Rückenschmerzen resultieren können). Außerdem ist ihre Haut wirklich trocken und teilweise schuppig. Es wird jetzt alles behandelt. Zusätzlich bekommt sie noch Bach-Blüten für die Seele. Die Sache mit ihrem Namen kommt wohl daher, dass sie richtig GEORGYNA heißt. Nach dem Lesen habe ich sie umgetauft. Sie heißt jetzt Jeannie, was ihr sichtlich gut gefällt. Außerdem hat ihr eine andere Pferdebesitzerin ein zitronengelbes Halfter geschenkt, mit dem sie jetzt stolz über die Wiese rennt. Ich kann wirklich nur jedem empfehlen, Karin mit seinem Pferd reden zu lassen. Man erfährt so viel, kann viel besser auf das Pferd eingehen und bei gesundheitlichen Problemen helfen, von denen man sonst vielleicht nie erfahren hätte, obwohl das Tier darunter leidet. Ich selbst versuche jetzt, vielmehr auf Jeannies Signale zu hören, ihr viel Liebe entgegenzubringen und bürste sie ganz langsam und vorsichtig mit langen Strichen. In einem halben Jahr werde ich Karin auf jeden Fall noch einmal mit ihr reden lassen, um zu erfahren, ob meine Bemühungen erfolgreich waren und sie sich wohler fühlt.
Nochmals vielen lieben Dank an Karin und liebe Grüße an alle Pferdebesitzer und -freunde“.

Steffi Berg, Bochum

HEALING für den Hausgebrauch

Carola hat eine Energiebehandlung entwickelt, die jeder zuhause ganz leicht ausüben kann – ohne Vorkenntnisse und so genannte „Einweihung“. Energiebehandlungen können jede Form körperlicher oder seelischer Heilung unterstützen, zum Beispiel durch Handauflegen.

„Um überhaupt bewusst Healing-Energie geben zu können, muss man ein klares und grundlegendes Bild davon haben, was Healing eigentlich ist. Heutzutage existieren viele verschiedene Bezeichnungen für verschiedene Healingformen. Alle, die eine Form davon entdeckt haben, wollen natürlich genau ihre Warenmarke oder ihren Namen draufgestempelt haben. Ansonsten kommen alle Formen von Healing – also alle energetischen Heilbehandlungen von der gleichen Stelle, nämlich dem Licht, reinem klaren Licht. Das Licht ist die stärkste Energiequelle, die existiert. Von hier kannst du jede Energieform schöpfen, die du dir nur vorstellen kannst. So lange du mit dem Licht im Reinen bleibst und auf positive Weise helfen willst, solange funktioniert es.

Um ein Kanal zu sein oder zu werden, ist es erforderlich, dass du begriffen hast, worum es dabei geht. Healing ist eine Therapieform, und alle Therapieformen sind Healing. Ganz einfach. Bei jeder Therapieform, egal, welche du dir ausgesucht hast, wird Healing gegeben. Mehr oder minder bewusst, in größeren oder kleineren Dosen. Auch wenn der Therapeut/behandelnde Arzt sich nicht bewusst ist, Healing zu geben, geschieht es doch immerzu, so lange die Sitzung positiv ist.

Healing ist eine Sammelbezeichnung für positive Energien, die man aus dem Licht bezieht.

Wie wird man Kanal?

Um Zugang zum Licht zu haben und zu bekommen, sind gute Absichten eine Grundvoraussetzung für die Therapie. Es ist genau

Hier sieht man deutlich, wie Aufmerksamkeit …

… in Zweifel übergeht. Siegt Neugier oder Angst?

Kein ungewöhnlicher Anblick. Im Auge des ängstlichen Pferdes sieht man das Weiße. Es würde am liebsten fliehen.

Das Pferd einfach in den Hänger schicken. So einfach möchte es doch jeder haben! Positive Gedanken sind die halbe Strecke.

Carola zeigt ein richtig eingesetztes Seil mit Fokus auf den Hinterbeinen.

wie beim Umarmen eines Kindes in tröstender Absicht. Da fließt der Trost automatisch ein und du wirst zu einem Kanal für tröstende Energie.

Wenn du die Hand eines Sterbenden oder einer schwer kranken Person hältst, überträgst du Healing, ganz automatisch.

Wo im Körper verläuft der Kanal?

Um zu lernen, wie du positive Energie aus dem Licht holen kannst und damit du dabei nicht deine eigene, im Körper eingelagerte Energie anzapfst, müssen wir uns ein Bild davon machen.

Das Kronenchakra ist die Öffnung nach oben. Es ist das Chakra, das mitten auf deinem Scheitel sitzt. Ein Stückchen darüber befindet sich ein weiteres Chakra, von dem wir vorher noch nicht gesprochen haben. Es ist der ID-Punkt. Er befindet sich in deinem geistigen Körper, als Öffnung in höhere Dimensionen wie etwa das Licht. An diesem ID-Punkt wirst du „von oben" auch erkannt. Den ID-Punkt kann man mit bloßer Hand erfühlen, man braucht nur ein wenig Übung und Geduld. Die Öffnung befindet sich zwischen zehn und bis zu hundert Zentimetern über deinem Kopf. Diesem Chakra ist die Farbe weiß zugeordnet.

Stell dir eine Röhre vor, die vom ID-Punkt ausgehend gerade hinunter führt, durch alle anderen Chakren hindurch, wobei sie sich vom Herzchakra aus verzweigt und durch die Arme reicht, bis sie in die Handflächen mündet (siehe Abb. S. 207).

Eine Variante ist die Vorstellung, dass sich die Mündung in den Fußsohlen befindet, oder in anderen Körperteilen, einfach davon abhängig, mit welchem Teil deines Körpers du zu arbeiten vorziehst, aufgrund von körperlichen Behinderungen o.ä. Selbst wenn man weder Hände noch Füße, weder Arme noch Beine hat, so hat man trotz allem alle Hauptchakren im Körper und kann ein ebenso guter Kanal für seinen Klienten sein. Denn natürlich kann man die gute Energie auch durch seine Chakren ausströmen und wirken lassen. Es gibt keine Einschränkungen. Alle können Healing geben.

Gehen wir weiter zum Kreislauf des Lebens, das heißt, wenn jemand auf dem Sterbebett liegt.

Wenn das Leben bestimmt hat, dass diese Seele weiterziehen soll, kannst du mit Healing nichts ausrichten. Das Einzige, was passieren kann, ist, dass du den Prozess beschleunigst. (Was ich weder machen noch empfehlen würde.)

Healing arbeitet so, dass es den Heilungsprozess maximal komprimiert, also zeitlich beschleunigt. Also riskierst du, über Leben oder Tod zu entscheiden, wenn du versuchst, in einer derartigen Situation zu helfen, wovon ich abraten würde.

Wir können eine Schnittblume als Beispiel nehmen. Gib ihr Healing, und in ein paar Stunden wird sie verwelkt sein.

Zurück zum Kanal-sein. Nehmen wir das Beispiel, ein Kanal mit der Mündung an den Handflächen zu werden. Deine Visualisierungstechnik sollte rein und ohne Störungen sein. Dein Fokus sollte selbstverständlich und direkt sein.

Ein Beispiel:

Wir fanden eine unserer Stuten, eine Vierjährige, auf der Weide, der obere Teil eines Vorderbeins aufgeschnitten. Natürlich hätte das genäht werden müssen, aber die Wunde war ein paar Tage alt und dafür war es ganz einfach zu spät. Der Schnitt war etwa zehn Zentimeter lang und fünf Zentimeter tief. Die Stute war stark in Mitleidenschaft gezogen und wir brachten sie sofort nach Hause. Ich spülte mit Kochsalzlösung, sprühte Blauspray auf und zog natürlich den Tierarzt zu Rate. Die Empfehlung war, schlicht Ausschau nach einer Infektion zu halten, weil der Unfall im August geschah – die Hundstage, in denen nichts heilt.

Es gab also nicht viel mehr zu tun als weiterzumachen, mit Kochsalz zu spülen, Penicillinsalbe draufzuschmieren und Healing zu geben.

Die Energieform, um die ich bat, war eine heilende, schmerzstillende und narbenfreie Wundheilung. Dreimal täglich hielt ich meine

Hände auf die Wunde, die sich ziemlich bald schloss, genau richtig, gleichmäßig von innen und außen.
Nach drei Wochen war die Wunde verheilt, keinerlei Narbenbildung war eingetreten und das Fell war dabei, ohne eine einzige weiße Strähne nachzuwachsen, die ja sonst eine tiefe Wunde kennzeichnen.
Die Stute wurde vollständig wiederhergestellt und ich war einmal mehr aufs Höchste überzeugt von der unglaublichen Kraft der Healingenergie.

Um welche Energieformen kann man bitten?

So lange du in guter Absicht handelst, kannst du um die Energie bitten, die du brauchst, um zu helfen: heilend, tröstend, wassertreibend, lindernd, beruhigend, erfreuend, schmerzstillend, aufmunternd, ausdehnend ... was auch immer!
Wenn du eine gute Visualisierungstechnik hast, kannst du dir Geschehnisse vorstellen und ausmalen, um die Situation noch weiter zu verstärken und wirklich werden zu lassen. Behalte das im Fokus, was geschehen soll, und lass deinen Körper, deine Arme und deine Hände für die gute Energie Kanal sein, die du ausgesucht hast, die sich kanalisieren und durch dich fließen soll. Es spielt dabei keine Rolle, wohin du deine Hände hältst.
Die Healingenergie wählt für sich selbst den Ort und zieht dorthin, wo sie am meisten benötigt wird. Wenn ich ein direktes Auffüllen der Energie an einer ausgewählten Stelle haben möchte, zum Beispiel an einer Wunde, um eine Blutung zu stillen, halte ich direkt darauf. Oder direkt darüber. Es macht keinen Unterschied, ob man ein bisschen über den Körper hält, die Energie fließt trotzdem hinein. Dein Fokus ist das Wichtigste, was die Frage angeht, wohin die Energie fließen soll.

Ritual

Nein, man muss kein Hokuspokus Ritual ausführen. Die Energie macht ihren Job trotzdem genauso gut.

So mache ich es: Zuallererst bitte ich mit gefalteten Händen um Energie aus dem Licht.
Ich bestimme, wo ich die Energie einsetzen werde.
Ich bestimme, um welche Art Energie ich bitte.
Ich halte meine Hände auf die betroffene Stelle oder direkt darüber.
Ich wiederhole meine Bitte um Energie ab und zu während der Behandlung.
Meine Hände verlassen den Klienten nicht, solange das Auffüllen mit Energie vonstatten geht. Also dafür sorgen, dass kein störendes Moment wie Telefon, Türklingel, Stereoanlage oder Ähnliches dazwischenfunkt.
Nach mindestens fünf, höchstens sechzig Minuten schließe ich ab, indem ich visualisiere, wie ich die Energie ausmache, dem Licht für die Hilfe danke, und meine Hände ein Stück weg vom Klienten ausschüttele.

Den Energiefluss abstellen

Durch eine gute Visualisierungstechnik schaffst du selbst eine Art und Weise, die Energie an- und auszuschalten. Ich handhabe es so, dass ich Deckel sowohl auf den ID-Punkt als auch auf das Kronenchakra lege, und ebenso auf die Handflächen. Und diese Deckel nehme ich – rein visuell – ab, wenn ich die Energie in Gang setzen will.

Sich selbst und seinen Klienten schützen

Dabei geht es darum, seinem Klienten nicht von seiner eigenen Energie abzugeben, egal, ob sie gut oder schlecht sein mag.
Du sollst ein KANAL sein für die Energie aus dem Licht. Nicht DU

bist die Energiequelle. Beziehe das in deine Vorstellung unbedingt mit ein. Und ebenso sollst du dir auch nichts vom Klienten heranziehen – auch egal, ob gut oder schlecht.
Du stellst dir einen „Lichtfilter“ vor, der keine Energien durchlässt, weder vom Klienten zu dir noch umgekehrt.

Ein Beispiel:
Ich wachte mitten in der Nacht davon auf, dass die Pferde gegen die Boxenwände traten. Natürlich raste ich sofort nach draußen und fand meinen kleinen Jährlingshengst in Kolikkrämpfen liegen. Ich brachte ihn auf die Füße und begriff, dass es sehr schlecht stand, er konnte keinen Huf vor den anderen setzen. Ich rannte hinein und rief den Notdienst. Die Nachtschicht war bereits bei einem anderen Notfall, aber sie kam trotzdem recht schnell. Trotzdem – das Warten dauert lang, wenn man auf den Tierarzt wartet. Währenddessen sollte ich mit ihm gehen. Nur konnte ich ihn nicht dazu bringen auch nur einen einzigen Schritt zu machen. Er stöhnte nur und fiel in sich zusammen. Ich bat um Healing, um Energie, die die Darmbewegungen in Gang setzen sollte, die Därme einölen, und ihn dazu bringen – auf deutsch gesagt –, einen ordentlichen Haufen zu scheißen. Mit ein bisschen Panik ist man mit der Sprache nicht immer so genau.
Der kleine Hengst bekam meine Hände auf den Bauch und stöhnte auf. Der Schmerz wurde unvermeidlich schlimmer und ich glaubte ehrlich gesagt, dass er seinen letzten Seufzer machen würde. Nach vier bis fünf Minuten aber begann er, seinen Kopf zu heben und dann seinen Hals und ich schöpfte Hoffnung, dass er aufstehen würde.
Das tat er nach zehn Minuten auch, aber er fiel gleich wieder hin. Gott! Wie lang Minuten sein können! Meine Tränen flossen und der kleine Hengst sah mich an, direkt in meine Augen. Aber Frauchen, sagte er, ich verschwinde doch nicht, ich habe nur gerade eine sehr harte Zeit!

Plötzlich warf er sich auf, rappelte sich hoch ...! Und der Magen brüllte förmlich und polterte wie ein Himmeldonnerwetter. Ich packte ihn am Halfter und versuchte, ihn hinauszuführen. Jetzt machte er ein paar Schritte, und als wir zwanzig Meter gegangen waren, hielt er an und seufzte. Er spannte den ganzen Bauch an und meine Gebete um ein paar ordentliche Pferdeäpfel wurden erhört. Bald lag ein richtiger Haufen mit stinkendem Mist auf dem Hof, gerade als der Tierarzt in die Einfahrt bog. Der Hengst wurde mit etwas Muskelentspannendem behandelt und das reichte aus, ihn wiederherzustellen. Ich wachte die restliche Nacht bei ihm, aber es geschah ihm nichts weiter. Wieder einmal fühlte es sich gut an, von der Healingenergie Hilfe zu bekommen.

Komprimieren

Indem man Healing anwendet, beschleunigt man den Heilungsprozess, und damit du begreifst, was dabei alles geschehen kann, will ich ein weiteres Beispiel geben.
Dieses Mal handelt es sich um einen Mann mit schweren Kopfschmerzen. Er war ganz verzweifelt, als er anrief, die Kopfschmerzen waren drei Tage lang anhaltend und schmerzhaft gewesen und der Rat des Arztes – hinlegen und Kopfschmerztabletten nehmen – hatte nichts bewirkt. Jetzt fragte er sich, ob ich ihm wohl helfen könnte? Seine Frau half ihm ins Auto und fuhr ihn zu mir nach Hause. Ich setzte ihn auf einen Stuhl und bat ihn ruhig zu atmen. Ich fing mit Healing an, mit ein paar stärkeren Effekten, als ich sie hier beschreiben möchte. Ich hielt meine Hände direkt auf seinen Kopf, wo sich die Schmerzpunkte zeigten. Als Vorwarnung erzählte ich ihm, dass er dem Schmerz nicht entgehen könne. Wenn er noch weitere fünf Tage Kopfschmerzen gehabt hätte, würde es der Kopfschmerz von weiteren fünf Tagen sein, den es hier und jetzt zu bearbeiten galt.
Der Heilungsprozess mit Healing funktioniert so, dass er durchgearbeitet werden muss. Der Schmerz wurde für den Mann fast unerträglich, er stöhnte und wurde kalkweiß, aber ich hielt so lang er es

für ok. befand. Nach vierzig Minuten nahm der Schmerz langsam ab, nach fünfzig Minuten bat ich ihn, dreimal hintereinander den Mund wie ein Löwe aufzureißen, um die letzten Verspannungen aus dem Kiefer und der Kiefermuskulatur zu lösen. Nach sechzig Minuten war er total schmerzfrei – völlig am Ende, ein bisschen schwindelig und sehr durstig. Die Schmerzen von fünf Tagen in sechzig Minuten durchzumachen, das fühlt man, mit allem Recht. Die Energie, um die ich gebeten hatte, war heilende, schmerzstillende, und niemals wiederkommender Schmerz. Darüber hinaus visualisierte ich eine Schale, in die ich all die negative Energie hineinlegte, die den Schmerz geschaffen hatte, und als Abschluss schoss ich diese Schale ins All hinaus.

Man kann um jede Energie bitten, aber man muss Realist sein, dieser Mann hatte Sehprobleme, wie sich herausstellte. So dass meine Bitte um niemals wiederkehrende Schmerzen dazu führte, dass er sich eine Brille zulegen musste. Das kann weit hergeholt klingen, aber die Energien arbeiten auf unterschiedliche Weise. Man sollte niemals glauben, dass man eine Art Gott wäre, oder herausposaunen, dass man allen helfen könnte. Man kann ein Werkzeug sein, oder eine helfende Hand, man kann seinen Lieben, die einem nah und wichtig sind, ein bisschen extra Fürsorge zuteil werden lassen, aber wenn man professionell mit Healing arbeiten will, sollte man einen Kurs besuchen und initiiert werden.

Das Healing, über das ich hier schreibe, ist nur ein Kratzen an der Oberfläche und nur eine klitzekleine Lehre dessen, was es für euch anzuwenden gibt.

Fälle, in denen Healing nicht sinnvoll ist

Ich gebe Healing niemals bei:

- *Fiebrigen Krankheiten*
- *Krebs im Schlussstadium*
- *Sterbenden Individuen*
- *Schwangeren/Tragenden*

Was kann nach einer Behandlung geschehen?

Man kann übertrieben wach oder müde werden, häufiger auf die Toilette müssen als Folge der Ausreinigung des Körpers von Schlackenprodukten. Das natürliche Reinigungssystem wird in Gang gebracht. Man wird durstig oder hungrig, schwindelig, wirr, hat mehr Schmerzen für eine kleine Weile.
Übertreib nie die Anwendung von Healing. Genau wie bei allem anderen soll man im Jetzt leben und Realist sein. Natürlich konsultiert man zuallererst den Tierarzt, wenn man Fragen betreffend der Gesundheit seines Tieres hat. Wende Healing als Ergänzung oder zur Vorbeugung an. Natürlich kann man es auch prima in Akutsituationen gebrauchen, während man auf den Tierarzt wartet.

Sterbebegleitung

Es liegt bereits viele Jahre zurück. Ich war mit Freunden auf der Rückfahrt von einem Restaurantbesuch in Capdepera auf Mallorca. Es war stockdunkel. Vor uns staute sich plötzlich der Verkehr. Ich hatte das dringende Bedürfnis auszusteigen und nachzusehen, was komplett gegen meine Art ist. Und dann wusste ich auch gleich, warum. Knapp zwanzig Meter vor mir stand ein blutüberströmtes Pferd vor einem zerbeulten Unfallwagen. Die Polizei war bereits dabei, den Verkehr abzuriegeln, Männer schrien wild durcheinander, an das verletzte Pferd traute sich niemand so recht heran. Ich rannte. Mein Begleiter versuchte mich aufzuhalten, aber der Drang war stärker. Ich lief, so schnell ich konnte, doch als ich das Pferd fast erreicht hatte, sank es in die Knie und fiel aufstöhnend um. Diese Blutungen waren nicht zu stoppen. Mit Erster Hilfe war hier nichts zu machen. Nackte Panik stand in den weißen Augen des Pferdchens, ein Traber wohl, der nach dem samstäglichen Rennen irgendwie auf die Straße geraten war. Angsterfüllt sah er mich an. Ich setzte mich hin, nahm den Kopf des Pferdes in meinen Schoß und streichelte es. Niemand hielt mich auf, was mich bis heute ein wenig erstaunt. Ich weiß nicht mehr, was ich dem kleinen Braunen erzählt habe, ich habe ihn gewiegt, mit ihm gesprochen und gesungen, während mich spanische Polizisten abschirmten und um uns herum den wieder anfahrenden Verkehr regelten. Ich bekam nichts davon mit, wir waren in einer eigenen Welt, die alles andere ausschloss. Das Pferdchen sah mich an und wurde ruhiger. Es verstand nicht, was geschehen war, es war noch jung, alles war viel zu früh. Wir hielten stumme Zwiesprache und ich wiegte, summte und streichelte weiter. Das Weiße verschwand aus seinen Augen und dann, irgendwann, verließ es mit einem ruhigen, versöhnten Seufzen diese Welt. Wir saßen noch ein Weile so, bis ich spürte, dass die Seele den Körper verlassen hatte. Wärme durchflutete mich und ganz allmählich drangen die Geräusche um mich herum wieder an mein Ohr. Ich stand auf, meine Knie zitterten ein wenig und ich sah wohl reichlich blass aus, als ich dem spanischen Polizisten sagte, was man ohnehin sah. „Es muerto." Der Mann nickte mir ernsthaft zu und sagte so schlicht wie aufrichtig „Muchas gracias".

Manchmal ist die einzig mögliche Therapie, die einzige Hilfe, die wir einem Tier leisten können, loszulassen. Ein letzter, wesentlicher Freundschaftsdienst. Uns allen fällt es schwer, mit dem Thema Tod umzugehen. In unserer menschlichen Gesellschaft ist er immer noch weitgehend ausgegrenzt, weggeschoben, tabuisiert, wenn überhaupt wird höchstens im Rahmen des religiösen Lebens darüber geredet. Doch der Tod ist ein Bestandteil des Lebens, genau wie die Geburt, und „nur" ein Übergang: Die Angst der Seele vor dem Geborenwerden ist genauso groß wie die vorm Sterben.

Beides ist nicht das Ende, sondern der Anfang von etwas Neuem. Woher ich das wissen will? Nicht zuletzt von den Tieren. Und noch eines habe ich durch sie gelernt: Unsere Sorgen, unsere Nöte und Ängste, wenn es an „das Unausweichliche“ geht, belasten und erschweren ihnen den Übergang. Viele bleiben, zögern ihr Leiden hinaus, um ihrem Herrchen oder Frauchen einen Gefallen zu tun, ihnen den Abschied noch ein wenig leichter werden zu lassen. Doch es muss ja kein Abschied für immer sein.
Wohl kaum jemand stirbt gern allein. Manche von uns haben einen regelrechten Horror vor der Vorstellung, ihrem sterbenden Tier den Huf bzw. die Pfote zu halten. Manche wünschen sich ein wenig zusätzlichen Beistand, ihr Tier mental zu unterstützen, es hinüberzugeleiten. Ich nenne das Sterbebegleitung und habe diese Momente stets als etwas sehr Friedvolles, Schwereloses erlebt.

Als ich ein Kind war, meinten meine Eltern, mir einen Gefallen zu tun und etwas zu ersparen, und ließen meinen Hund in meiner Abwesenheit einschläfern. Das Gegenteil war der Fall. Ich war um den Moment des Abschiednehmen-Könnens beraubt und litt Jahre darunter.
Sterben, Loslassen, ein guter Tod braucht seine Zeit, für beide Seiten. Für den, der geht, und für den, der zurückbleibt. Nicht jedes Pferd tut einem den Gefallen, eines Morgens tot in der Box zu liegen. Wer wünscht ihn sich nicht selbst, den friedlichen Tod im Schlaf, das sanfte Übergleiten? Manchmal reißt ein Unfall, eine plötzliche Krankheit ein gesundes Tier mitten aus dem Leben. Manchmal sind wir gefordert, diesen Tod über eine Entscheidung herbeizuführen. Und dann ist da unsere Angst: Zu früh einschläfern ist ebenso schlimm wie zu spät. Was tun? Wie tun und wann? Wir wollen Leiden ersparen, ein Sich-Quälen verhindern – martern uns selbst, doch darüber indirekt auch

unser Tier. Trauern Sie nicht vor der Zeit. Genießen Sie jeden Augenblick. Sie wissen nicht, wie lange er anhält.
Und seien Sie gewiss: Sie spüren den richtigen Zeitpunkt, wenn Sie den Mut haben, auf die Signale Ihres Tieres zu hören. Dann gibt es kein Vertun, und auch den Tod kann man würdig begehen – feiern –, auch wenn diese Formulierung für Sie im ersten Moment sonderbar klingt. Er ist doch nichts als das Hinter-sich-Lassen einer verbrauchten, schmerzenden und zu klein gewordenen Hülle.

Wer hat nicht schon einmal in einer Prüfungssituation eine kleine Telefonkette gestartet und gebeten: „Denk morgen um zwölf Uhr an mich?“ Weil es hilft! Und auch ein Sterbenlassen ist eine Prüfungssituation, oder nicht? Es ist absolut möglich, in guten Gedanken, mit Kraft und Energie so ein Loslassen, so einen Sterbeprozess mental zu begleiten. Ich muss dazu nicht körperlich anwesend sein. Vom Prinzip her ist es fast wie bei einer Distanzkommunikation. Wenn ich dabei nicht nur allein arbeite, sondern sich Freunde zu einer Art mentalen Energiekette zusammenschließen, kann dies eine umso größere Hilfe für Tier und Besitzer sein.

Im Folgenden finden Sie ein paar Fallbeispiele von tapferen, mutigen Frauen, denen ich ganz besonders für ihre Offenheit und Bereitschaft danken möchte, dass sie uns ihre sicher trotz alledem schmerzvollen Abschiede von geliebten Pferden geschildert haben.
Aber zuerst eine Antwort von Carola auf die Frage:

Was geschieht mit Tieren, nachdem sie gestorben sind?

„Das ist eine natürliche und sehr wichtige Frage, mit der wir uns alle früher oder später herumschlagen müssen. Die Theorie, die mir meine Mutter vermittelte, habe ich für mich angenommen und glau-

be noch heute daran. Ich habe mir meine Meinung gebildet, nachdem ich vielen Tieren auf meinem Lebensweg begegnet bin, viele von ihnen das Erdenleben verlassen sehen habe, um sich später in einem neuen Körper wieder zu manifestieren und in neuer Gestalt zu zeigen, meist als anderes Tier, aber trotzdem mit der offensichtlichen Absicht, mir zu zeigen, dass sie die Erinnerung ins neue Leben mitgenommen haben.

Dies kann sich als Tier mit gewissen Eigenheiten gezeigt haben, zum Beispiel der Art, wie es mit einem Ball spielt, durch Lieblingsschlafplätze, Lieblingsorte, Dinge, die trivial klingen mögen, die aber auf irgendeine Weise trotzdem von dem früheren Tier herrühren konnten. Ein Blick, ein Gebell zu einer bestimmten Gelegenheit, ein munterer Bocksprung des Pferdes an derselben Stelle wie immer ... Alle, die wie ich so etwas erlebt haben, werden mir zustimmen, dass selten große, sensationelle Dinge nötig sind, sondern meist kleine sehr deutlich sind.

Als älterer Teenager, suchend wie man da ist, machte ich viele Reisen nach innen. In diesen Reisen, gleich einer Flucht aus der Wirklichkeit, traf ich viele, Tiere, Menschen, Wesen ohne Namen. Man kann das Fantasie nennen, aber auf gewisse Weise, wenn die Bestätigungen in der Wirklichkeit manifestiert werden, in unserem Jetzt und Hier, kann man nicht wie ein verirrter Teenager von den nackten Tatsachen wegsehen. Viele von den Tieren, die ich auf meinen inneren Reisen getroffen hatte, standen ganz plötzlich leibhaftig vor mir, auf viele unterschiedliche Arten geschah es einfach, ein Pferd, ein Kalb, eine Katze, ein Vogel, all diese Tiere, die es regelrecht zu mir zog, hatte ich schon getroffen, irgendwo in meinem Inneren.

Dieses so genannte Innere war, wie ich schnell entdeckte, eigentlich sehr weit weg. In Zeit und Raum zu reisen ist eine Fähigkeit, die wir alle haben, manche entfalten sie mehr, andere überhaupt nicht.

Ich habe dieses Talent ziemlich effektiv als Flucht aus der kalten Welt hier draußen benutzt. Dort innen hatte ich ja auf alle Fälle alle, die Tiere, die mir das geben konnten, was ich so dringend benötigte: Geborgenheit und Wärme. Sicher, ich hatte es zu dieser Zeit nicht schlecht, aber ich war einsam, ganz allein. Es gab eine Zeit, in der ich glaubte, dass es normal sei, so einsam zu sein, dass das tatsächlich alle Menschen waren. Und auf gewisse Weise hat mich das ziemlich stark gefärbt, ich habe die Einsamkeit fast zu sehr geschätzt. Wenn ich nur die Tiere hatte, dann war alles gut, glaubte ich. Ich hatte ja meine Reisen, bei denen ich das erleben konnte, was ich brauchte.

Nachdem ich aus diesen Vorstellungen erwacht war, eine Familie gegründet hatte und alles, was dazu gehört, ließ ich meine inneren Reisen eine Zeit fallen. Als Erwachsener zu rebellieren ist etwas, das mehr Leute machen sollten, sich zu befreien, alte Gespinste abzuschütteln, neue Sachen zu beginnen, zu erleben und vor allem den Schritt zu wagen! Probier neue Sachen aus!

Ich habe jede Menge Augenbrauen zum Heben gebracht mit meinen Einfällen und Ideen. Was für mich zählt ist, dass ich mich in die Richtung entwickelt habe, die für mich als Mensch, als Individuum am besten ist.

Zu behaupten, dass Tiere ein Leben nach dem Tod haben, heißt einen Schritt hinaustun ins Dunkel. Viele mögen es skeptisch sehen, ich respektiere es vollkommen, wenn jemand nicht daran glaubt. Aber umgekehrt hat jeder ein Recht auf seinen Glauben, und dies ist meiner.

Wenn ich dies jetzt aus meiner Sicht erzähle, gebe ich ein Großteil meines Innersten Preis. Mein Innerstes ist das privateste, was ich habe und eigentlich Einblicken verschlossen. Ich habe lange überlegt, bevor ich mich dazu entschlossen habe. Letztlich aus der Überzeugung heraus, dass es noch mehr Menschen gibt, die dasselbe glauben wie ich, und noch viel mehr, die sich diese Dinge fragen und Antworten möchten. Ich betone, dass dies mein Glaube ist, niemand sagt, dass es so sein muss. Dies ist, was ich erlebt habe, erlebe, fühle und sehe, nur meine Gedanken und meine Erlebnisse. Nimm es für dich an oder lass es dir einfach eine interessante Lektüre sein.

Wohin geht die Seele?

Zuerst sollten wir uns klarmachen, dass kein Tier an sich Angst vor dem Sterben hat. Wir Menschen und Besitzer dagegen stülpen dem Tier oft ganz leicht unsere Gefühle über, sie absorbieren sie und benehmen sich entsprechend. Wenn wir traurig sind, wird das Tier traurig, und es ist ja ganz natürlich, dass man trauert, wenn sein Tier stirbt.

Wenn wir Angst haben, und die meisten von uns haben Angst vor dem Tod, bekommt das Tier ebenfalls Angst, aber eigentlich hat es diese Gefühle im Zusammenhang mit Tod und Weggang nicht.

Sterben ist ebenso natürlich wie Geborenwerden, und Geburt ist etwas Wunderbares. Sterben ist auch eine Art Geburt, also nichts, weswegen man traurig sein sollte.

Das Trauma drumherum dagegen, dass man traurige Wesen hinterlässt, dass man vermisst wird und dass es vielleicht unter tragischen Umständen geschieht, das ist eine andere Sache, aber der Tod selbst ist nichts, das schlimm wäre für ein Tier.

Wenn ein Tier stirbt, verlässt die Seele das Tier im gleichen Augenblick, wie der Körper aufhört zu arbeiten. Die Seele geht über in ein Zwischenstadium zwischen Leben und Tod, sie lässt sich Zeit, um nahe bei ihren Angehörigen zu sein. Als Tierbesitzer kann man in einem solchen Moment eine sehr große Nähe spüren. Wir führen das meist auf den Körper zurück, aber das ist nur das Physische, eine Schale, die zurückbleibt. Die Seele selbst lebt wie immer weiter.

Ganz davon abhängig, was für eine Kommunikation Tier und Besitzer haben und welche Beziehung sie hatten, kann sich das Tier seinen nächsten Körper, sein nächstes Leben wählen. Es gibt die Wahlmöglichkeit, zum selben Besitzer zurückzukommen.

Nach dem eigentlichen Todeszeitpunkt braucht es ein paar Tage, bis die Seele zur Ruhe gekommen ist. Man hört manchmal, dass nach diesen – in der Regel vier – Tagen, die ehemaligen Besitzer das

Gefühl haben, dass ihr Tier sie besucht hat. Manchmal kann es bis zu ein paar Wochen dauern, bis die Seele zur Ruhe gekommen ist. Was man dann fühlen kann, reicht vom Gewicht, das man im Sessel auf dem Schoß zu spüren meint, wo die Katze immer lag, vom Hund, der unter die Decke kriecht, bis hin zum Bellen, wenn der Briefträger kommt.

Kleine Wahrnehmungen, die man kaum registriert, weil man eigentlich so an sie gewöhnt ist, aber trotzdem sind sie da.

Das Tier kann wählen, zurückzukommen, aber diese Möglichkeit gibt es nicht immer – aus Gründen, die ich nicht kenne, kommt es manchmal anders.

Kann man das Tier bitten, zurückzukommen? Ja, bitten kann man, aber wenn es nicht so sein soll, geschieht es nicht, wir Menschen können diese Entscheidung nicht beeinflussen.

Kann eine Rasse/Tierart sich aussuchen, in einer anderen Form zurückzukommen?

Ja, aber man muss sich klarmachen, dass jede Wahl gut überlegt ist und jede eine Bedeutung hat, ein Tier kommt nicht „nur so aus Spaß" zu dir zurück, es geht da um eine höhere Wahl und darum, was ihr füreinander tun könnt. Wenn man eine solche Chance bekommt, eine solche Gunst, sollte man sich das bewusst machen.

Können Tiere spuken?

Ja, sie können Angst haben und in diesem Zwischenstadium von eigentlichem Todeszeitpunkt und dem Moment, wo sie weiterziehen und sich einen neuen Körper aussuchen, stecken geblieben sein.

Leider muss ich auch erwähnen, dass es oft der ehemalige Besitzer selbst ist, der sein Tier auf irgendeine Weise festhält, indem er sich zu sehr grämt, zu stark trauert, fast in anklagendem Ton: „Wie konnte er mich verlassen?", „Wie konnte das passieren?", „Wie konnte sie einfach sterben, wo wir doch noch so viel vorhatten?" usw.

Das Tier landet in diesem Zwischenstadium und kann nicht weiterziehen, weil es sich schuldig fühlt, bei dir zu bleiben – und weil du der Besitzer bist, gehorcht man dir.

Kann man im Zwischenstadium mit diesen Tieren sprechen?
Ja, man kann mit toten Tieren in allen Ebenen sprechen, aber ich habe mich entschlossen, das nicht zu tun, weil Menschen das immer aus egoistischen Gründen anstreben. Ich bekomme oft Anfragen, aber ich habe mich entschieden, das sein zu lassen, und fahre gut damit.
Woher ich das alles weiß?
Wir Menschen haben alle einen Weg in uns, folgen wir ihm, kommen wir an die fantastischsten Orte. Leider wagen viele nicht, diesem Pfad zu folgen, und noch weniger glauben, dass es ihn gibt. Viele halten schon bei dem Stoppschild in ihrem Kopf an. Wenn man sich dafür entscheidet herauszufinden, was der Pfad anzubieten hat, öffnet sich da drin eine Welt, die fantastische Aussichten, Möglichkeiten und Entdeckungen bereithält.
In unserem Zentrum haben wir alle die Tür zu diesem Pfad, eine ganze Welt öffnet sich, in der du alles ohne Einschränkungen sehen und erleben kannst. Der Rückzug in dieses Innere kann sehr nützlich sein, aber selbstverständlich ist es wichtig, immer mit beiden Beinen auf dem Boden zu bleiben, etwas, das ich für unabdingbar halte.
Wenn man träumt und fantasiert, wie weiß man dann, dass das nicht dieser Pfad ist?
Als ich jünger war, habe ich das ganze Innenleben erforschen wollen, andere Dimensionen erreichen, alles sehen, was es zu sehen gab, alles mitbekommen, was sich da innen abspielt, ich war schlicht so wahnsinnig neugierig, dass es für mich wie eine Sucht war, weiterzumachen, mehr zu sehen, noch mehr zu erleben. Was dabei interessant war, wenn sich neue Dimensionen und Welten öffneten, alle Entdeckungen, die ich machte, alle Kenntnisse, die mir zuteil wurden, andere erlebten das auch.
Als ich so allmählich anfing, mit anderen, zu denen ich Vertrauen hatte, über diese Erlebnisse zu reden, stellte ich fest, dass ich damit absolut nicht allein stand, viele kannten diese Reisen nach innen

Der Healingkanal kommt aus dem Licht und geht durch den ID-Punkt, hinunter durch das Kronenchakra, fließt mitten durch alle Chakren und kann durch deine Arme über die Handflächen ausströmen – es sei denn, du hast dich entschieden, Healing mit einem anderen Körperteil zu geben, was genauso gut möglich ist.

Ein Freund geht – verschwindet aber niemals aus dem Gedächtnis.

Wir wünschen Euch alles Gute für Euren Weg mit allen Sinnen für mehr Harmonie, Verständnis und Frieden mit den Pferden.

und diese Entdeckungen. Manchmal wurden die Reisen nach innen zu Szenen im Außen. Manchmal wachte ich Nachts auf und konnte mich ein bisschen außerhalb von mir wahrnehmen, typische außerkörperliche Erlebnisse. Das geschah in gewissen Abständen ziemlich häufig. Heute bin ich viel zu steif und langweilig, um mich das zu trauen, aber die Erinnerungen sind noch da und manchmal fühlt man eine gewisse Sehnsucht danach, sich wegzuträumen, sich in einer Welt mit allen Tieren zu verlieren, da innen, da oben, da draußen. All diese Tiere, eine unendliche Zahl aller möglichen Arten, die auf der Suche sind und auf neue Leben warten. Und manchmal, wenn ich mich langweile, gebe ich mich der Erinnerung hin, denke an all die Begegnungen und Ereignisse, es ist unbeschreibbar, man kann es sich nicht vorstellen, wenn man nicht da gewesen ist.

Warum ich nicht mit toten Tieren rede

Weil Menschen immer den leichten Weg gehen wollen. Und ein totes Tier danach zu fragen, ob und wann und in welcher Gestalt es zurückkommen wird, heißt, es sich leicht machen. Man soll alle Beziehungen verdienen, und wenn ein Tier wählt, zurückzukommen, hast du die Begegnung verdient. Wenn dies geschieht, weißt du es, und fühlst sehr wohl, dass es so ist, ganz ohne Hilfe von mir als Kommunikator.

Die Leute wollen auch oft bestätigt bekommen, ob es richtig war, das Tier einzuschläfern. Wie willst du das Tier Ruhe finden lassen, wenn du in solchen Fragen herumwühlst? Solange Menschen nicht lernen, dass Kommunikation mit Verstorbenen etwas unerhört Großes ist und nicht etwas, das man aus Spaß macht, weigere ich mich, damit zu arbeiten.

Ich möchte die Verstorbenen in Frieden sein lassen, um in Ruhe weitergehen zu können, auf diese Weise zolle ich ihnen Respekt. Sie sollen sich nicht auch noch haufenweise dummen Fragen ausgesetzt sehen, es ist trotz allem traumatisch genug zu sterben."

Ramona und Samivi

Johanna erzählt: *„Natürlich hängen wir sehr an unseren Tieren und wollen sie möglichst lange bei uns behalten; gleichzeitig sind wir uns aber auch der Verantwortung bewusst, ein Tier nicht unnötig leiden zu lassen. Nur wo liegt hier die Grenze? Das ist unter Umständen eine furchtbare Gratwanderung.*

Ich hatte zwei wunderbare Pferde, ein sehr altes und ein sehr krankes, bei denen ich schon eine ganze Zeit lang auf dieser Gratwanderung war. Wie konnte ich sicher sein, was die beiden wollten? So stieß ich auf die Tierkommunikation und war sehr glücklich, noch ganz kurzfristig ein Plätzchen im Kurs bei Karin Müller zu bekommen. Nach diesem Seminar haben sich die Beziehungen zu all meinen Tieren sehr verändert.

Mit meiner etwa siebenundzwanzigjährigen Stute Ramona hatte ich gleich am Tag nach dem Seminar das erste Gespräch. Ich war verblüfft und etwas unsicher, da ich nicht wirklich damit gerechnet hatte, beim eigenen Tier offen genug zu sein. Da mir der Stall gekündigt worden war und klar war, dass ich für beide Pferde nicht wieder einen so in jeder Hinsicht günstigen Stall finden konnte, war ich extrem verunsichert. Ramona sagte mir nämlich unter anderem: „Das Leben hier ist schön, möchte nicht weg von hier, meine Tage gehen hier zu Ende." Ach du Schande! Hatte ich ihr das mit meiner Sorge um Stallsuche und finanzielle Probleme womöglich eingeredet, oder noch schlimmer, eventuell doch selbst gedacht?

Aber sie sagte mir im gleichen Gespräch auch: „Ich mag Gelb, schenk mir etwas Gelbes, die Sonne ist so schön." Daraufhin habe ich eine gelbe Kuscheldecke zur Pferdedecke „umgebaut" und ihr mitgebracht. Sie hat sich sofort dafür bedankt und man sah eindeutig, wie sie sich mit dieser Decke wohl fühlte und sie mit solch einer Begeisterung über Nacht anhatte, dass hierdurch alle Zweifel ausgeräumt wurden.

Etwas schwerer fiel es mir bei Samivi, meiner cirka siebzehnjährigen Stute, die ich zwei Jahre zuvor mit so genanntem Hufkrebs an allen vier Hufen übernommen hatte. Wir hatten so einiges an Behandlungen hinter uns und es war ein ewiges Auf und Ab. Ich sagte zu ihr: „Bitte liebe Samivi, Du musst nicht für mich auf dieser Welt bleiben, wenn Du lieber gehen möchtest. Sage es mir einfach ganz deutlich, wenn es für Dich besser ist zu gehen, und bleibe nicht für mich, wenn Du es nicht für Dich willst!" Danach ging ich mit ihr hinaus ins sonnige Paddock und wollte ihr wenigstens noch etwas Reiki auf die Hufe geben. Damit hatte ich zwei Wochen zuvor begonnen und sie hat es immer sichtlich genossen. Aber jetzt wollte sie es nicht, zog immer den Huf weg. Mir wurde plötzlich bewusst, dass mir die Absichtslosigkeit fehlte, die den Reiki-Gebenden ja eigentlich auszeichnen sollte. Ich änderte meine innere Einstellung dahingehend, nicht die Hufe heilen zu wollen, sondern einfach nur hier und jetzt Reiki fließen zu lassen. Ab diesem Moment war alles ganz anders. Eine tiefe Ruhe und ein ganz tiefes Verständnis für dieses Wesen erfüllten mich mit einem Mal und ich wusste ganz klar, sie wird bald gehen und ich habe es akzeptiert. Sie ließ sich Reiki geben und war völlig entspannt und ich konnte ihre Dankbarkeit ganz deutlich spüren. Von da an funktionierte auch unsere Kommunikation absolut problemlos.

In den Gesprächen der folgenden Tage ging es kaum noch um Alltägliches und es wurde schnell klar, dass uns nur noch sehr wenig Zeit zur Verfügung stand. Was die beiden mir mitteilten, war von einer spirituellen Tiefe, die mich außerordentlich beeindruckt hat. Sie haben mir wirklich ein kompaktes spirituelles Regelwerk mit Anweisungen für mein weiteres Leben hinterlassen, das von einer tiefen Weisheit gründet.

Die Gespräche machten auch klar, dass Samivi es wirklich sehr eilig hatte, diese physische Welt zu verlassen, und Ramona nicht ohne Samivi zurückbleiben wollte, da sie in ihrem altershalber geschwächten Zustand keine großen Veränderungen mehr ertragen konnte. Beide wollten gemeinsam ihre letzte Reise antreten. Meine anfänglichen Zweifel hatten mich veranlasst, weitere Tierkommu-

nikatorinnen einer Internet-Gruppe, in die ich eingetreten war, um Hilfe zu bitten, und so entstand per Internet ein wunderbarer Austausch, der mir sehr hilfreich war auf diesem Weg. Beides, die eigenen intensiven Gespräche mit Ramona und Samivi und auch der Rückhalt durch die Informationen und den Austausch mit der Gruppe, gaben mir absolute Sicherheit für die Entscheidung, den Tierarzt anzurufen und einen Termin zum Einschläfern der Pferde zu vereinbaren. Zwei Tage vor diesem Termin erhielt ich jedoch die folgenden Mitteilungen von meinen Pferden, begleitet von einem so intensiv drängenden Gefühl, das mir keine andere Wahl ließ ...

Samivi: *„Warten macht Unmut. Wie sorglos gehen diese Tage dahin. Ist es an der Zeit, Unruhe zu säen? Nein und nochmals Nein. Und doch werde ich etwas unruhig in meiner Ruhe. Sorge Dich nicht. Kennst Du nicht das Lampenfieber vor einer großen langen Reise? Meine Zeit ist überreif und ich kann es kaum erwarten. Hör zu, es ist schön mit Dir zu sein und ich werde Dich nicht verlassen. Ich gehe ins Licht und ich bin da, wenn Du mich brauchst. Wir sind tief verbunden, Du und ich – in Liebe. Alles Wichtige ist gesagt. Schöne Zeiten stehen Dir bevor. Trauere nicht zu lange. Das Leben hat eine neue Aufgabe für Dich, wie Du weißt. Mir ist das Gras jetzt wichtig, das hast Du schon richtig erkannt. Mir bleibt nicht mehr viel Zeit. Ich danke Dir für Deine schönen Gedanken, aber lass die anderen weg. Mein Leben hat in Dir seinen Sinn erfüllt und mein Leid wird mit diesem Leben beendet. Die Freude ist groß und mein Herz schlägt schneller als gewohnt. Ruhe Dich aus und freue Dich mit mir. Gras schmeckt gut. Lass mich grasen und frage nicht länger nach der Sonne, Du weißt wo sie steht.“*

Samivi (Traberstute, 17 Jahre)

Ramona: *„Alles ist schön, ich bin zufrieden. Mein Weg liegt vor mir. Keine Kälte wird mich mehr quälen, Licht und Wärme umhüllen mich und ich fühle mich frei. Ein Abschied eröffnet immer neue*

Möglichkeiten, auch für den, der zurückbleibt. Die Liebe stirbt nie. Das Leben stirbt nie. In ewiger Verbundenheit umfange ich Dich mit meinem Schein am Ende meiner Zeit. Du bist gut und es ist schön zu fliegen. Heute ist ein schöner Tag dafür. In aller Ruhe und im Abendsonnenschein. Es ist gut, alles ist gut.“

Ramona (vermutlich ein Polen-Pony, 27 Jahre)

Ich rief den Tierarzt an und er war bereit, für uns Termine umzulegen, um noch am gleichen Tag abends kommen zu können. Nachdem der Ablauf mit den Pferden besprochen und alle Vorbereitungen getroffen waren, ließ der Tierarzt jedoch (wie es bei diesem Berufsstand wohl unvermeidlich ist) noch etwas auf sich warten. In dieser Zeit erfuhr ich von einer Freundin, die mit ihrem Hund an der Koppel vorbeikam, dass an diesem Tag Neumond war. Die Pferde hatten also sehr bewusst das ideale energetische Potenzial dieses Tages für den Prozess der Loslösung gewählt und mich deshalb so gedrängt; ich war tief beeindruckt. Als der Tierarzt dann da war, klappte alles wie geplant. Den Pferden war es wichtig, dass Samivi vorausgehen und Ramona ihr ganz unmittelbar folgen sollte, sie also wirklich gemeinsam ohne zeitliche Verzögerung gehen konnten. Ich holte die Pferde auf den vorderen Teil der Koppel und der Tierarzt legte zunächst bei beiden eine Kanüle. Das war der unangenehmste Abschnitt des Vorgangs. Dann strich ich beiden Pferden die Aura mit St. Germain Quintessenz von Aura Soma ein, um sie auf die rein geistige Ebene vorzubereiten, was von beiden sichtlich genossen wurde. Vor uns lag ein Energiekreis, den ich bereits vorbereitet hatte, indem ich diesen Kreis mit Seilen ausgelegt, den Platz abgeräuchert und meditativ eine Energiekuppel geschaffen und für den Moment der Loslösung eingestimmt hatte. Ich führte beide miteinander in den Kreis, alles ging sehr ruhig und in einem tiefen gemeinsamen Bewusstsein vor sich. Im Kreis wurden dann beide Pferde zuerst sediert und der Tierarzt ging zurück zum Wagen, um die Spritzen fertig zu machen. Ramona und Samivi standen nebeneinander und ich sang ihnen das

Om Asatoma Mantra und streichelte beiden abwechselnd den Kopf und ließ dabei Reiki fließen. Dann ging es sehr schnell. Zuerst bekam Samivi ihre Spritze; wenige Sekunden warten, einige schwere Atemzüge, die ich mit ihr atmete und dann fiel sie zur Seite. Ein kurzes Streicheln über ihren Kopf, ein Abschiedskuss und dann sofort das gleiche bei Ramona. Ich war sehr glücklich in diesem Moment, denn es war alles, wie sie es sich gewünscht hatten. Beide sind wirklich miteinander gegangen, innerhalb einer Minute und in ganz viel Frieden und aller Ruhe. Der Tierarzt packte wie vereinbart schweigend seine Sachen und fuhr weg.
Etwa fünfzehn Minuten später kam ein starker Wind auf und ich hatte ganz deutlich das Gefühl, dass die Seelen, die bis dahin noch in diesem Energiekreis spürbar waren, mit dem Wind emporgetragen wurden; es war ein erhebender Moment, und ich erinnerte mich an die Worte von Ramona „Ich löse mich auf und ziehe mit dem Wind" und von Samivi „Der Wind weht meine Schmerzen davon und meine Seele trägt er mit sich und zerstreut mich in alle Sphären".
Ein Mitglied unserer Tierkommunikations-Internetgruppe, die uns telepathisch begleitet hatte, schrieb mir danach: „Es herrscht hier ein kleiner Sturm, und ich habe das Gefühl, dass all unsere Gedanken und Gefühle, die bei euch sind, durcheinanderwirbeln und diese Pferde tragen werden."
Zwei Tage später schaute ich gerade aus dem Badezimmerfenster, als ich plötzlich ganz deutlich Samivis Energie spürte. Sie war sehr präsent und in meinem Bewusstsein machte sich gleichzeitig ein Bild von einem Schimmel breit, von dem ich intuitiv wusste: Dies wird mein nächstes Pferd sein. Typisch, ich wollte ja auch nie einen Schimmel."

Johanna Jülich, Tübingen

Aristo

Melanie erzählt: *„Vor ungefähr zwölf Jahren lernte ich eine wunderschöne, herzensgute, tragende Fuchsstute kennen. „Flapsi" war mein erstes Pferd, und zum Glück wusste ich damals noch nicht,* *auf was ich mich eingelassen hatte. Wir verbrachten ein paar ruhige Wochen zusammen, bis das Fohlen auf die Welt kam. Ruhige, entspannte Ausritte wurden nun durch „Aristo“ aufregend, spannend und ständig wuselte einer irgendwo rum. Ein richtiger Frechdachs. Das große Glück zu dritt sollte aber nur von kurzer Dauer sein. Flapsi wurde ein halbes Jahr nach der Geburt sehr krank und musste geschlachtet werden. Für Aristo und mich ein herber Verlust. Ich damals gerade vierzehn Jahre alt, und dann noch mit einem Hengstfohlen. Wir erlebten sehr schöne, tiefe und auch heftige Zeiten miteinander. Und bekamen immer die richtigen Leute geschickt, die uns weiterhalfen. Das letzte Jahr, welches wir gemeinsam erlebten, war einfach nur wunderschön. Auf einem großen Pferd ohne Sattel zu sitzen und nur mit Halfter in das Grün der Wälder eintauchen – absolut harmonisch, einfach nur edel. Als hätte man elf Jahre gebraucht, um eine superleckere Praline auszupacken, und dann steckt man sie in den Mund und genießt einfach nur. Ich habe nie über das Ende nachgedacht, weil es mir einfach noch unendlich weit weg vorkam.*

Nach Weihnachten bekam ich bei der Arbeit einen Anruf von meinem Stallvermieter. Aristo und zwei andere Pferde hatten sich in den frühen Morgenstunden aus dem Stall befreit, und hatten sich an dem, auch in der gleichen Halle gelagerten, Getreide und Mineralfutter ordentlich vergangen. Als ich am Stall ankam, wurde Aristo schon am strammen Strick geführt, und hatte einen sehr gequälten Gesichtsausdruck. Ich legte meine Hand auf seinen Bauch und er krümmte sich vor Schmerzen. Eine halbe Stunde später war der Tierarzt da und behandelte ihn. Auf die Spritzen hin wurde sein Zustand etwas besser. Aber ich wollte ihn trotzdem die Nacht nicht alleine lassen.

Im Laufe des Abends verschlechterte sich sein Zustand wieder. Er lief unruhig im Kreis, setzte ab und zu Kot ab und bekam zusehends einen dicken Bauch. Er legte sich hin und ich versuchte, ihm durch Massagen und Jin Shin Jyutsu etwas zu helfen. Plötzlich trat er mich mit seinem Hinterbein zur Seite, und in dem Moment war einfach klar, dass Klinik angesagt war. Also Tierarzt aus dem Bett schmeißen, Hänger organisieren, meine Freundin Gundula noch anrufen und los. In der Klinik angekommen, kam Aristo an den Tropf. Ich lag die halbe Nacht wach und betend im Bett. Die Kolik war halbwegs überstanden, doch eine saftige Hufrehe auf beiden Vorderfüßen zwang ihn nun die nächsten drei Wochen hauptsächlich zum Liegen. Ich kam mir vor, als hätte mich jemand ins kalte Wasser geschmissen. Ganz oft auch wie im falschen Film. Ich telefonierte nächtelang und lernte endlich, auch mal durchs Netz zu surfen. Durch Gundula kam ich zu Karin, und durch das Buch von Karin und Carola zu der Internetadresse. Zuerst war ich etwas skeptisch, fand es aber auch unheimlich spannend. Und der Preis für eine Distanzkommunikation war auch mehr als o.k. – also einfach ausprobieren. Vielleicht könnte sie mir sagen, was ich Aristo Gutes tun könnte. Damit begann für mich ein sehr unterstützender, spannender und verständnisvoller Austausch.

Karin gab mir auch über das Protokoll hinaus noch jede Menge Tipps und gute Ratschläge. Und ich hatte das Gefühl, jemand an der Seite zu haben, der den Prozess an sich einfach so akzeptiert wie er ist. Ich fuhr jeden Tag in die Klinik und putzte, massierte, sprach einfach nur Mut zu, überredete mit Engelszungen, vielleicht doch etwas mehr zu fressen, und betete, dass uns der liebe Gott beistehen möge. Aristo war schweißnass, wenn er nach langem Liegen wieder aufstand, und versuchte, sich sofort mit dem Hinterteil an der Wand abzustützen. Nachdem mein Freund Mirko dann mit in der Klinik war, verstand er endlich meine „übertriebene Fürsorge" und meine Tränen. Ich lernte in dieser Zeit, wer mein Freund ist und wer nicht. Teilweise ein herber Schlag, teilweise auch eine schöne Überraschung. Als ich das lang ersehnte Protokoll von Aristo las, kam eine ganz tiefe Trauer in mir hoch und ich zitterte am ganzen Körper. Ich heulte Rotz und Wasser. Unsere Beziehung vertiefte sich noch mal. Es steckte so viel Wahrheit darin. Seit der Krankheit und dem

Tod von Aristo bin ich auf eine Reise geschickt worden, die eigentlich eine Reise zu mir selber ist.
Wir kämpften zusammen mit Homöopathika, Aufbaupaste, Kräutermischungen, Möhren und ganz viel gutem Zuspruch. Ich stand sogar fluchend und heulend in den Armen meiner Schwester bei Aristo in der Box. Auf den Vorderbeinen konnte er mittlerweile wieder ganz gut stehen, dafür trippelte er jetzt mit den Hinterbeinen. Die Röntgenbilder ergaben, dass sich das Hufbein vorne kaum gesenkt hatte, dafür hinten um fünf Grad. Alles noch nicht so schlimm. Hinten links ging ein Hufgeschwür auf, auch noch nicht so schlimm. Am 23. Januar wollte ich mich gerade auf den Weg machen, als der Tierarzt anrief. Aristo hatte sich an dem Tag schon ein paar mal festgelegt, kämpfte mit dem Aufstehen. Sein Kreislauf war einfach zu schwach, um das auch noch zu tragen. Er fiel in den Schock. Der Tierarzt bat mich um die Erlaubnis, ihn einschläfern zu dürfen. Ich fuhr sofort los, weil ich bei so einem wichtigen Schritt bei ihm sein wollte. Als ich ankam, hatte er schon die Spritze bekommen, weil sein Zustand sich rapide verschlechterte. Als ich die Box betrat, atmete er noch ein letztes Mal ganz tief durch. Ich war erstaunlicherweise sehr gefasst und sprach noch lange mit dem Tierarzt. Später kamen Gundula und Mirko und wir saßen noch eine ganze Zeitlang bei Aristo. Ich hatte seinen Kopf in meinen Schoß gelegt, die beiden saßen rechts und links, und wir lachten, weinten und sprachen noch eine ganze Weile. Als wir nacheinander unsere Hände auf sein Drittes Auge legten, stellten wir voller Erstaunen ein spiralförmiges Vibrieren fest – faszinierend. Es war ein sehr schöner Abschied.
Der große Zusammenbruch kam erst abends, als ich in Ruhe zu Hause saß. Kurz nach dem Tod von Aristo hatte ich einen ungeheuren Hass auf diese Ungerechtigkeit. Wir hatten beide so gekämpft und trotzdem trennten sich unsere Wege. Wochen später verstehe ich vieles besser und die letzten Gedanken von Aristo helfen mir oft. Wenn ich spazieren gehe, fühle ich ihn neben mir her laufen, oder ich spüre seinen warmen Atem in meinen Haaren. Und

dann erinnert er mich daran, dass ich ihm versprochen habe, etwas Gutes daraus zu machen. Und ich weiß, ich bin auf dem besten Wege. Was das heißt? Ich darf lernen, wieder mehr auf mein Gefühl zu hören, was manchmal gar nicht so einfach ist. Ich bin in meinem Leben wichtig, und nicht hauptsächlich die Gedanken der anderen. Und es darf weitergehen.
Ein kleiner einjähriger Oldenburgerhengst hat sich in mein Herz geschlichen. „Heinzi" ließ mich einige Zweifel bearbeiten, ob man nach so kurzer Zeit sich schon wieder verlieben darf. Die sind mittlerweile auch abgelegt, weil sie einfach vollkommener Schwachsinn sind. Aber bei mir braucht mein Kopf oft länger als mein Herz. Und so ertappe ich mich, in der Badewanne sitzend, mit einer Liste, auf der siebenhundert Pferdenamen mit Anfangsbuchstaben „A" draufstehen. „Heinzi" ist kein Name, mit dem man gescheit groß werden kann, und laut Papieren soll es wieder ein A sein.
A wie Anfang."

Melanie Lingnau, Rauschenberg

Gedanken zur Ethik

- Geh verantwortlich mit der neu erworbenen Fähigkeit um.
- Begegne den Tieren und ihren Menschen mit Respekt und ehre sie. Kommuniziere nicht, um deine Neugier zu befriedigen oder wirtschaftlichen Nutzen für den Menschen zu ziehen, sondern um DEM TIER zu helfen.
- Kommuniziere für andere mit einem Tier nur, wenn du um Hilfe gebeten wirst.
- Halte deine Versprechen.
- Ärgere dich nicht, zum Beispiel, wenn andere ein anderes Lerntempo haben als du.
- Bedenke immer, dass es keine absolute Wahrheit gibt.
- Was du von den Tieren empfängst, kann immer eingefärbt und beeinflusst sein von den Dingen, die dich beschäftigen, von dem, wie es dir heute geht, von deinen Sorgen, Ängsten und Hoffnungen. Wie weit gelingt es dir, dies außen vor zu lassen und objektiv zu dolmetschen? Sei dir deiner selbst bewusst.
- Verdiene dein Geld ehrlich.

Service

Zum Weiterlesen und Quellen

Liesl Baumgart/Marlies Hand: **Bach-Blüten für Tiere**, Oertel und Spörer, Reutlingen 2000

Steve Biddulph: **Das Geheimnis glücklicher Kinder**, Heyne, München 2003

Bild der Wissenschaft, Ausgabe Nr. 6/1994

Mathias Bröckers: **Das sogenannte Übernatürliche**, Eichborn, Frankfurt/Main 1998

Alice Burmeister/TOM Monte: **Heilende Berührung**, Knaur, München 2000

Irene Dalichow/Mike Booth: **Aura-Soma**, Knaur, München 1998

Christa Kössner: **Mein Haustier spiegelt mich**, Ennsthaler Verlag, Steyr (Österreich) 2002

Ilona Kröger / Christine Uhl-Kutsch: **Reiten im Einklang mit mir selbst**, Kinesiologie, Energiearbeit, Reiki, Kosmos, Stuttgart 2003

Ute Meyerdirks-Wüthrich: **Bach-Blüten für Pferde**, Kosmos, Stuttgart 1998/2004

Susan Mc Bane / Caroline Davis: **Alternative Heilmethoden für Pferd und Reiter**, Kosmos, Stuttgart 2001

Karin Müller/Carola Lind: **Der sechste Sinn – Zwiesprache mit Pferden**, Kosmos, Stuttgart 2001

Dr. Flora Peschek-Böhmer: **Heilung durch die Kraft der Steine**, Ludwig, München 1998

Mark Rashid: **Denn Pferde lügen nicht**, Neue Wege zu einer vertrauten Mensch-Pferd-Beziehung, Kosmos, Stuttgart 2002

Susanne E. Schwaiger: **Der Weg mit Pferden – Ein Weg zu mir,** Das Pferd als Persönlichkeitstrainer, Kosmos, Stuttgart 2000

Shalila Sharamon/Bodo Baginski: **Das Chakra-Handbuch,** Windpferd, Aitrang 2001

Shalila Sharamon/Bodo Baginski: **Reiki**, Synthesis, Essen, 1994

Rupert Sheldrake: **Der siebte Sinn der Tiere**, Ullstein, München 2002

Kurt Simon: **Erdstrahlen und Wasseradern,** Mosaik, München 1997

Upton Sinclair: **Mental Radio**, New York, 1930

Kate Solisti-Mattelon/Patrice Mattelon: **Spirituelle Partnerschaft mit Haustieren,** Integral Verlag, München 2000

Kate Solisti/Michael Tobias: **Ich spürte die Seele der Tiere**, Kosmos, Stuttgart 2003

Michael Sorsche: **Unseren Tieren zuhören**, Atlaris Bücher, Haundorf 2001

Hartwig Tegeler: **Über Tiertelepathie und die Irritation der Wissenschaft,** WDR 5 Radiosendung vom 18.5.2003

Linda Tellington-Jones: **Die Persönlichkeit Ihres Pferdes,** Die Kunst, Charakter und Temperament Ihres Pferdes zu bestimmen und positiv zu beeinflussen, Kosmos, Stuttgart 1998/2003

Linda Tellington-Jones: **TTEAM und TTouch für Pferde,** Der sanfte Weg zu Gesundheit, Leistung und Wohlbefinden, Kosmos, Stuttgart 2002

Linda Tellington-Jones: **TTOUCH for you,** Gesundheit und Wohlgefühl mit dem Tellington-Touch, Kosmos, Stuttgart 2003

Neale Donald Walsch: **Gespräche mit Gott** (Band 1–3), Arkana/Goldmann, München, 1998–2003

Cornelia Wittek: **Von Apfelessig bis Teebaumöl, Hausmittel und Naturheilkräfte für Pferde,** Kosmos, Stuttgart 1999

Weitere Informationen zu den Autorinnen und zu Kursterminen in Deutschland und Schweden erhalten Sie unter folgenden Adressen:

Karin Müller
http://karin.wettmar.bei.t-online.de
e-mail: karin.wettmar@t-online.de

Carola Lind
http://equibalance.just.nu

Nützliche Adressen

TTEAM Deutschland / Schweiz
Bibi Degn
Hassel 4
D-57589 Pracht
Tel. 0 26 82-88 86
Fax 0 26 82-66 83
e-mail: gilde@tteam.de
www.tteam.de

TTEAM Österreich
Martin Lasser
Spitalgasse 7
A-2549 Bad Vöslau / Gainfarn
Tel: 0043 / (0)6 64-1 25 02 52
e-mail: tteam.office@aon.at
www.tteamoffice.at

TT.E.A.M. R News International, der sehr empfehlenswerte Newsletter mit Linda Tellington-Jones und aktuellen Informationen und Artikeln zu TTouch und TTEAM, erscheint 4 x im Jahr auf Deutsch und kann über www.tteam.de bestellt werden.

Vereinigung der Freizeitreiter in Deutschland e.V. (VFD)
Am Bauernwald 5b
81739 München
Tel. 089-60 60 81 68
Fax 089-60 60 81 23
www.vfdnet.de

Register